Verena Kast

Vom Sinn des Ärgers

Anreiz zur Selbstbehauptung und Selbstentfaltung

HERDER

FREIBURG · BASEL · WIEN

www.herder.de

Umschlagkonzeption und -gestaltung:
R·M·E Eschlbeck / Hanel / Gober
Umschlagmotiv: © Fotex / westend 61
Foto der Autorin : © Micha Pawlitzki

Herstellung: fgb · freiburger graphische betriebe
www.fgb.de

Gedruckt auf umweltfreundlichem, chlorfrei gebleichtem Papier
Printed in Germany

ISBN 978-3-451-06011-3

Inhalt

Einstimmung

Zur Einstimmung stelle ich Ihnen einige Fragen, die Sie sich selber kurz beantworten können – oder auch nicht. Erinnern Sie sich an einen Ärger in letzter Zeit? Wenn ja, was haben Sie damit gemacht? Den Ärger verdrängt? So getan, als ärgerten Sie sich überhaupt nicht? Haben Sie den Konflikt, der den Ärger oder die Kränkung ausgelöst hat, angesprochen? Sind Sie kreativ mit dem Ärger umgegangen? Oder haben Sie einen Dauerlauf gemacht – aus Ärger? Haben Sie überhaupt etwas damit gemacht? Oder haben Sie einfach gewartet, bis der Ärger wieder vergangen ist?

Und jetzt die umgekehrte Version: Wann haben Sie zum letzten Mal jemanden so richtig geärgert? Auch wenn Sie meinen, der betreffende Mitmensch hätte sich ganz ungerechtfertigterweise geärgert, versuchen Sie sich dennoch in die Situation einzufühlen, in der Sie den Ärger eines Mitmenschen erregt haben. Wann war jemand so richtig ärgerlich Ihretwegen – und wie hat sich das angefühlt? Dieser Zugang zum Ärger ist schwieriger. Zum einen wollen wir es nicht wahrhaben, dass auch wir andere Menschen ärgern, und zum andern ist es natürlich so, dass die Mitmenschen uns nicht notwendigerweise den Ärger zeigen, so dass wir uns vormachen können, wir würden nur selten Ärger erregen.

Es könnte nun sein, dass die eine oder der andere sagt: Ich ärgere mich gar nie. Dann wäre zu fragen, welcher andere Ausdruck bei Ihnen für die Erfahrung »Ärger« steht. Es gibt Menschen, die ärgern sich angeblich nie, die sind nur immer so leicht traurig, wobei Trauer durchaus einen Anteil von Ärger in sich haben kann. Wieder andere sind einfach immer irritiert. Das Wort

»irritiert« ist ein emotionaler Alleskleber. Wann immer man nicht zu einem eindeutigen Gefühl stehen will, sei es Angst, sei es Aggression, Wut, Ärger usw., kann man sich irritiert geben. Das ist nie falsch, aber es ist auch nie präzise, und man wird nie wissen, welche Emotionen wirklich erlebt werden und was sie eigentlich bedeuten.

Eine Emotion im Zentrum des Interesses

Die Emotionen haben immer mit dem Selbsterleben und dem Selbstausdruck eines Menschen zu tun. Menschen können von Anfang ihres Lebens an verschiedene wahrnehmbare und beschreibbare Emotionen erfahren, und alle diese Emotionen bilden den affektiven Kern unseres Selbsterlebens[1], der es uns ermöglicht, Kontinuität im Identitätserleben zu erfahren. So besehen sind die Emotionen das Zentrum unseres Identitätserlebens. Sagen wir zum Beispiel: »Ich bin nicht bei mir«, dann meinen wir meistens, dass wir nicht im Kontakt mit unseren Emotionen sind, uns daher auch unlebendig fühlen. Ist jemand so ganz und gar emotionslos, dann ist es kaum möglich, mit diesem Menschen in Kontakt zu kommen. Beziehung, Bindung, Kommunikation unter Menschen beruht vorwiegend auf emotionalem Austausch. Aber auch die Motivation zum Handeln stammt aus der Emotion.[2]

Wenn wir von Emotionen sprechen, dann sprechen wir also von etwas, das uns ganz unmittelbar angeht, uns ausmacht und zwar durch unser ganzes Leben hindurch. Emotionen müssen immer lebenslauforientiert studiert werden. Die Emotionsbiographie ist ein ganz wichtiger Aspekt des Lebenslaufs.

Jede Emotion hat eine bestimmte Erlebnisqualität und einen Anreiz zu bestimmtem Verhalten. So regt Ärger an, Grenzen zwischen Menschen zu bereinigen, oder zumindest über Grenzen nachzudenken, aber auch, sich mit dem verletzten Selbstwert auseinander zu setzen. Diese Emotion reguliert Schwierigkeiten mit unseren Grenzen, reguliert unseren Selbstwert bei Erfahrungen von etwas Beleidigendem und/oder Aversivem, reguliert aber auch unsere Beziehung zum Unbewussten, unsere Beziehung zum Körper und unsere Beziehung zum Du, aber auch zur Gesellschaft. Deshalb meine ich, dass die Emotionen ein ganz zentrales Thema jeder Psychologie sind, aber auch viele Bereiche der Psychologie verbinden. Emotionen haben ihre Bedeutung in der Tiefenpsychologie, sie haben zu tun mit unserer Geschichte und unseren Komplexen, die wir in unserem Leben uns zugezogen haben.[3]

Emotionen sind aber auch Thema der Ausdruckspsychologie. Emotionen werden ausgedrückt und sind Ausdruck dessen, was in uns vorgeht. Emotionen gehören zum Thema der Beziehung: Sie werden in Beziehungen ausgedrückt, und die Emotionen wirken auf die Beziehungen zurück, gerade etwa der Ärger. Emotionen sind aber auch Thema der Neuropsychologie. Setzt man sich mit einer Emotion auseinander, dann wird man sie immer wieder in neuen Zusammenhängen beschreiben und zu verstehen versuchen[4]. Dadurch hat man immer einen Aspekt der Emotion und die damit zusammenhängenden Beziehungen im Fokus, andere Aspekte treten in den Hintergrund. Das bedeutet aber auch, dass Wiederholungen unumgänglich sind. Die Emotion wird im Grunde genommen so lange umkreist, bis sich produktive Fragestellungen für das menschliche Leben und Zusammenleben formulieren lassen.

Sehr viele Aspekte der Psychologie, aber auch des menschlichen Lebens ganz allgemein lassen sich also unter dem Fokus einer Emotion Gewinn bringend studieren. Weil Emotionen so zentral unser Selbsterleben berühren, haben sie einen direkten Bezug zu unserem Alltagsleben und den Alltagsproblemen. Sie sind das

Alltäglichste, Allergewöhnlichste und ständig Gegenwärtige, und sie wirken bis hinein in die Träume – sie bestimmen unser Leben in hohem Maße.

Nun spricht man selten einfach von einer einzelnen Emotion, sondern von einem Emotionsfeld. Es gibt Emotionen, die miteinander verwandt sind. Je nach Intensität gebrauchen wir jeweils einen anderen Ausdruck, sprechen nicht mehr von Ärger, sondern zum Beispiel von Wut oder Zorn, aber auch von Geringschätzung und Ekel.

Das Emotionsfeld Ärger

Ärger ist eine der fundamentalen Emotionen, die Bereitschaft zum Ärger gilt als angeboren.[5] Izard vertritt, dass je nach neuronaler Feuerungsfrequenz pro Zeiteinheit jeweils ein anderer Affekt aktiviert wird. Neuronales Feuern auf anhaltend hohem Niveau würde zum Beispiel die Emotion Zorn aktivieren.[6] Allerdings meinen Säuglingsforscher, dass die Emotion Wut erst mit etwa drei Monaten auszumachen ist. Möglicherweise ist das Quengeln aber eine Art Ärger.

Wichtig in diesem Zusammenhang ist es, dass die Neugeborenenforscher das Äußern von Emotionen generell im Sinne der Kommunikation des Säuglings mit einer Beziehungsperson verstehen. Es werden wichtige Signale gegeben, auf die wiederum mit Signalen von der Beziehungsperson geantwortet wird. Emotionen und das Äußern von Emotionen stehen also im Zusammenhang mit Entwicklung und Wachstum, aber auch mit Entwicklung von Beziehung, mit Entwicklung von Kommunikation.[7]

Izard spricht im Zusammenhang mit Ärger von einer Feindseligkeitstriade: Er sieht Ärger, Ekel und Geringschätzung als zusammengehörige Emotionen.

Grundsätzlich kann man Ärger als eine Emotion der Feindseligkeit verstehen, eine aversive Emotion. Diese Emotion kann verschiedene Qualitäten haben: Ein leiser Ärger fühlt sich anders an als ein heftiger Ärger, eine Wut fühlt sich wiederum anders an. Ärger und Wut können sich äußern, oder aber sie können sich auch gegen einen selbst richten. Menschen können in einem Wutanfall explodieren, sie können aber auch implodieren, das heißt, sie können innerlich zusammenbrechen aus lauter Wut und diese Wut nicht äußern. Ich werde zunächst meistens von der Wut sprechen, die nach außen gerichtet ist.

Um uns kräftig zu ärgern, müssen wir den Eindruck haben, dass das, was sich uns entgegenstellt, sich in feindseliger Absicht uns entgegenstellt und irgendwie bedrohlich ist. Es gilt aber auch: Wenn wir uns ärgern, sind wir bereit, überall »Feindseliges« wahrzunehmen. Deshalb kann Ärger auch so leicht sich generalisieren. Das erleben wir im Alltag: Ein Morgen, an dem man nicht so leicht aufgestanden ist, ein unangenehmer Telefonanruf, Tee, der nicht dem eigenen Geschmack entspricht, Kinder, die quengeln ... Es hat sich alles gegen einen verschworen, so denkt man zumindest, und erlebt das Leben in seiner ganzen Widerständigkeit, in seiner Feindseligkeit. Und diese Gestimmtheit und die daraus resultierende Haltung von misstrauischer Aufmerksamkeit setzt sich in den Tag hinein fort. Je mehr Feindseligkeit wir erwarten, um so mehr Feindseliges wird uns begegnen, sei es als Reaktion der Mitmenschen auf unsere Erwartung, die sich auch in der Ausstrahlung zeigt, sei es, dass wir vieles, was nicht feindselig gemeint ist, dennoch als feindselig aufschlüsseln. Man ist verärgert und wird zunehmend mehr verärgert. Erleben wir die Welt als feindlich, als angriffig, als übergriffig, dann werden wir in unserem Selbstwertgefühl verunsichert, darauf reagieren wir aversiv mit Ärger, vielleicht auch mit angriffigem oder gar zerstörerischem Verhalten, oder wir reagieren mit Angst, fliehen, schützen uns oder treten verstimmt den Rückzug an.

Ärgermotivierte Aggression

Aggression bedeutet zunächst, zielgerichtet auf etwas zuzugehen mit der Intention, etwas zu verändern. Zielgerichtet auf etwas zuzugehen und etwas zu verändern kann konstruktiv sein, kann aber auch destruktiv sein. Wenn ich in der Folge den Begriff der Aggression gebrauche, dann ist vorerst noch nicht auszumachen, ob die Wirkung der Aggression konstruktiv oder destruktiv ist.

Aggression kann als feindselige Verhalten mit der Absicht zu verändern oder zu schaden verstanden werden. Das kann auf den Körper bezogen sein, also brachial. Jemand behandelt Sie ohne den gebührenden Respekt. Sie ärgern sich und könnten jetzt den Impuls verspüren, diesen Menschen zu treten. Wären Sie vier oder fünf Jahre alt, würden Sie das wahrscheinlich tun. Aber jetzt sind Sie halt etwas älter und halten diese Reaktion nicht mehr für angemessen, reagieren aber dafür verbal feindselig. Sie können jemanden offen mit lauer Stimme beschimpfen, oder aber mit liebevoller Stimme und äußerst geschliffener Sprache etwas sehr Beleidigendes sagen. Die verbale Aggression hat eine ungeheure Bandbreite, und wir Menschen haben sie zu einer sehr großen Kunst entwickelt. Die brachiale Aggression, die verachten wir, die erleben wir im Grunde genommen immer als sehr übergriffig, als sehr bedrohlich, denn wenn wir körperlich angegriffen werden, erleben wir das als schlimm. Die verbale Aggression wird in ihrer bedrohlichen Wirkung weit unterschätzt. Gerade die Auseinandersetzung mit sehr, sehr spitzen Worten, besonders solchen, deren Stachel man erst Tage später so richtig spürt, beeinträchtigen unseren Selbstwert und unsere Selbstachtung sehr.

Es ist nun nicht einfach so, dass körperlich ausgetragene Aggression schlimm wäre, verbal ausgetragene aber nicht. Natürlich ist es ungeheuerlich, wenn Menschen geschlagen werden, das ist eine sehr ungehörige Grenzüberschreitung, die zutiefst kränkt. Aber es ist nicht weniger schlimm, wenn Menschen immer wieder ganz ungehörig angesprochen, ständig verbal entwertet werden – diese Form ist weniger sichtbar, und deshalb müssen wir dafür sensibilisiert werden, auch für das, was unser eigenes feindseliges Handeln ist.

Ziel einer ärgermotivierten Aggression[8] ist es, das gekränkte Selbstwertgefühl wieder zu regulieren, sich also weniger gekränkt zu fühlen, vielleicht sogar, sich im Zustand eines kleinen Triumphs zu spüren. Die Kränkung, die wir erfahren haben, die Grenzüberschreitungen der anderen Menschen, die ärgern uns, wir fühlen uns in unserem Selbstwertgefühl verunsichert, stehen unter Spannung, erleben Ärger, Wut oder Angst. Durch die feindselige Handlung erhoffen wir uns, dass wir uns wieder besser fühlen, dass wir uns nicht einfach als Opfer fühlen, sondern erfahren, dass wir uns auch kompetent wehren können oder dass zumindest eine Balance wieder hergestellt ist in dem Sinn: »Wenn du mir etwas Böses antun kannst, ich kann es auch!« Ein ganz primitiver Machtkampf steht dahinter. Aber der damit angepeilte zufriedene Zustand wird in der Regel gerade nicht erreicht durch feindseliges Verhalten. Deshalb geraten wir so leicht in eine Spirale der Gewalt. Denn haben wir uns machtvoll gerächt oder waren wir sehr verletzend, reagieren wir mit Schuldgefühlen, und diese wirken wieder zurück auf unser Selbstwertgefühl, wir sind wieder noch mehr verunsichert. Wir fürchten auch die zu erwartende Reaktion des Gegenübers, denn bekanntlich bewirken Ärgeräußerungen auch wiederum Ärger. Der Ärger ist eine reziproke Emotion. Ob nun Schuldgefühle oder Angst das Resultat unserer Ärgeräußerung ist, die daraus resultierende Spannung macht es wenig wahrscheinlich, dass wir eine kreative Lösung finden – kreative Lösungen würden unser Selbstwertgefühl sehr gut stabilisieren –, sondern dass der Konflikt weiter in einem nagt, und man, um sich besser zu fühlen, dann wiederum versucht, in einem feindseligen Akt die eigene Kraft zu spüren. Die Spirale der Gewalt dreht sich. Die ärgermotivierte Aggression ist eine häufige, aber nicht notwendige Folge von Ärger.

Ärger – das Gegenstück des Vergnügens

Lersch[9] hat den Ärger als negatives Gegenstück des Vergnügens bezeichnet. Was uns Vergnügen bereitet, gibt uns Gelegenheit, unseren Spieltrieb zu entfalten, in einem ungehinderten, ungehemmten Funktionsablauf. Ärger, eine mildere Form davon das Missvergnügen, sieht Lersch dementsprechend in der Störung der Reibungslosigkeit. Es ist aber nicht bloß Unlust, was den Ärger verursacht, sondern es nagt etwas an uns, es wurmt uns etwas. Und je mehr dies geschieht, umso größer werden Missmut, Verdrossenheit, Verbitterung. So meint denn Lersch[10], sowohl unsere Lebendigkeit sei betroffen durch das, was Ärger auslöst, als auch »Ansprüche des individuellen Selbstseins«. Man ärgert sich, dass man etwas nicht gekonnt, nicht bekommen hat, ein Geltungsanspruch nicht befriedigt worden ist, und deshalb, so Lersch, enthalte jeder Ärger auch Aggressivität gegen Umwelt und Mitwelt.

Die Aussage, dass alle Menschen einen Spieltrieb haben, den sie frei und ungehemmt zu entfalten versuchen, muss nicht eng gesehen werden. Es geht dabei selbstverständlich ums Spielen, es geht aber auch darum, dass wir die Umwelt gestalten wollen, überhaupt, dass wir aktiv sein wollen. Ich-Aktivität, das Gefühl, etwas bewirken zu können, ist ein wesentlicher Aspekt eines guten Selbstwertgefühls. Werden wir in dieser möglicherweise wenn auch nicht notwendigerweise lustvollen Ich-Aktivität gebremst, werden wir ärgerlich.

Dieses Gebremstwerden kann von außen erfolgen. Nehmen Sie an, Sie haben eine ganz tolle Idee, die Sie in die Realität umsetzen möchten. Sie stellen Ihre Idee zur Diskussion. Da sagt jemand, bevor Sie überhaupt Ihre Idee ganz darstellen konnten: »Das geht nicht, das kostet zu viel Geld, ist zu teuer.« Das wird Sie verdrießen, um so mehr, wenn Ihnen Ihre Idee viel wert ist. Sie werden sich ärgern.

Nun kann die Hemmung der Ich-Aktivität auch von innen kommen, sie muss nicht nur von außen kommen. Sie können zum Beispiel einen wirksamen Ohnmachtskomplex haben[11]: Sie fühlen sich rasch und unabweisbar ohnmächtig in bestimmten Situationen des Lebens. Wir nehmen nun an, dass Ihnen etwas ganz Aufregendes einfällt, etwas, das Sie unbedingt verwirklichen müssen. Aber da sagt dann sogleich eine allzu bekannte, innere Stimme: »Ja, andere könnten das, aber du natürlich sowieso nicht.« Und da können Sie sich auch ärgern, und auch hier tritt Missvergnügen an die Stelle von Vergnügen.

Es ist interessant, dass Lersch, der seine Bücher um 1930 herum geschrieben hat, Ärger vor allem aus der gebremsten Aktivität heraus versteht und erst dann und eher am Rande darauf hinweist, dass es dabei auch um die »Ansprüche des individuellen Selbstseins« geht, also um das Selbstwertgefühl.

Lichtenberg[12], ein moderner Säuglingsforscher, beschreibt ebenfalls, wie das »Aufwallen der Selbstbehauptung« vor allem im zweiten Lebensjahr mit unvermeidlichen Einschränkungen durch die Beziehungspersonen kollidiert und das Kind mit Wut reagiert, aber auch hin und her gerissen ist zwischen dem Zeigen der Wut und dem Bedürfnis, wieder die Nähe zur Beziehungsperson herzustellen. Hier wird deutlich, wie Selbstbehauptung, Ichaktivität, Autonomie und Abhängigkeit und das Aufrechterhalten von Beziehungen miteinander verzahnt sind. Damit ist aber implizit auch die Selbstwertthematik angesprochen.

Heute stehen im Zusammenhang mit Ärger deutlich die Beeinträchtigung des Selbstwerts, der fehlende Respekt und Angriffe auf die Integrität der Person im Vordergrund.

Was Ärger auslöst

Fragen wir heute Erwachsene nach Situationen, die Ärger auslösen, dann geht es fast immer um Angriffe auf das Selbstwertgefühl, darum, dass man sich nicht wirklich wahrgenommen fühlt, dass einem der Respekt versagt worden ist. Oder man hat mit Anforderungen der Umwelt zu kämpfen, die einem als ungerechtfertigt erscheinen, man kommt sich ausgenützt vor. Noch andere beklagen Grenzüberschreitungen auf körperlicher Ebene, dass andere sich etwa eine Nähe herausnehmen, die ihnen falsch erscheint. Dieser Aspekt des Angriffes auf das Selbstkonzept, der zwar immer auch in der Ärgerforschung mitbedacht worden ist, ist heute zentral wichtig geworden. Wir ärgern uns vor allem dann, wenn wir uns in unserer Integrität nicht gesehen, nicht respektiert fühlen und wir dann das Gefühl haben, wir müssten unsere Grenzen neu bestimmen, neu setzen und dafür sorgen, dass sie auch respektiert werden.

Ärger ist die Emotion, die zur Grenzbereinigung und zum richtigen Abstand anregt. Wir Menschen haben die Tendenz, unsere Grenzen auch immer einmal zu erweitern. Und wenn wir dabei Widerstand bekommen – da alle Menschen dieselbe Tendenz haben, ist es nur logisch, dass es Widerstand gibt –, dann ärgern wir uns. Es ist darüber hinaus für uns Menschen auch ganz wichtig, dass wir unsere Grenzen aufrechterhalten, dass unsere Mitmenschen nicht einfach uneingeladen Grenzüberschreitungen machen dürfen. Aber auch wenn uns etwas versagt wird, worauf wir einen Anspruch zu haben meinen, werden wir ärgerlich. Wir sind es meist gewohnt, ein gewisses Maß an Zuwendung zu bekommen – das ist dann auch eine Grenze, die wir gesetzt haben –; entfällt diese Zuwendung, werden wir ärgerlich. Besonders wenn die Verlassenheitsangst aktiviert oder reaktiviert wird, reagieren wir mit Ärger und Wut. Wir werden auch dann ärgerlich, wenn Menschen von uns etwas verlangen, was wir in keiner Weise bereit sind zu geben, eine Grenzüberschreitung. Ärger fordert uns heraus, grenzbewusst zu werden und uns immer wieder zu überlegen, wo wir unsere Grenzen neu wieder setzen. Ärger hat also etwas zu tun mit Grenzkonflikten, hier interpersonell verstanden und nicht auf Nationen ausgeweitet, was allerdings auch möglich wäre.

Ärgerauslösende Ereignisse sind unspezifisch. Die ärgerauslösenden Ereignisse können generell als Grenzverletzungen gesehen werden, sind aber unendlich vielfältig. Es gibt ganz vieles, was Ärger auslösen kann. Sie können sich selber einfach einmal fragen, was bei Ihnen Ärger auslöst. Erfahrungen, die Ärger auslösen, in einer Gruppe gesammelt, sind etwa: das Gefühl, entwertet zu werden, die Erfahrung, dass Zuwendung entzogen wird, Unsicherheit in einer Beziehung, Beleidigtwerden, Beschimpftwerden, Übervorteiltwerden, ungerecht behandelt werden, Missbrauchtwerden, Ausgenütztwerden, dann aber auch absichtlich Schmerz zugefügt bekommen, den Platz im Leben beschnitten zu bekommen, nicht bekommen, was einem zusteht usw. Weiter gibt es auch einen Ärger, der weniger persönlich mit uns etwas zu tun hat, sondern damit, dass jemand einen Wert verletzt, der für uns wichtig ist. Wir können uns zum Beispiel über Politiker ärgern, die sich nicht so benehmen, wie wir es uns vorstellen. Ärger hat viel damit zu tun, dass andere Menschen sich nicht so benehmen, wie wir es uns wünschen, dass sie sich benehmen sollten.

Regelverletzungen lösen Ärger aus, besonders dann, wenn sich andere Menschen nicht an Regeln halten, an die wir uns mühsam halten. Oft merken wir übrigens erst, welchen Regeln wir folgen, wenn sie verletzt werden. Werden Regeln verletzt, können wir mit Ärger reagieren, wir sagen dann, es sei unfair, es sei ungerecht.

Ärger und Wut erleben wir aber auch bei Angriffen körperlicher Art, bei Übergriffen, bei ungewollter, zu großer physischer Nähe und wenn uns Schmerzen zugefügt werden. Man kann also sagen, was Selbsterhaltung und Selbstentfaltung stört oder beeinträchtigt, und zwar körperlich, psychisch und sozial, das löst Ärger oder Wut aus. Und eine der Möglichkeiten damit umzugehen, ist dann eine feindselige Handlung. Ob diese feindselige Handlung zustande kommt und wie sie zustande kommt, hängt einmal davon ab, wie wichtig zum Beispiel die Situation oder der Mensch für uns ist, der uns in der Selbsterhaltung und Selbstentfaltung stört, und vom Zustand unseres Selbstwertgefühls oder unseres Selbst ganz allgemein.

Aber auch Alltagsfrust löst Ärger aus oder das Unterbrechen von etwas, das uns mit Freude und Interesse erfüllt. Haben wir das Gefühl, dass eine Arbeit oder das Leben als solches einfach fließt, alles fast wie von selbst sich ergibt, ohne große Anstrengung, dann ist eine Störung ein Ärgernis. Diese Aufzählung ist in keiner Weise vollständig, zeigt aber, dass man sich in vielen Situationen ärgern kann. Ärger kann auch verstanden werden als Missvergnügen dort, wo man Vergnügen haben möchte, bei der Selbsterhaltung und der Selbstentfaltung.

Es gibt also viele Situationen, die Ärger auslösen. Grundsätzlich kann man sagen, er ist eine Reaktion auf irgendeine Enttäuschung und Beeinträchtigung, aber er ist auch eine Energiequelle. Ärger energetisiert, und deshalb sind wir im Ärger auch rasch bereit zu handeln. Wenn wir uns so richtig ärgern, dann fühlen wir eine Spannung, wir sind vorbereitet auf eine Aktion. Wir sind motiviert, etwas zu tun, um die Situation zu verändern. Ohne den Ärger wäre das viel schwieriger. Durch die Spannung haben wir mehr Kraft, mehr Konzentration für einen Moment als sonst, das Selbstwertgefühl ist besser als sonst, wir haben das Gefühl, unverletzlicher zu sein. Wir wagen mehr: Dieses energetisierende Moment, das im Ärger enthalten ist, kann uns helfen, mit der Enttäuschung oder der Beeinträchtigung, wie ich es nun einmal pauschal nenne, konstruktiv umgehen zu können.

Man wird sich in der Regel eher und auch intensiver ärgern, wenn das Motiv, das wir einem anderen Menschen zuschreiben, als böswillig decodiert wird, wenn wir ärgerauslösende Mitmenschen als rücksichtslos oder böswillig erleben, willkürlich oder destruktiv. Es ist aber zu beachten: Ärgern wir uns, dann sind wir wenig bereit, das Motiv eines anderen Menschen ruhig und in einer fairen Gesinnung anzuschauen, wir sind dann in erster Linie einmal ärgerlich oder wütend und eher bereit, das schlechteste Motiv anzunehmen. Es wäre sinnvoll, sich in einer Ärgersituation vor Augen zu halten, dass wir in der Gefahr sind, den Ärger auslösenden Menschen ungerecht zu beurteilen, und uns zu fragen, ob denn bei ihm nicht auch ein anderes Motiv in Frage kommen könnte. In diesem Zusammenhang spielen natürlich auch Erfahrungen unseres bisherigen Lebens eine Rolle: Wer immer wieder erlebt hat, dass wichtige Bezugspersonen sich übel wollend verhalten haben, wird diese Erfahrung leicht als Erwartung an andere Menschen übertragen. Sind wir ärgerlich gestimmt, gereizt, aufgestachelt, dann sind wir bereit, die Motive des Handelns unserer Mitmenschen als schlecht zu sehen, ihnen die Intention des Schadenwollens zuzuschreiben.

Begriffsklärung: Ärger – Wut – Zorn – Hass

Intensiven Ärger, heftig gesteigerten Ärger erleben wir als Wut, wir sprechen dann auch von einem hohen Zornniveau im Gegensatz zu einem niederen Zornniveau bei Ärger. Man spricht im Grunde genommen von einer Intensivierung des Erregungsniveaus. Wut hat mehr affektive Intensität in sich als Ärger. Das drückt sich auch in der Sprache aus. Man ist da etwa »blind vor Wut« oder man hat »die Fassung verloren«, das heißt, man ist ohne Überblick und ohne Überlegung, hat eine »ohnmächtige Wut«, und »fährt dabei aus der Haut«. Früher gab es zudem den wunderbaren Ausdruck: »Ergrimmen«. Diesen Ausdruck könnte man wieder einführen. »Grimm« lässt einen daran denken, wie etwas in uns aus dem Bauch aufsteigt, aus dem Gedärm, dieser Ingrimm eben, den man in sich drin hat, und der grausam nagt, wird er nicht ausgedrückt.

Man spricht im Zusammenhang mit Wut auch einfach von »in die Luft gehen«, hoch gehen, explodieren oder implodieren, der Kragen platzt einem, man verliert die Beherrschung, man verliert die Gewalt über sich. Werden wir wütend, sehen wir aber auch rot, man kann auch rot anlaufen vor Wut. Es gibt auch die Redewendung: »Da ist Feuer im Dach« und meint damit, jemand sei von einer heftigen Wut ergriffen worden. Mit der Farbe Rot, mit der Ärger und Wut auch verbunden werden, sind Feuer-Metaphern und Blut-Metaphern verbunden. Wut ist ein brennendes Gefühl, es kann aber auch in Verbindung gebracht werden mit Leiden und mit Leidenschaft. Betrachtet man diese Sprachbilder für die Wut – und sie gelten in abgeschwächter Form auch für den Ärger – wird eines deutlich: Im Ärger und in der Wut drückt sich viel Energie aus, deshalb vermögen sie uns auch zu energetisieren.

Dabei wird auch deutlich, wie viel Energie wir haben, aber auch brauchen, um unsere Integrität zu schützen, das heißt, wie wichtig dieser Schutz für unser Leben ist. Das hat zunächst einmal nichts mit Pathologie zu tun, nichts mit einer narzisstischen Störung oder ähnlichem; dass wir unsere Grenzen und unsere Integrität schützen, ist notwendig für die Erhaltung und die Entfaltung unserer Identität. Ich halte es heute für eines der wesentlichsten Anliegen im menschlichen Zusammenleben, auch im größeren sozialen Zusammenleben, dass wir lernen, gegenseitig nicht ständig unsere Integrität zu verletzen, sie womöglich auch noch in destruktiver Absicht anzugreifen, sondern dass wir lernen, die Integrität des anderen besser zu respektieren und wenn möglich zu fördern.

Wut und Ärger sind Emotionen, die mit viel Energie verbunden sind, Energie, die zur Veränderung einer Situation notwendig ist. Dabei geht es zunächst nicht um eine harmonische Veränderung, sondern es geht in der Regel etwas kaputt. Könnte man aus der Haut fahren oder platzt einem der Kragen, dann bräuchte man eine neue Haut, einen neuen Kragen. Es sind Veränderungen angesagt, aber plötzliche und auch – folgen wir den Metaphern – recht radikale Veränderungen, die uns ängstigen. Geht es um eine Wandlung, dann um eine explosive Wandlung.

Die Wut als äußerster Pol des Ärgers hat im Vergleich zu ihm mehr Spannung, mehr Explosionskraft, wodurch man aus der Fassung gerät. Wut ist aber noch ein warmes Gefühl. Von Zorn spricht man dann, wenn die Angelegenheit, die uns ärgert, nicht primär auf unser Ich bezogen ist, sondern auf etwas Übergreifendes. Also wenn das Gesollte verletzt wird, wenn akzeptierte Regeln in der Gesellschaft verletzt werden, dann erfasst uns der Zorn. Der Zorn ist etwas distanzierter als die Wut, aber er kann trotzdem sehr explosiv sein, wir können von einem heiligen Zorn erfasst werden, und dann spüren wir auch eine Energie, die uns zum Beispiel drängt und befähigt, politisch aktiv zu werden, weil wir finden, dass Abhilfe geschaffen werden muss.

Das sind die warmen Anteile am Emotionsfeld Ärger. Und dann gibt es auch kalte Anteile: Das ist der Ekel, in dessen Folge wir uns einfach abwenden, und das Entwerten. Im Entwerten wenden wir uns von den betreffenden Menschen ab, halten sie keiner Auseinandersetzung würdig. Implizit sagen wir: »Du bist es nicht einmal wert, dass du mich in eine Ärgerwallung bringen kannst.« Hier wenden wir uns auch ab, schaffen Distanz, ziehen eine Grenze. Ekel und Geringschätzung äußern sich in Zynismus und in Sarkasmus; sie sind zweifellos »kalter Ärger«. Das sieht man zum Beispiel, wenn man sehr zynisch oder sehr sarkastisch ist.

Ist Ärger und Wut gebunden an eine Person oder eine Sache, dann kann man auch von Hass sprechen. Gelegentlich spricht man auch von Selbsthass, der dann verbunden sein kann mit autoaggressivem Verhalten. Der Hass steht im Zusammenhang mit destruktiv wirkenden Komplexen.

Die Frage ist, wie jeweils das Verhältnis von warmer Aggression, auch von Eros den anderen Menschen gegenüber, und von Wille zur Zerstörung, von kalter Aggression ist.

Der Wutanfall

Einen Wutanfall zu haben, ist keineswegs für jeden Menschen eine Katastrophe. Die Beurteilung hängt von der Wertehierarchie ab, die wir meistens eher unbewusst haben. Ist Kontrolle in jeder Situation ein hoher Wert, dann ist ein Wutanfall natürlich eine Katastrophe, weil dann die Fassung, die Kontrolle, verloren ging und man eigentlich das Gesicht verloren hat. Man ist außer sich, muss also wieder in Kontakt zu sich selber kommen, muss aber auch sich mit sich selbst aussöhnen, dass man so sehr am Ideal gescheitert ist. Ist Selbstkontrolle kein so hoher Wert, dann kann das Lustvolle an einem Wutanfall genossen werden, der ungeheure Energiestoß, diese Wärme, die damit verbunden ist. Die Scham kommt erst hinterher, wenn man merkt, was man angerichtet hat. Fast jeder Wutanfall richtet sich gegen jemanden, wir haben unsere Wutanfälle in einer zwischenmenschlichen Situation. Dummerweise sagen wir in Situationen, in denen die Emotion die Oberhand über die Kontrolle gewonnen hat, Dinge, von denen wir später denken, wir hätten sie besser nicht gesagt, wir waren viel zu impulsiv. Darüber können wir uns dann nachträglich schämen oder ärgern, oder beides zusammen. Aber es ist ganz klar, dass diese Wutanfälle auch etwas ungeheuer Beschwingendes haben können. Wenn Menschen sich beklagen, sie leiden so sehr unter den Wutanfällen, muss man sehr sorgfältig unterscheiden, ob sie unter den Wutanfällen als solchen leiden oder erst unter deren Folgen. Die wenigsten Menschen gestehen es sich selbst oder gar anderen ein, dass sie ihre Wutanfälle auch genießen, als Erlebnis einer ursprünglichen Kraft in ihnen. Das ist wohl auch einer der Gründe, dass man sie nicht früher kontrolliert und deshalb dann eben nicht mehr unter Kontrolle bringt. Würde man die Wutanfälle nicht auch lieben, man würde sie früher unter Kontrolle bringen, aber weil in ihnen auch etwas Belebendes zu erfahren ist, ist man im Grunde genommen gar nicht so erpicht, sie unter Kontrolle zu bringen. Nur hinterher, da bezahlt man dafür. Für Menschen, die bei Wut sozusagen implodieren, die also heftig gegen sich selber wüten, sind die Wutanfälle wohl bedeutend weniger lustvoll.

Wut erleben wir in ähnlichen Situationen, in denen wir auch Ärger erleben können. Ärger und Aggression lösen meistens Angst aus, bei sich selbst, aber auch bei den Empfängern. Ärger produziert Ärger, Wut weckt auch im anderen Menschen Wut oder ängstigt. Angst auch deshalb, weil wir nicht wissen, ob wir unseren Ärger und unsere Wut noch kontrollieren können. Wir wissen natürlich alle, dass unsere Ärger- und Wutreaktionen oft der Situation nicht ganz angemessen sind, dass wir überreagieren und dann auch wirklich vorübergehend die Kontrolle verlieren. Darüber schämen wir uns dann nachträglich. In diesem Zusammenhang ist daran zu denken – und das eröffnet uns dann die tiefenpsychologische Perspektive –, dass wir zwar auf die eine

Situation reagieren, aber auf dem Hintergrund der Erfahrung von vielen ähnlichen Situationen im Leben und mit einer emotionalen Reaktion, als ginge es nicht einfach um diese eine Situation, sondern um alle diese Situationen. Wir reagieren komplexhaft.[13] Sind Sie immer wieder in Ihrem Leben in für Sie wichtigen Situationen übersehen worden und haben das als kränkend und als unangenehm erlebt, dann werden Sie, wenn Sie wieder einmal mehr übersehen werden, eine Wut bekommen, die viel heftiger ist als es der Situation entspricht. Sie werden wahrscheinlich ausrufen oder sich selber sagen, und das mit einiger Bitterkeit: »Mir passiert das immer! Immer mir!« Damit reagieren Sie zwar auf die eine Situation, aber auch auf dieses Immer, das heißt, Sie reagieren aus einem Komplex heraus. Als Komplex bezeichnet man Inhalte des Unbewussten, generalisierte schwierige oder als traumatisch erlebte Beziehungsepisoden, die durch die gleiche Emotion und durch ein gemeinsames Thema mit den damit in Zusammenhang stehenden typischen Beziehungsthemen und Beziehungsepisoden verbunden sind und in Grenzen stellvertretend füreinander stehen können. Solche Überreaktionen werden von den Mitmenschen nicht verstanden, sie lösen in der Regel Angst aus und werden nicht selten als Gefährdung der Beziehung erlebt.

Die Emotionskontrolle

Da Ärger und Wut impulsive, explosive, energiereiche Emotionen sind, ist die Frage der Emotionskontrolle natürlich eine ganz wichtige Frage. Wir sagen ganz schnell aus Ärger etwas, was wir eben nicht sagen wollten; leicht entsteht aus Wut eine destruktive Handlung, die wir hinterher bedauern. Gegen die Impulsivität, gegen die Kraft der Emotion setzen wir die Kontrolle. Diese Kontrolle ist ein Teil der Erziehung, aber auch Teil der Selbsterziehung, wobei sie auch durchaus zu weit gehen kann. In der Trotzreaktion, etwa um das zweite Lebensjahr, haben wir die wohl höchste Intensität von Ärger, die sich in den folgenden Jahren reduziert und auch differenziert. Hier setzt die Emotionskontrolle ein, die immer weiter betrieben wird, auch einmal wieder etwas gelockert wird, je nach Mode in der Gesellschaft. Es geht darum, die Emotion so weit zu kontrollieren, dass wir mit der Emotionsäußerung nicht ständig anecken und dann von außen die Kontrolle sozusagen aufgezwungen bekommen. Es geht aber auch darum, die Emotion nicht zu stark zu kontrollieren, weil sonst die Lebendigkeit verloren geht und der Sinn, der in jeder Emotion steckt, nicht mehr wahrgenommen werden kann. Ist die Ärgerkontrolle zu gut gelungen, durch Erziehung und Selbsterziehung, haben Sie gelernt, sich in jeder Situation zu beherrschen, dann wird es für Sie unter Umständen sehr schwierig, mit dem Ärger konstruktiv umzugehen.

Ärger und Wut werden aber nicht nur in ihrem Ausdruck kontrolliert, sondern durch Angst in ihrem Ausdruck auch modifiziert und relativiert. Die Angst resultiert einmal daraus, dass wir uns vorstellen, was geschieht, wenn wir unserem Ärger, oft ausgedrückt in den Ärgerphantasien, nachgeben. Wir müssen ja damit rechnen, dass Ärgerempfänger und Ärgerempfängerinnen ihrerseits wiederum ärgerlich werden und auch wieder reagieren. Fühlen wir uns dieser Reaktion gewachsen?

Weiter können Schuldgefühle über unsere Ärgerreaktionen, die man schon antizipiert, auch eine kontrollierende Wirkung auf Ärgeräußerungen haben. Viele Menschen empfinden auch Kummer darüber, dass sie so wütend, so aggressiv werden können, und auch diese Gefühle bewirken, dass Ärger nicht unkontrolliert geäußert wird. Es gibt aber auch noch ganz andere Möglichkeiten der Kontrolle: die prosozialen Gefühle. Wir sind ja nicht einfach nur so veranlagt, dass wir – metaphorisch gesprochen – zurückschlagen, wenn wir geschlagen werden, auch wenn das eine häufige Reaktion ist. Wir können uns auch in einen Angreifer, eine Angreiferin einfühlen, wir können empathisch sein, sie auch lieben, kurz, wir haben auch prosoziale Gefühle. Eine wichtige Frage ist es, wie diese prosozialen Gefühle in den Mittelpunkt des Interesses zu stellen sind und wie sie stimuliert werden können.

Wir – die wir Ärger produzieren

Wir ärgern uns nicht nur, wir ärgern auch andere Menschen, wenn wir ihre Grenzen angreifen, ihre Kreise stören, ihre Intentionen durchkreuzen, ihren Selbstwert strapazieren. So oft, wie wir uns selber ärgern, sind wir wahrscheinlich auch Ursache von Ärger bei anderen Menschen. Das ist ein Gedanke, der relativ schwer zu ertragen ist. Dass »die anderen«, »die Welt« uns ständig ärgern, das ist ein vertrauter Gedanke, der einem hoch plausibel erscheint. Dass wir aber auch ständig »die Welt« ärgern, daran denken wir lieber nicht. Es ist aber im Umgang mit Ärger ein fruchtbarer Gedanke. Es ist zu fragen, wie oft wir bewusst, absichtlich jemanden ärgern. Wir werden feststellen, dass das gar nicht so oft vorkommt, auch wenn andere Menschen sich durchaus öfter über uns ärgern. Wird uns das bewusst, dann wird uns auch klar, dass wir anderen Menschen viel zu oft unterstellen, dass sie uns absichtlich ärgern wollen. Das heißt, diese Unterstellungen, dass die anderen Menschen uns so oft absichtlich ärgern wollen oder dass die Politiker uns immer ärgern wollen oder die Straßen usw., könnten eigentlich auch Projektionen sein, die unserem unausgedrückten Ärgerpotential entspringen, das gelegentlich doch sehr bedeutsam zu sein scheint. Die Überzeugung, dass die anderen uns so oft ärgern wollen, hängt aber auch damit zusammen, dass wir zu oft gestört werden, wollen wir unseren eigensten Anliegen nachgehen.

Die Funktion des Ärgers

Wer Ärger zulässt, glaubt daran, dass man das Leben noch verändern kann. Wer den Ärger nicht mehr zulässt, glaubt nicht mehr daran.

Wer Ärger zulässt, weiß um das energetisierende Moment. Zulassen und Umgehen mit Ärger heißt nun natürlich nicht nur, dass man sich feindselig verhält, sondern darin sind viele Verhaltensmöglichkeiten enthalten.

Zunächst einmal unterbricht Ärger den normalen Fluss der Beziehung. Sobald wir uns ärgern, ob wir es bewusst zugeben oder nicht, ist es so, als gebe es ein Innehalten in einer Beziehung, die sonst einfach ihren gewohnten Gang nimmt. Dieses Innehalten zwingt uns, darüber nachzudenken, was überhaupt geschehen ist. Dann stellt sich die Frage nach einer besonderen Reaktion: Muss der Ärger ausgedrückt werden? Wie? Oder muss auf der Handlungsebene etwas verändert werden? Es kann ein leiser Anstoß sein, es kann ein größerer Konflikt sein, der Ärger ausgelöst hat. Und dieser Konflikt, mag er größer oder kleiner sein, ruft nach einer Grenzbereinigung, vielleicht nach einer Grenzverteidigung oder einer Grenzziehung, aber auch nach einer Grenzauflösung. Und leider führt der Konflikt oft zu einer Grenzüberschreitung. Wenn ich Grenzbereinigung, Grenzsetzung sage, dann meine ich noch nicht, dass das bereits Krieg ist, sondern ich meine nur, es ist eine Besinnung auf Grenzen, eine Besinnung darauf, was mir wichtig ist in der entsprechenden Situation, was die Absichten des anderen Menschen sind, wie man vielleicht zu einer Lösung kommen kann.

Geht man davon aus, dass Ärger eine fundamentale Emotion ist, dann sind Reibungen etwas ganz Normales. Wenn uns reibungsloses Funktionieren so wichtig ist, müsste man sich fragen, wo in diesem System das Aufstachelnde des Ärgers zu finden ist. Der Ärger bietet uns ja gerade die Möglichkeit, Konflikte im Ansatz, nicht nur die ausgewachsenen Konflikte, wahrzunehmen und mit ihnen umzugehen. Da wird durch einen Ärger etwa deutlich, dass ein Mensch einen anderen Menschen zu sehr manipuliert, zu sehr überfährt, möglicherweise nicht willentlich. Und nimmt man den Ärger wahr, drückt man ihn aus, ist eine Verhaltensänderung möglich.

Der Sinn des Ärgers ist es, Situationen so zu verändern, dass Selbsterhaltung und Selbstentfaltung immer wieder neu ermöglicht werden können, so gut das eben geht, im Dialog mit einem Du, das genau dasselbe anstrebt. Im Ärger steckt auch die Energie, diese Veränderungen anzugehen.

Ärger energetisiert uns, wir sind gespannt, wir sind erregt, wir haben das Bedürfnis, unsere Erregung zu regulieren, »Dampf abzulassen«, deshalb wollen wir uns bewegen, schreien usw. , damit wollen wir unserem Gegenüber aber auch mitteilen: Etwas ist nicht in Ordnung, soll wieder in Ordnung gebracht werden. Der Ärger kann aber auch in ein Gefühl der Ohnmacht münden, je nachdem, wie viel Angst und welche Phantasien damit verbunden sind. Die Phantasie spielt eine ganz große Rolle im Zusammenhang mit dem Ärger: Zum einen phantasieren wir Motive, die wir dem Menschen, der uns ärgert, zuschreiben. Routinemäßig entscheiden wir in unserer Vorstellung, ob das Handeln in feindseliger, böswilliger Absicht erfolgt, oder eben nicht. Haben wir uns entschieden, dass keine böswillige Absicht dahinter steckt, dann werden wir uns beruhigen. Entscheiden wir uns dafür, dass die Aktion in feindseliger Weise erfolgte, dann können die mehr oder weniger unterstellten Absichten mit unserer Phantasie angereichert werden. Wir ärgern uns zum Beispiel, dass jemand uns in einer für uns wichtigen Situation einfach keine Antwort gibt, schweigt. Dann werden wir uns sagen – und das ist eine Leistung unserer Phantasie, die natürlich auch aus der Erfahrung gespeist wird, – unser Partner, unsere Partnerin erwarte jetzt, dass wir uns schuldig fühlen, uns entschuldigen, zu Kreuze kriechen. Ob wir das dann tun, ist eine andere Frage. Wir können, wenn wir uns den Raum lassen, in unserer Phantasie immer weiter ausführen, was denn der Partner oder die Partnerin mit diesem Schweigen bezweckt und uns immer kräftiger ärgern. Dann entwickeln wir auch die Phantasien, wie wir uns aus unserem Ärger heraus am liebsten verhalten, was wir am liebsten machen würden.

Diese Phantasien sind Prozessphantasien: Wir phantasieren Aktion und Reaktion. Ich ärgere mich und habe den Impuls, dem Menschen, der mich ärgert, blitzschnell den Kaffee ins Gesicht zu schütten. Was würde dann geschehen? Würde er blass werden und aufspringen oder würde er mir eine Ohrfeige geben, oder müsste ich gleich ein neues Hemd kaufen, und wie würde ich wiederum auf diese unterschiedlichen Reaktionen reagieren? Diese Phantasieprozesse entscheiden letztlich dann darüber, ob ich überhaupt eine dieser Ärgerphantasien in die Reaktion umsetzen. Aus der Intention heraus, etwas ändern zu wollen, erfolgen unsere Ärgerphantasien. Es ist aber auch möglich, dass die Situation uns bekümmert, wir uns zurückziehen und versuchen, den Ärger und die Kränkung für uns allein zu verarbeiten.

Die Gedanken an eine konstruktive Lösung sind in der Regel nicht die ersten, obwohl es natürlich sinnvoll wäre, auf einen Konsens hinzuarbeiten. Zunächst aber sinnt man eher auf Rache, denkt an Revanche, oder man versucht, eine feindselige, brachiale oder verbale Handlung anzubringen. Man kann das alles auch etwas eleganter angehen, indem man eine passive Aggressionsform wählt: Man hört zum Beispiel einfach nicht mehr zu und sagt irgendwann erstaunt: »Ach, Sie haben etwas gesagt, das ist mir jetzt ganz entgangen.« Die passiven Aggressionsformen werden in der Regel als viel weniger gravierend empfunden als die aktiven, sie werden oft auch gar nicht als Aggressionsformen erkannt. Ich meine, sie sind sogar perfider als die aktiven Aggressionsformen, weil diese offen und sichtbar sind und man sich leichter damit auseinander setzen kann.

Bei einem eher niedrigen Ärgerniveau kann man den Ärger verdrängen. Man weicht also einer Grenzbereinigung, einem Konflikt oder auch nur einer etwas grundsätzlicheren Besinnung aus. Wann immer Erregung und Spannung mit einer Emotion verbunden sind, wird diese Emotion besonders stark auch im Leib erlebt. Das ist bei allen Emotionen so, die stark mit Erregung gekoppelt sind, besonders, wenn es sich um eine unangenehme Erregung handelt. Ärger bewirkt nicht einfach eine unangenehme Erregung, sie kann, muss aber nicht, auch angenehm, oder zumindest teilweise angenehm sein. Der Ärger wird immer auch im Körper erlebt, er kann sogar nur körperlich erlebt werden. So gibt es Menschen, die werden nicht ärgerlich, aber sie bekommen augenblicklich Kopfweh, oder sie können nicht mehr gut atmen, oder sie leiden unter einem heftigen Juckreiz, oder aber sie fühlen sich zunehmend verspannt. Wenn uns etwas unter Spannung setzt, wenn etwas auch spannend ist, dann kann man sich auch verspannen.

Menschen, die sich permanent und unproduktiv ärgern, sehen oft verspannt aus, man sieht Spannungen um den Kiefer, einen zusammengekniffenen Mund, und der ganze Ausdruck wird gespannt und etwas spitz. Der Ausdruck von permanentem Ärger ist ganz nahe beim

Neidausdruck. Und Neid wird ja gelegentlich auch als Neidärger bezeichnet.[14]

Es ist möglich, den Ärger und die Dynamik, die aus dem Ärger erfolgt, zu vermeiden, und der Leib drückt dann diesen nicht bearbeiteten Ärger aus. Daraus kann auch Mitleid mit sich selbst erfolgen, man pflegt dann den verspannten Körper. Gelegentlich ist diese Pflege ungünstig, etwa, weil sie durch Alkohol erfolgt. Man kann den »Ärger ersäufen«, man kennt neben den Kummertrinkern auch die Ärgertrinker. Es gibt allerdings weniger schädigendes Umgehen mit unausgedrücktem Ärger, sozusagen progressivere regressive Formen. Es gibt Menschen, die, können sie einen Ärger nicht ausdrücken und nicht anbringen, einfach schlafen oder meilenweit joggen. Wiederum andere kochen sich ein wunderbares Essen, wenn sie sich geärgert haben, denn das brauchen sie jetzt einfach – zur Besänftigung.

Eine andere Möglichkeit, die sehr nah bei der passiven Aggression ist, ist es, den Ärger abzuspalten, man ist dann einfach cool. Man sagt sich: Ich stehe über der Sache. Mich da zu ärgern, dazu gebe ich mich nicht her. Ich bin cool. Und man ist dann eben unnahbar, und der Ärger, den haben dann die anderen. Irgendwann kommt allerdings dieser delegierte Ärger auch wieder zurück.

Was bezwecken wir mit dem Ausdruck unseres Ärgers? Die Erwartungen sind ziemlich breit gespannt: Der Mensch, der uns geärgert hat, soll wissen, dass etwas in seinem Verhalten nicht in Ordnung ist – für mich. Er oder sie soll das Verhalten ändern in meinem Sinne und damit auch zugeben, dass er oder sie Unrecht hatte, er oder sie soll bereuen, soll sich schuldig fühlen und Wiedergutmachung leisten. Das heißt aber auch: Würden sich alle Menschen unseren Vorstellungen und Regeln gemäß verhalten, dann würden wir uns nie ärgern. Möglicherweise würden wir uns dann allerdings darüber ärgern, dass wir keinen Anlass zum Ärgern haben.

Im Ärger steckt einerseits das Reklamieren von Empathie: Wir teilen dem uns ärgernden Menschen mit, dass die Achtsamkeit in der Beziehung, so wie wir sie verstehen, verletzt worden ist, und dass diese Achtsamkeit sofort wieder hergestellt werden sollte. Würde diese Ärger-Mitteilung so aufgenommen, könnte sich das konstruktiv auswirken. Im Ärgerausdruck steckt aber meistens auch ein Machtanspruch, extrem ausgedrückt etwa so: »Ich bin das Maß aller Dinge, und es sollen sich gefälligst alle so benehmen, dass ich mich nicht ärgern muss, das heißt, alle haben sich meinem Maß anzupassen.« Und der Folgesatz heißt dann: »Entweder benimmst du dich wie ich will, oder ich ärgere dich auch.« Wird die Ärgermitteilung so aufgenommen, dann nimmt eine Ärgerspirale ihren Gang, so eskaliert Ärger. Wir sprechen dann von Machtkämpfen, und da gibt es dann eben Angreifer und Angreiferinnen, und da gibt es Opfer. Und oft weiß man dann gar nicht mehr, wer das Opfer ist und wer der Aggressor oder die Aggressorin.[15] Und sehr oft wird durch diese Dynamik eine Beziehung vergiftet, Vertrauen schwindet, bis man nicht mehr miteinander leben kann. Mit am schwierigsten ist es, wenn der Ärger vom Adressaten oder der Adressatin gar nicht verstanden wird oder in keiner Weise als angemessen beurteilt wird. Dann ist das Ziel des Ärgers, etwas in einer Beziehung zu verändern, nicht erreichbar, und der Ärger wird ganz allein zur eigenen Sache.

Die Ärgerbiographie

Natürlich haben wir eine lange Geschichte mit unserem Ärger und mit dem Ärger der anderen. Wie hielten wir es denn mit dem Ärger, wie halten wir es mit dem Ärger? Was wurde uns erzählt von unserem frühkindlichen Äußern von Ärger? Von unserem Trotzalter? Waren wir ärgerlich, wurden wir leicht wütend? Wie lange haben wir Gabeln weggeworfen? Oder mit den Gabeln nach Armen von Eltern und Geschwistern gezielt? Das muss nicht in feindseliger Absicht geschehen sein, kann aber. Können wir uns an Wutanfälle erinnern? Wie haben die Lehrer und Lehrerinnen darauf reagiert? Meistens wird man ja in der Schule dazu angehalten, die Emotionen zu kontrollieren, man wird dann ein wenig domestiziert. Man kann sich aber auch fragen, wo denn der heilige Zorn geblieben ist, den man mit achtzehn oder zwanzig Jahren noch hatte. Der heilige Zorn gegen die Ungerechtigkeit, den man normalerweise in diesem Alter hat, wo ist der geblieben? Vielleicht aber ist dieser Zorn durchaus noch vorhanden, vielleicht sogar stärker denn je. Die Qualität von Ärger und Wut verändert sich kaum im Laufe eines Lebens, deshalb gelingt es auch leicht, sich in einen Kinderärger wieder einzufühlen. Was sich im Laufe des Lebens verändert, ist natürlich die Kontrolle über die Ärger- und Wutäußerungen.

Die Frage, welchen Ärger wir zulassen und welchen nicht, hat oft etwas mit unserer Herkunft zu tun. In jeder Herkunftsfamilie gibt es bestimmte Arten von Ärger, die erlaubt sind, gepflegt werden oder verboten sind. Und das ist nicht nur familienspezifisch, sondern auch schichtspezifisch. Menschen, die im Laufe des Lebens die soziale Schicht wechseln, und das sind viele in unserer Gesellschaft, erwähnen unter anderem, dass es schwierig sei, in einer anderen als der angestammten Schicht den Ausdruck von Ärger zu decodieren, herauszufinden, welche Qualität ein bestimmter Ärgerausdruck hat und mit welchen entsprechenden Sanktionen man zu rechnen hat. In der angestammten Schicht ist das im Unterschied dazu einfach. Stammt man aus einer Schicht, in der der Ärger klar und deutlich ausgedrückt wird in lautem Schimpfen, dann muss man nicht mehr lange herumrätseln. Wie soll man aber, aus einer solchen Schicht kommend, eine hochgezogene Augenbraue als Ärgerausdruck verstehen können? Diese Erfahrung ist aber außerordentlich verunsichernd, weil eine wesentliche emotionale Orientierung nicht mehr stimmt, beziehungsweise neu entwickelt werden muss.

Emotionen haben aber nicht nur in bestimmten Schichten, sondern auch in den jeweiligen Familien ihren spezifischen Ausdruck, so dass grundsätzlich gelernt werden muss, dass dieselbe Emotion nicht von allen Menschen in gleicher Weise ausgedrückt, auch nicht immer gleich benannt wird.

Für die Frage nach unserer Geschichte des Ärgers mag es sinnvoll sein sich zu erinnern, wie man zu Hause den Ärger ausgedrückt hat, wie man geschimpft hat oder was geschehen ist, wenn man seiner Wut freien Lauf gelassen hat. Konnte man Gegenstände herumwerfen? Wie war es mit dem Türeknallen? Oder hat gar nie jemand die Stimme erhoben, hat man statt dessen einfach immer gejammert? Gejammert statt geschimpft? Oder hat man immer genörgelt, oder ist oft krank geworden, wenn etwas Konflikthaftes auftauchte? Galt es als unfein, ärgerlich zu sein?

War bei Ihnen zu Hause der Ärgerausdruck verbal? Hat man grobe Schimpfkanonaden losgelassen oder sehr geschliffen gesprochen? Sagen Sie: »Ich ärgere mich!«

Sprechen Sie also richtigerweise von ihrer Befindlichkeit und lassen es dabei offen, ob der andere Mensch Sie wirklich ärgern wollte? Oder sagen Sie: »Mensch, dass du mich immer so ärgern musst! Ich hätte es ja viel lieber, wenn du mich nicht ärgern würdest!« und drücken dabei aus, dass der Ärger eigentlich nur von außen kommt und mit Ihnen nicht viel zu tun hat?

Oder wurde der Ärger körperlich ausgedrückt? Wie? Es gibt dabei verschiedene Möglichkeiten: einfach wütend herumrennen oder aber brachial zuschlagen, mit einer körperlichen Befindlichkeitsstörung reagieren usw.

Weiter finde ich das Forschen nach den verdeckten Formen von Ärger ganz wichtig. Sind Sie einfach ignoriert worden, wenn Sie Ihren Ärger ausgedrückt haben? Oder hat irgendjemand eine Vorwurfshaltung eingenommen? War jemand beleidigt, eingeschnappt? Wurden dann versteckte Andeutungen gemacht? Oder sind Sie mit Liebesentzug gestraft worden? Lächerlich gemacht worden in ihrem Ärger? Etwa mit dem Ausspruch: »Da ist eine kleine Welt wütend!« Diesen Fragenkatalog könnte man weiter ergänzen.

Ärger wird vornehmlich auch im Kreis der Geschwister sozialisiert. Das Beharren auf Selbsterhaltung und Selbstentfaltung ist im Kreis der Geschwister eine Notwendigkeit. Jedes versucht, sich so gut wie möglich selbst zu erhalten und selbst zu entfalten. Und dabei kommt man sich eben ins Gehege und ärgert sich auch kräftig. Und je nachdem, welche Strategien im Umgang mit dem Ärger erfolgreich waren, wird man diese auch im späteren Leben anwenden. Im besten Falle etwa so: Wenn ich meinen Ärger richtig gut zeige, dann kann ich einen anderen Menschen dazu bringen, über die ärgerliche Sache zumindest nachzudenken oder sogar, etwas zu verändern. Der Ausdruck von Ärger ist wirkungsvoll, auch im Sinne einer Verbesserung der Kommunikation. Eine andere Erfahrung: Wenn ich meinen Ärger so richtig zeige, dann werde ich einfach zusammengeschrien oder zusammengeschlagen, oder dann laufen einfach alle weg. Ärger zu zeigen ist höchst gefährlich, also werde ich das vermeiden. Meistens hat man natürlich verschiedene Erfahrungen mit verschiedenen Menschen in verschiedenen Situationen gemacht und sie sind nicht ganz so einseitig. Diese Erfahrungen werden aber zu Erwartungen, die wir mehr oder weniger unbewusst an unsere Mitmenschen auch im späteren Leben herantragen. Und da ist es dann doch sehr sinnvoll, sich klar zu machen, dass man ja nicht mehr das kleine Kind ist, dass man unterdessen doch ein viel reicheres Repertoire an Strategien im Umgang mit Ärger entwickelt und auch viele verschiedene Reaktionen gesammelt hat.

Aber auch als Kind hat man vermutlich schon zu anderen Strategien gegriffen: Trifft jede Ärgeräußerung auf einen Menschen, der noch lauter schreien kann, dann wird man aufhören zu schreien und vielleicht mit einem geschliffenen Satz dem Ärger in einer Weise Ausdruck verleihen, die den anderen so trifft, dass er oder sie es vielleicht erst einige Zeit später überhaupt merkt.

Wir sehen: Die Erfahrungen mit Ärgeräußerung sind immer auch gekoppelt mit Erfahrungen des Empfangens von Ärger. Und auch hier stellen sich grundsätzliche Fragen: Kann das Wahrnehmen von Ärger als ein Anzeichen dafür genommen werden, dass etwas reguliert werden muss, dass da eine Auseinandersetzung stattfinden muss, dass etwas nicht in Ordnung ist, oder bedeutet das Wahrnehmen von Ärger bereits, dass man den Eindruck hat, nicht in Ordnung zu sein, letztlich sogar keine Daseinsberechtigung zu haben?

Zur Geschichte des Ärgers gehört natürlich auch, wie Sie heute selber in Ihrer Familie mit dem Ärger umgehen. Was ist erlaubt, was ist verpönt, wie viel Ärger lassen Sie zu? Bei sich? Bei den andern?

Zum einen gibt es im Umgang mit dem Ärger einen Familienstil. Man kann vergleichen: Welchen Ärger erlaubten die Eltern, welchen Ärger erlauben Sie? Haben Sie den gleichen Stil im Umgang mit Ärger wie er in der Herkunftsfamilie oder gar bei den Großeltern gepflegt wurde, oder machen Sie gerade das Gegenteil davon?

Es gibt aber darüber hinaus auch präzisere Fragen, die zu stellen sind: Wie verdrängen Sie Ihren Ärger? Wird er einfach projiziert – alle anderen Menschen sind dann ärgerlicherweise ärgerlich, nur man selber überhaupt nicht –, oder leiden Sie nur unter der ärgerlichen Stimmung der anderen? Oder deuten Sie ärgerauslösende Situationen einfach um? Wenn jemand Sie ganz und gar unangenehm angegangen hat, also Ihnen etwas gesagt hat, wo Ihnen einfach die Luft wegbleibt, weil die Aktion unfassbar aggressiv ist, sagen Sie dann: »Ach, das war ja gar nicht schlecht, dieser Mensch wollte mir helfen, es war etwas heftig, aber im Kern außerordentlich hilfreich ...«? Damit wird die Feindseligkeit der Situation umgedeutet. Die berechtigten Gefühle des Ärgers werden verdrängt, vielleicht sich selbst angelastet als alte Empfindlichkeit oder als Restneurose, von der Sie dringend ablassen müssten, falls Sie doch noch ein reifer Mensch werden wollen. Dabei wäre es möglicherweise reifer, diesem Mensch ins Gesicht zu springen und deutlich zu sagen, was Sie gerade erlebt haben, und dass solche Grenzüberschreitungen in keiner Weise zulässig sind und sehr verletzend wirken.

Die Ärgerphantasien

Emotionen werden auch in Phantasien sichtbar. Um unseren Ärger bewusst wahrzunehmen und dann auch konstruktiv damit umgehen zu können, ist es wichtig, uns unsere Ärgerphantasien bewusst zu machen. Nun weiß man, dass Menschen, die zwar sehr wütend werden, aber nicht wagen, sich zu wehren, sich durch Ärgerphantasien etwas entschädigen, vor allem aber auch ihren Selbstwert dadurch regulieren. Sie spinnen dann in der Phantasie aus, was sie eigentlich konkret in Angriff nehmen müssten. Das kann so weit gehen, dass die Phantasie an die Stelle der konkreten Realität tritt. Es genügt ihnen offensichtlich, sich in der Phantasie gewehrt zu haben.

In der tiefenpsychologisch orientierten Emotionsforschung geht man davon aus, dass sich zwischen der Emotion und der Handlung – jede Emotion intendiert ganz bestimmte Handlungen – eine Handlungsphantasie ausmachen lässt. Das Wahrnehmen dieser Phantasie oder dieser Phantasien, denn es sind oft dialogische Phantasieprozesse, ist ganz wichtig, damit wir uns bewusst werden können darüber, was in uns vorgeht, wodurch wir verletzt worden sind, wie stark diese Verletzung ist usw. Damit wir konstruktiv mit dem Ärger umgehen können, müssen wir natürlich den Ärger wahrnehmen. Eine Möglichkeit dazu bieten die Ärgerphantasien.

Es gibt – und das sei vorausgeschickt –, allerdings einen Ärger mit den Ärgerphantasien. Diese sind in der Regel wenig ausgearbeitet, auch wenig kreativ. Viele Menschen meinen, sie gar nicht zu haben. Fragt man sie dann danach, was ihnen so spontan einfällt, wenn sie sich sehr geärgert haben über jemanden, dann folgt sehr wohl eine Ärgerphantasie: Sie könnten den betreffenden Menschen etwa auf den Mond schießen – übrigens eine ziemlich aggressive Phantasie. Stellen Sie sich das konkret vor: einen Menschen ohne Raumanzug auf den Mond zu schießen! Dass diese Ärgerphantasie, genau besehen, sehr aggressiv ist, nehmen wir nicht wahr, weil die meisten von uns diese Redewendung teilen und wir sie uns auch nicht wirklich imaginativ ausmalen. Ein anderer Einfall: Ich könnte ihm oder ihr den Hals umdrehen. Diese Phantasie platziert den Menschen, der Ärger auslöst, in den Hühnerhof und beinhaltet eine Tötungsabsicht. Oder: Ich würde den oder die am liebsten demontieren, also eigentlich wohl in Einzelteile zerlegen. Auch das eine destruktive Ärgerphantasie, die als solche weder wahrgenommen noch verantwortlich zu Ende gedacht wird. Diese Ärgerphantasien kommen einem Befreiungsschlag gleich und werden in der Regel kaum wahrgenommen. Aber einmal aufmerksam gemacht auf diese Ärgerphantasien, entdeckt man sie bei sich selber und erschrickt darüber. Auch wenn sie weniger destruktiv sind, sind es sehr einfache Phantasien, sie kreisen um Angreifen, Zurückweichen, Gefühle der Rache und der Schuld, und nur ganz gelegentlich sind auch kreative Lösungen auszumachen.

Ärgerphantasien und Selbstwertgefühl

Es gibt Ärgerphantasien, in denen Wechselwirkungen mit der Reaktion des Adressaten oder der Adressatin lebendig ausgemalt werden: Wie würde mein Gegenüber reagieren, dem ich aus Ärger über den Ärger, den er oder sie in mein Leben gebracht hat, den Kaffee ins Gesicht schütte? Diese Wechselwirkung wird solange phantasiert und in der Phantasie verändert, bis man glaubt, sie jetzt auch übertragen zu können aufs Handeln und damit das sich gesteckte Ziel erreicht und die dadurch entstehenden Folgen tragen zu können. Die Entwicklung dieser Prozessphantasie und ihre Evaluierung geht in der Regel blitzschnell und wird oft gar nicht richtig bewusst als Prozess der Abwägung von verschiedenen Vorstellungen wahrgenommen. Ob man sich die Realisierung der Phantasie auch leisten kann, hängt davon ab, wie wichtig der am Konflikt beteiligte Mensch ist, wie wichtig die Beziehung als solche für uns ist, aber auch wie viel Selbstvertrauen wir im Moment aufbringen. Sind in unseren Ärgerphantasien die Wechselwirkungen noch mitbedacht, dann haben wir immer noch Empathie mit dem Angreifer. Solange wir diese Phantasien haben, können wir uns in diesen Menschen hineinversetzen. Wir stellen uns vor, was denn seine oder ihre Reaktion auf meine Aktion sein wird. Werden diese Ärgerphantasien erzählt und gehört, dann kann der Konflikt angegangen werden.

Die beiden nächsten Kategorien sind relativ unproduktiv, helfen aber dem Individuum, den Selbstwert zu regulieren. Das sind einmal die Ärgerphantasien, die nur narzisstische Bedürfnisse befriedigen; vordringliches Ziel ist es dann, die narzisstische Homöostase wieder herzustellen. Die Einfühlung in den Menschen, der Ärger ausgelöst hat, fehlt. Phantasiert wird die eigene Überlegenheit und die Unterlegenheit dessen, der geärgert hat. Das kann zum Beispiel dadurch geschehen, dass man blitzschnell eine Bemerkung macht, die den anderen oder die andere tief trifft. Und dann vielleicht elegant nachschiebt: »Auf deinen primitiven Stil der Auseinandersetzung lasse ich mich nicht ein.« Eine solche Reaktion ist allerdings eher in der Phantasie als Wunschverhalten als in der aktuellen Auseinandersetzung zu finden. Denn wenn wir verletzt und ärgerlich sind, sind wir selten auch noch schlagfertig, klug und gemein in einem. Aber in der Phantasie, wenn der aktuelle Ärger schon abgeklungen ist, funktioniert das sehr gut. Das ist eine Phantasie, die die narzisstische Homöostase wiederherstellt, unser Selbstwert ist dann vorübergehend reguliert.

Dann gibt es die dritte Variante der Ärgerphantasien: Man will »den anderen« oder »der Welt« nur noch schaden, und zwar gründlich. Diese Ärgerphantasien sind destruktiv.

Solange wir noch Wechselwirkungen phantasieren können, ist unser Ich-Komplex oder unser Selbst durch die Bedrohung oder Beeinträchtigung noch nicht so sehr unter Druck geraten. Wir sind ärgerlich und können die Energie, die im Ärger ist, nutzen. Müssen wir die narzisstische Homöostase wiederherstellen, koste es, was es wolle, dann sind wir schon ein bisschen mehr unter Druck. Und wenn wir keinen anderen Gedanken mehr haben, als dem anderen Menschen schaden zu wollen, dann ist unser Selbstwertgefühl sehr verletzt, sind wir unter großem Druck, das Gefühl von einem guten Selbstwert wieder herstellen zu müssen, ohne dass wir wirklich die Mittel dazu haben. Mit anderen Worten: Destruktion wurzelt nicht in einem destruktiven Trieb, sondern Destruktion ist eine Folge von einem schlechten Selbstwertgefühl und davon, dass das Selbstwertgefühl immer wieder in Mitleidenschaft gezogen wird. Das kann damit zusammenhängen, dass man schon habituell ein schlechtes Selbstwertgefühl hat, ein schlechtes Gefühl für die eigene Identität, es kann aber auch heißen, dass das, was uns bedroht, was wir als feindlich decodieren, für uns wirklich sehr bedrohlich ist.

Welche Form von Ärgerphantasie wir wählen, hängt also davon ab, wie kohärent unser Ich-Komplex[16] ist, das heißt in der Alltagssprache, wie ichstark oder wie ichschwach wir in einer bestimmten Situation sind. Ichstärke meint, Spannungen aushalten zu können, Frustrationstoleranz zu haben. Es meint, Belastungen von innen und außen in einem gewissen Maß auszuhalten, wissen, dass man sich abgrenzen kann und darf. Und das heißt praktisch: Kann ich mit Angstspannung umgehen? Wirft mich jede Angst aus dem Gleis? Kann ich mit Ärger umgehen? Kann ich mit einem Bedürfnis, das sehr stark ist, aber nicht sofort befriedigt werden kann, umgehen, indem ich es zum Beispiel sublimieren kann, oder muss jedes Bedürfnis sofort befriedigt werden, und wenn nicht, werde ich destruktiv?

Das Umgehen mit innerer Spannung – Angst ist ja sehr oft eine innere Spannung wie der Ärger auch – hat einen Einfluss darauf, wie wir mit äußeren Konflikten umgehen können. Gelingt uns das hinreichend, dann sind wir »ichstark«. Es ist allerdings auch zu beachten, dass traumatische Erfahrungen, Stressoren ganz allgemein, die Ichstärke beeinträchtigen, entweder vorübergehend oder habituell. Die so genannte Ichstärke ist keine feste Größe, man ist habituell ichstärker oder weniger ichstark, aber die aktuelle Ichstärke ist deutlich situationsbedingt, und kann sich in kurzer Zeit auch verändern. Das wird besonders deutlich, wenn man erkrankt. Leiden wir unter einer starken Grippe, benehmen wir uns, als wären wir ichschwach, halten die Spannungen nicht aus, können mit unseren Emotionen nicht umgehen, sind ängstlicher als sonst, weinerlicher oder ärgerlicher, irritierbarer. Nach einigen wenigen Tagen verhalten wir uns aber wie zuvor, sind also wieder bei unserer gewöhnlichen Ichstärke. Kohärenz des Ichs und die damit verbundene Ichstärke oder Ichschwäche muss man dynamisch sehen: Je mehr das Leben uns in die Zange nimmt, um so eher werden wir auch einmal ichschwach reagieren, unser Ichkomplex ist dann weniger kohärent. Kohärent bedeutet, dass ich in einer Situation der Angst diese aushalten kann, dass ich angesichts der Angst um alle meine Kompetenzen weiß. Ich muss dann das Ängstigende nicht verdrängen oder abspalten, etwa behaupten, das Thema, das Angst auslöst, sei gar kein Thema, besonders nicht für einen selbst. Kohärent heißt, dass ich mich in meiner Identität nicht wesentlich beeinträchtigt fühle, auch wenn es sehr viel konflikthafte Situationen gibt. Bei einem weniger kohärenten Ichkomplex kann es geschehen, dass bei Konflikten einzelne Komplexe selbständig werden, dass nur noch eine Emotion vorherrschend ist und dann in der Regel eine Überreaktion erfolgt. Man hat das Gefühl, nicht mehr als die Person zu reagieren, die wir eigentlich zu sein meinen, es kommt dann etwas über uns, trägt uns weg – und wir können uns nicht rasch wieder auf unser normales Identitätsgefühl zurückorganisieren. Das bedeutet aber immer auch, dass in diesen Situationen keine guten Lösungen getroffen werden können, so dass es eben oft zu destruktivem Verhalten kommt, auch um sich selber wieder zu spüren.

Wie wird man ichstark oder ichschwach? Menschen entwickeln sich – von der Geburt an bis zum Tod. Zum einen ist in dieser Entwicklung ein Drang zur Selbstentfaltung angelegt, der im Kontakt mit Beziehungspersonen zum Tragen kommt. Sind Eltern interessiert an ihren Kindern, ihrem Wesen, ihren Bedürfnissen, daran, ihnen den Umgang mit sich und anderen zu erleichtern, dann bringen die Kinder auch später als Erwachsene ein gewisses liebevolles Interesse für sich selbst auf und können Konflikte in der eigenen Persönlichkeit besser akzeptieren und damit umgehen. Das aber wiederum bewirkt, dass solche Menschen ein sicheres Identitätserleben haben, sich besser abgrenzen können und diese Grenzen flexibel handhaben können. Um eine hinreichende Ichstärke zu entwickeln, müssen Menschen sich immer wieder altersgemäß von den Elternkomplexen ablösen.[17] Bleiben wir zu lange unter dem Einfluss der Eltern – und damit auch der Autoritätskomplexe, werden wir zunehmend ichschwächer.

Aber auch das Leben als solches bietet immer wieder Gelegenheit, an der Kohärenz des Ichkomplexes zu arbeiten. Gerade das Erleben von Ärger und der gute Umgang mit dem Ärger bewirkt, dass wir immer wieder auf unsere Ichgrenzen verwiesen werden, dass uns immer wieder deutlich wird, dass etwas verändert werden muss in diesem Bereich. Es kann also durch den guten Umgang mit dem Ärger durchaus an der Ichstärke und an der Kohärenz des Ichkomplexes gearbeitet werden. Wir können Ichstärke auch im Laufe des Lebens immer wieder erwerben, aber natürlich auch Ichschwäche.

Welche Formen der Ärgerphantasie wir produzieren, auch welche Form des feindseligen Verhaltens wir dann wählen, hängt davon ab, wie die jeweiligen Situationen unseren Ichkomplex affizieren, aber auch, wie kohärent dieser habituell ist, ob wir uns eher als ichstark oder als ichschwach erleben.

Ärgerphantasie mit Wechselwirkungen

Die Ärgerphantasien von Kindern sind viel ergiebiger als die der Erwachsenen, weil sie diese voll zuzulassen scheinen und sie zudem freudig mitteilen. Bei den Erwachsenen sind Ärgerphantasien immer mit sehr viel Abwehr verbunden.

Die nachfolgende Ärgerphantasie stammt von einem achtjährigen Mädchen.

Aline liebt es, mit der Eisenbahn zu spielen, am liebsten zusammen mit ihrem Vater. Dieser hat eine Lokomotive, die Aline gehörte, kaputt gemacht, weil er sie eigentlich noch verbessern wollte. Das gelang ihm aber nicht. Aline und ihr Vater sind absolute Eisenbahnfans, und Eisenbahnfans wollen ja dann gelegentlich ihre Lokomotiven perfekter machen, und bei diesem Vorgang geht auch ab und zu etwas kaputt. Der Vater ist bereit, diese Lokomotive so rasch wie möglich zu reparieren, und er will das natürlich selbst tun. Aber nichts geschieht. Aline fragt jeden Tag nach, was jetzt mit der Lok ist. Der Vater hat Ausreden: keine Zeit, keine richtige Schraube – wie das halt so ist. Irgendwann fordert Aline, er solle sie an eine Stelle bringen, wo solche Lokomotiven von Berufsleuten geflickt werden. Der Vater will das nicht, er will das selber machen. Es gibt einen schwelenden Kampf zwischen den beiden, beide ärgern sich, Aline lautstärker, der Vater eher genervt. Aline fühlt sich beeinträchtigt, sie kann nicht mehr so mit der Eisenbahn spielen, wie sie es will, sie braucht genau diese und keine andere Lokomotive. Der Vater hingegen findet, sie könne ja auch eine andere benützen, sie solle sich nicht so versteifen. Aline ärgert sich zunehmend darüber, dass sie den Vater nicht ihrem Wunsch – und seinem Versprechen – gemäß beeinflussen kann. Die Auseinandersetzung eskaliert. Zunächst heißt es einfach: »Papa, du sollst jetzt endlich!« »Papa, ich strafe dich, wenn du das nicht machst!« Und eines Tages sagt sie: »Wenn du jetzt nicht die Lok flickst, dann nehme ich dich auch auseinander.« Das löst in der psychologisch geschulten Familie einiges Erschrecken aus, denn das Mädchen ist ja nicht mehr in der anal-sadistischen Phase, wo solche Aussprüche zu erwarten sind, weil man in dieser Phase auch noch daran glaubt, dass alles, was man auseinandergenommen hat, auch wieder zusammenzusetzen ist.

Aline wendet sich vom Vater ab, geht zur Mutter und erzählt ihr die folgende Ärgerphantasie: »Ich nehme jetzt Papa an eine Kette, und dann ziehe ich ihn zum Spielzeuggeschäft, und da kette ich ihn an. Nein, das tue ich nicht, er könnte nämlich ein Bär werden. Und Bären sind gefährlich, wenn man nicht richtig mit ihnen umgeht.«

Sie fragt die Mutter, was sie denn jetzt noch machen könnte. Der Bruder kommt dazu und schlägt vor, diese Phantasie dem Vater zu erzählen und freut sich schon darauf, dass dieser sich bestimmt ärgern wird. Der hat offenbar auch eine Rechnung offen mit dem Vater. Das Mädchen geht zum Vater und erzählt ihm die Phantasie. Daraufhin lässt der sich erweichen und geht sofort an die Reparatur, dic ihm nicht gelingt. Die Lokomotive wird endlich zur Reparatur gebracht.

Das ist die Geschichte einer Ärgereskalation, wie sie häufig anzutreffen ist. In ihrem Verlauf wird eine Ärgerphantasie produziert. In dieser Ärgerphantasie spielen sowohl der Ärger als auch die Angst eine Rolle. Die Idee, den Vater an der Kette zum Spielzeuggeschäft zu führen und da anzuketten, ist eine ziemlich aggressive Phantasie, gespeist aus der Erfahrung, dass das gute Zureden und Bitten so wenig geholfen hat, und diese aggressive Phantasie weckt die Angst, der Vater könnte sich in einen Bären verwandeln, der aber gefährlich werden kann, »wenn man nicht richtig mit ihm umgeht«. Und Aline entscheidet sich, die Phantasie doch nicht zu verwirklichen. In dieser Phantasie steht der Ärger an erster Stelle. Erst als das Kind ausphantasiert, was es aus seinem Ärger heraus zu tun gedenkt, reagiert es auch mit Angst. Aline bittet aber die Mutter um Hilfe. Die hilfreiche Idee kommt von ihrem Bruder. Er selber will den Vater ärgern, und das kann erreicht werden, wenn Aline ihm die Ärgerphantasie mitteilt. Ob der Vater sich geärgert hat, entzieht sich meiner Kenntnis, er scheint eher betroffen gewesen zu sein und hat verstanden, was Aline ihm mitteilen wollte.

Es ist wichtig, dass man gelegentlich eine Ärgerphantasie mitteilt und sie auch wirklich als Ärgerphantasie deklariert. Wir teilen einander oft Ärgerphantasien mit, ohne diese aber wirklich auszumalen und ohne sie als solche zu deklarieren. Zum Beispiel: »Ich hätte jetzt wirklich Lust davonzulaufen, es ist so beschissen zwischen uns.« Das ist ein Kürzel einer Ärgerphantasie: »Ich hätte Lust davonzulaufen.« Sagen wir aber mit ärgerlicher Stimme: »Ich habe jetzt die unabweisbare Phantasie, davonzulaufen, ich möchte jetzt einfach den

Koffer packen, und jetzt, wo es langsam kalt wird, in die Karibik fliegen. Und da würde ich dann einfach einen Segeltörn machen und würde lustige Leute treffen, und dich vergessen.« In dieser Ärgerphantasie, die nun viel eher als solche erkannt werden kann, sind Rachegedanken verpackt, die Drohung, den anderen Menschen zu verlassen, der Aufschrei, das doch nicht zuzulassen, also etwas für die Beziehung zu tun usw. Es ist viel Zündstoff drin enthalten, aber der ist dann wenigstens auf dem Tisch und nicht unter dem Tisch, der Partner oder die Partnerin kann darauf reagieren.

Das Beispiel der Ärgerphantasie von Aline zeigt deutlich, dass eine Ärgerphantasie ein Kompromiss ist zwischen dem Ärger und der Abwehr des Ärgers, ein Kompromiss zwischen Ärger, der daraus resultierenden phantasierten feindseligen Handlung und der Angst vor den Folgen. Und das ist eben unser tatsächliches feindseliges Verhalten auch. Deshalb ist es nicht notwendig, die erste Ärgerphantasie, die auftaucht und die möglicherweise ganz unakzeptabel ist, zu verdrängen. Das ist einfach das erste Bild, das dann schon modifiziert werden wird, es ist ein Versuch, den Umgang mit dem Ärger in einer Phantasie zu proben.

Ärgerphantasien zur Wiederherstellung der narzisstischen Homöostase

Ein neunzehnjähriger Junge erzählt: »Immer, wenn ich mich ärgere, dann habe ich die Phantasie, dass ich der Freund des Maharadscha von Bitur bin.« Ihm ist dabei wichtig, dass man nicht weiß, wo Bitur liegt. Das gibt ihm ein Gefühl der Überlegenheit. Und dann fügt er hinzu: »Und sobald ich diese Phantasie habe, stelle ich mir vor, wie jetzt der Mensch, der mich ärgert, ungeheuer neidisch wird: Was? Der! Der Freund vom Maharadscha von Bitur!« Das ist eine klassische Größenphantasie, und sie wirkt eigentlich gar nicht wie eine Ärgerphantasie. Aber der junge Mann will damit ärgern, er will damit den Neid herausfordern. Ob ihm das gelingt, ist eine andere Frage. Aber darum geht es auch gar nicht in erster Linie, es geht vor allem darum, die narzisstische Homöostase wiederherzustellen, den Selbstwert zu regulieren. Das gelingt diesem jungen Mann offenbar dadurch, dass er sich bewusst macht – oder einredet –, er habe etwas, was ihn vor allen anderen Menschen auszeichnet, was ihn groß macht, was ihn beneidenswert macht. Dadurch fühlt er sich wieder besser und kann sich wieder akzeptieren. Das ist allerdings eine unproduktive Ärgerphantasie, weil durch sie keine Veränderung der Situation angestoßen wird, keine Auseinandersetzung erfolgt. Erzählt man eine solche Ärgerphantasie, wird sie nicht als solche erkannt, aber man versteht, dass hier ein Mensch seinen Selbstwert künstlich aufbauen muss. In dieser Art von Ärgerphantasie ist kein Rohstoff für eine Auseinandersetzung.

Destruktive Ärgerphantasien

Noch mehr gilt das von den Ärgerphantasien, die man hat, um den anderen Menschen oder die Welt zu zerstören oder ihnen zu schaden.

Ein Mann muss in einem Hotel in einer Stadt schlafen, die sehr laut ist. Diese Stadt ist bekannt dafür, dass es auch nachts um drei ohne weiteres noch Hupkonzerte gibt. Der Mann muss am anderen Tag an einer Universität in einer fremden Sprache einen Vortrag halten, der unter anderem darüber entscheidet, ob er eine ihm sehr wichtige Stelle bekommt an dieser Universität. Es ist eine spannende Situation: Der Mann ist entsprechend gespannt, er ist gestresst, kann wahrscheinlich eh schon nicht sehr gut schlafen, und jetzt stört ihn auch noch der Lärm dieser Autos. Er wälzt sich, hat den Eindruck, diesem ungeheuren Lärm, der immer größer zu werden scheint, hilflos ausgeliefert zu sein. Seine Empfindung: »Ich hatte das Gefühl, dass mir die Autos quer über den Leib fahren.« Und dann hatte er eine Phantasie: Er will einen Magneten entwickeln, der auf einen Schlag alle Automotoren auf der ganzen Welt blockiert.

Das ist eine destruktive Phantasie, würde man sie in der Vorstellung so richtig ausarbeiten. Sie brachte ihm auch keine Erleichterung und keinen Schlaf. Er dachte zwar daran herum, wie ein solcher Magnet beschaffen sein müsste, aber das brachte ihn nach seinen eigenen Aussagen auch nicht wesentlich weiter, was ihn dann zusätzlich wieder ärgerte. Hätte er gelernt, dass man sich auch in Autolärm einfühlen und ihn zur Not als eine Art von Musik hören kann, er hätte vielleicht schlafen können.

Solche destruktiven Ärgerphantasien produzieren wir, wenn wir sehr unter Stress stehen. Dieser Mann ist nicht habituell ichschwach, aber er ist in einer gespannten Situation, in der er zudem überzeugt ist, nur Erfolg haben zu können, wenn er auch schläft. Er setzt sich also noch zusätzlich unter Stress. Viele Stressoren zur gleichen Zeit können die gleiche Wirkung haben wie eine habituelle Ichschwäche. Dazu kommt bei diesem Beispiel, dass der Mann die Lärmsituation nicht beeinflussen kann.

Ausdifferenzierung der Ärgerphantasien mit Wechselwirkung

Da es sich bei den meisten Ärgerphantasien um Kompromisse zwischen Ärger und Angst handelt, werde ich diese Kategorie näher untersuchen.

Bei Aline ging es darum, dass ihre Ärgerphantasie bei ihr Angst auslöste, weil sie phantasierte, dass der Bär böse werden könnte. Es kann nun auch umgekehrt sein.

Ärgerphantasien als Befürchtungsphantasien

Ärgerphantasien, die sich vor allem damit beschäftigen, wie die Empfängerinnen und Empfänger dieser Phantasie darauf reagieren, und dabei geht es meistens um die Antizipation von feindseligen Handlungen, sind ganz häufig Angstphantasien. Ärger und Feindseligkeit werden, wie schon gesagt, in die anderen Menschen hineinverlagert, in die anderen Menschen projiziert. So wird man zumindest zum potentiellen Opfer; der andere Mensch wird zum Angreifer oder zur Angreiferin, das Opfer phantasiert, was ihm oder ihr angetan werden wird. Das Ich hat Angst, und die Aggression ist beim anderen Menschen. Sie ist delegiert. Und der andere Mensch wird dann als feindselig erkannt. Man spricht in diesem Zusammenhang von Befürchtungsphantasien. Ich bezeichne sie aber auch als Ärgerphantasien, weil sie durch den Ärger ausgelöst sind.

Es gibt »klassische« Befürchtungsphantasien: die Angst, geschlagen, überfallen, beraubt, vor anderen beschämt zu werden, beruflich geschädigt zu werden, verleumdet zu werden usw. Bei unseren Befürchtungsphantasien kommt es auch wieder darauf an, was wir im Laufe des Lebens mit Dominanz erlebt haben. Geschlagene Kinder, Menschen, die geschlagen werden, haben die Befürchtungsphantasie, dass sie wieder geschlagen werden. Aber auch Opfer eines Raubüberfalls sind bereiter, dies wiederum zu befürchten. Die Befürchtungsphantasien stammen aber nicht nur aus unserem Erleben. Alles, was Menschen Angst machen kann, und das ist sehr viel, kann sich in Befürchtungsphantasien verdichten.

Ein Beispiel

Ein einundfünfzigjähriger Mann, auf einer Chefetage beschäftigt, ist beunruhigt, weil es in seinem Betrieb

»eine junge Crew so um die vierzig« gibt, von der er sich bedroht fühlt. »Sie halten zusammen wie Pech und Schwefel«, sagt er. Auf die Frage, was er von diesen Kollegen und Kolleginnen befürchtet, formuliert er: »Ja, sie werden Ideen von mir aufgreifen und sie als eigene ausgeben, also sie werden klauen, dann werden sie der Geschäftsleitung zu verstehen geben, dass das mittlere Kader keine Kreativität habe. Dann werden wir entlassen. Möglicherweise werden sie sogar meine Geliebte mit ins Spiel bringen.«

Es ist durchaus möglich dass es eine Crew von Vierzigjährigen gibt, die auch nach oben will. Dass sie Ideen klauen, könnte auch noch vorkommen, ist in diesem Fall aber schon eher unwahrscheinlich, weil er eine sehr spezielle Aufgabe zu erfüllen hat. Falls sie wirklich geklaut hätten, wäre dann die Behauptung, das mittlere Kader sei nicht kreativ, zumindest ungeschickt. Aber dass sie dann noch die Geliebte ins Spiel bringen, ist nun doch sehr unwahrscheinlich. In den Befürchtungsphantasien bringen wir alles, was bei uns Schatten ist, was wir vor uns selbst und vor anderen nicht zugeben wollen und können, was unserem Ichideal widerspricht, ins Gespräch. In den Befürchtungsphantasien kommt das zum Ausdruck, was wir eben nicht offenbaren wollen. Die Ärger- und auch die Befürchtungsphantasien sind so produktiv, weil sie uns wesentliche Aspekte von uns selbst zeigen, Seiten von uns, die wir allerdings nicht gerne sehen wollen. Wenn wir sie aber ansehen, dann ermöglichen sie uns, uns zu verändern. Es gilt, hinter einer solchen Befürchtungsphantasie auch den möglichen Ärger zu entbergen. In diesem Fall handelte es sich um einen handfesten Neidärger auf die Jüngeren, vor allem, weil diese so sehr zusammenzuhalten scheinen, er aber niemanden kennt, mit dem oder der er sich auch zusammentun könnte.

In den Befürchtungsphantasien zeigt sich auch, dass der Ärger selber kaum erlebt wird. Der Ärger ist wenig wahrgenommen, der Ärger und vor allem die feindselige Absicht sind projiziert auf den anderen Menschen, man selber diesem ausgeliefert und hat Angst. Es ist nun natürlich auch so, dass Menschen unwirscher und weniger zugewandt werden, wenn sie spüren, dass man sie als feindselig empfindet, obwohl sie sich selber in der entsprechenden Situation nicht als feindselig einstufen würden. Tritt man Menschen gegenüber, die zu erkennen geben, dass sie einem alles Böse zutrauen, obwohl man eigentlich noch ganz friedlich ist, wird man zumindest misstrauisch, was wiederum die Angst der Projizierenden erhöht und ihnen das Gefühl gibt, zu Recht wahrzunehmen, dass dieser Mensch ihnen böse will. Begegnet man dem Misstrauischen misstrauisch, dann setzt sich ein Zirkel von Projektionen in Gang, mit der Frage: Wer will wem übler?

Befürchtungsphantasien können also dadurch entstehen, dass der Ärger und die Ärgerphantasie, die phantasierte feindselige Handlung auf den anderen Menschen projiziert werden, man befürchtet dann, von diesem Menschen beeinträchtigt zu werden, und zwar so, wie man ihn in der eigenen Phantasie beeinträchtigen würde, wenn man das Ganze nicht auf den anderen projiziert hätte, und man reagiert mit Angst. Den Ärger hinter dieser Angst muss man jeweils erst erschließen.

Nun gibt es noch eine andere Möglichkeit: Wir reagieren gar nicht mit Ärger und einer Ärgerphantasie, sondern direkt mit Angst. Angst tritt dann auf, wenn wir einer mehrdeutigen, komplexen Gefahrensituation ausgesetzt sind, in der wir uns hilflos fühlen.[18] Die Erfahrung der augenblicklichen Hilflosigkeit ist dabei entscheidend. Solange wir uns ärgern, fühlen wir uns noch nicht ganz hilflos. Und deshalb ist es auch möglich, mit Ärger die Angst abzuwehren, wenn die Ichstärke das erlaubt. Es ist allgemein bekannt, dass viele Menschen in Situationen, in denen sie sich ängstigen, schimpfen, sich damit aber auch energetisieren und im besten Fall sich damit in eine Lage versetzen, Mut zur Angst zu entwickeln. Im schlechtesten Fall wird die Angst nicht zugegeben, und andere Menschen werden »dafür« aggressiv angegangen.

Steht aber die Angst im Mittelpunkt des Erlebens, dann folgt daraus nicht unbedingt ein Ärger, sondern etwa ein Impuls zu fliehen. Dann beherrscht einen die Vorstellung, sich gerade nicht behaupten oder nicht angreifen zu können, es gibt dann nur noch den Rückzug. Angstphantasien sind oft Phantasien der Vernichtung, vor der man sich mit letzter Kraft rettet.

Bis jetzt haben wir viel von Angriff gesprochen, aber es gibt auch einen Rückzug. Und dieser Rückzug kann sehr verschieden aussehen. Er kann depressiv sein: Die anderen machen mit einem sowieso, was sie wollen, und man hat dem nichts entgegenzusetzen. Der Rückzug kann auch rein ins Körperliche erfolgen: Man fühlt sich plötzlich einfach sehr, sehr schlecht, meistens auch kraftlos. Rückzug kann sich auch in einer gewissen Abspaltung ausdrücken: Man sagt sich etwa, die Welt, die anderen Menschen, würden einen in keiner Weise berühren.

Ärgerphantasie als Abwehr von Angst

In den Ärgerphantasien haben wir beides, den Ärger und die Angst. Damit tarieren wir die Ärgerphantasien aus, unsere feindseligen Handlungen werden dadurch moderater. Unter anderem bewirkt die Angst vor der Reaktion der anderen, dass wir dann eben den Ärger nicht so ins Kraut schießen lassen.

Ein Beispiel

Es geht um ein Paar zwischen dreißig und vierzig. Die beiden haben die Abmachung, dass man Affären haben darf. Und nun hat der Mann eine seiner wiederkehrenden Affären. Sie ärgert sich aber trotz der Abmachung:

Sie befürchtet, dass er sich eine Infektion holt und sie damit »wiederum« ansteckt. Das ist bisher noch nie geschehen. Was sie nicht sagt, was erst nachher zum Ausdruck kommt: Eigentlich hat sie Angst, eine Affäre könnte doch plötzlich »ernst« werden, er könnte endgültig eine Frau finden, die ihm besser gefällt, oder sie im Gegenzug könnte jemanden finden, bei dem es dann einfach gefährlich würde. Sie haben das in der Vergangenheit immer so gehandhabt – und das ist auch eine Form der Rache, dass, wenn eines der beiden eine Affäre hatte, dann das andere in kürzester Zeit ebenfalls wieder eine hatte. Sie hat nun nicht nur Angst, sondern auch eine Ärgerphantasie:

Sie lässt ihm bei seiner Geliebten die Kleider klauen und stellt sich vor, dass er dann am Morgen nackt oder nur mit dem Morgenmantel der Geliebten bekleidet oder in Frauenkleidern nach Hause kommt. Er hat keinen Schlüssel. Und sie ruft lange aus ihrer Wohnung im fünften Stock auf die Straße hinunter, warum er denn nicht mit dem Schlüssel öffnen würde, was überhaupt wäre und wieso alles auch noch nackt? Das ist eine Phantasie, bei der sie öffentlich machen will, was da passiert ist, bei der sie ihren Mann in eine unmögliche, beschämende Situation bringen will. Sie findet aber, das alles sei zu wenig drastisch, und meint, sie müsste jetzt noch das Schloss auswechseln. Also gleiche Szene, mit ausgewechseltem Schloss. Sie wirft ihm einen Schlüssel hinunter, der nicht passt. Er steht nackt sehr blöd da. Inzwischen ist das ganze Haus erwacht. Alle schauen interessiert zu, hämisch. Und dann sagt sie sich: Das kann ich nicht machen. Er wäre imstande, wenn es so demütigend und beschämend wird, nackt davonzulaufen, einfach nackt zu joggen, ein Fahrrad zu klauen, was da rumsteht, oder nackt zum Taxistand zu gehen. Nein, das geht nicht.

Die Ärgerphantasie ist der sich Ärgernden zuerst zu wenig krass, sie wird dramatisch ausgearbeitet, und dann stellt sich Angst ein; sie verwirft die ganze Phantasie und entwickelt eine neue:

Er kommt nach Haus wie üblich, wenn eine Affäre vorbei ist, charmant, mit Champagner und roten Rosen. Aber sie hat schon rote Rosen und zwar mehr, als er kaufen wird. Sie hat eine ganz bestimmte Disc aufgelegt, mit einschlägigen Liebesliedern, und sie nimmt ihn überhaupt nicht zur Kenntnis, hört wie in Trance die Musik. Und jetzt bekommt er es mit der Angst zu tun.

Sie ist zunächst befriedigt über diese Phantasie, dann fügt sie beunruhigt bei: »Aber ich muss dann noch daran denken, er könnte, wenn er Angst hat, ausrasten, also muss ich das Sturmgewehr wegstellen. Sonst weiß ich nicht, was er tut.«

Die Frau hat keine dieser Ärgerphantasien verwirklicht. Das geschieht sehr oft so im Zusammenhang mit den Ärgerphantasien: Sie werden nicht verwirklicht, oft auch nicht erzählt, so dass auch gar keine Auseinandersetzung mehr stattfindet. Die Ärgerphantasien also genügen für den Moment, um sich wieder besser zu fühlen, auch, um mit der Angst besser umgehen zu können, aber sie werden nicht genützt. Das Aufrechnen einer Demütigung mit einer Demütigung in der Ärgerphantasie kann offenbar genügen. Es ist aber auch möglich, dass in den Entwicklungen der Ärgerphantasien zum Ausdruck kommt, welche tieferen Probleme mit einer Verletzung verbunden sind, welche Befürchtungen, welche Verzweiflung da maskiert werden.

Ärger in der Besorgnisphantasie

Ärger und Angst gehören zusammen. In den Ärgerphantasien ist Angst mit eingebaut, in den Befürchtungsphantasien Ärger. Es gibt allerdings Befürchtungsphantasien, bei denen man den Ärger kaum ausmachen kann, wo man ihn eher erschließen muss.

Ein Beispiel

Ein Paar: Die Frau will am Abend allein ausgehen. Er ärgert sich darüber, dass sie allein etwas unternehmen will, sagt aber nichts dagegen, weil ja eigentlich klar ist, dass das in Ordnung ist. Statt zu sagen, dass er sich ärgert, auch wenn er kein Recht hat, sich zu ärgern, sagt er: »Pass bloß auf, ich stell mir immer so vor, was passieren könnte, wenn du allein bist.« Sie fragt relativ aggressiv zurück: »Was denn?« Und jetzt kommt die Phantasiekurzschrift: »Ja, du könntest das Bein brechen, überfahren werden, einen Herzinfarkt haben oder vergewaltigt werden.« Nun kann das ja alles geschehen, aber es passiert doch eigentlich selten, und vor allem nicht bei einer verhältnismäßig jungen Frau. Was ist hier geschehen? Auf den ersten Blick wirkt es so, als wäre der Mann besorgt, es könnte ihr etwas Bedrohliches zustoßen. Man kann sich aber auch fragen, welche feindseligen Phantasien in dieser Besorgtheit ausgedrückt werden. Er sagt zwar, »Ich möchte nicht, dass ...«, aber stellt sich vor, dass sie das Bein bricht, überfahren wird, einen Herzinfarkt hat und vergewaltigt wird. Vielleicht nicht alles gleichzeitig, aber die Phantasie bringt alle diese schrecklichen Möglichkeiten gleichzeitig zusammen. Es sind aggressive Phantasien.

In der Besorgnis kann sich ein ungeheurer Ärger maskieren. Gelegentlich fragt man sich, warum einem die Besorgnis eines Partners oder einer Partnerin so unangenehm ist. Denn eigentlich ist es ja schön, wenn jemand sagt: »Pass gut auf dich auf, komm dann wieder gesund nach Hause. Ich möchte dich gern wieder haben.« Manchmal ist aber in diesen guten Wünschen doch ein Unterton mit drin. Darauf reagiert man leicht ungeduldig und auch mit einem leisen Ärger.

Solche alltäglichen Interaktionen haben damit zu tun, dass wird den Ärger weit wegschieben wollen, auch, weil wir uns den Ärger nicht erlauben. Und natürlich ist es dann nicht möglich, eine Ärgerphantasie zu formulieren. Die könnte etwa heißen: Heute ärgere ich mich, dass du allein ausgehst, und ich stelle mir vor, dir passiert dann das und das, und es geschieht dir ganz recht, dass ich nicht dabei bin und dir helfe.« Dann wüsste man, woran man ist, könnte auch darüber sprechen, ob hier Besitzdenken eine Rolle spielt, oder ob es gerade zu diesem Zeitpunkt besser wäre, etwas gemeinsam zu unternehmen. Man könnte grundsätzlich wieder einmal klären, wie viel Gemeinsamkeit und wie viel Einsamkeit in der Beziehung gewünscht wird. Auch die Angst, verlassen zu werden, wäre anzusprechen. Aber der produktive Umgang mit dem Ärger ist in der Besorgnis kaum möglich, Ärger und feindselige Gefühle sind weit verdrängt und die eigene Feindseligkeit wird dann ja auch in »die Welt« phantasiert. Ärger und Aggression sind dennoch spürbar, auch wenn sie vollkommen maskiert sind. Man verkehrt ein Gefühl in sein Gegenteil: Eigentlich möchte ich sagen: »Ich ärgere mich«, ich sage das aber nicht, sondern ich sage: »Ich ärgere mich nicht, ich sorge mich«. Das ist so etwas wie das Gegenteil. Ärgern heißt: »Ich will, dass du etwas anders machst.« Sorgen heißt: »Es ist mir ein Anliegen, dein Leben auch zu schützen, damit wir es gut haben miteinander.« Hier werden Gefühle in ein sozial viel erwünschteres Gegenteil verkehrt.

Dieses Hinausschieben des eigenen Ärgers und die Verkehrung dieser Gefühle in Besorgnis kann man noch viel weiter treiben.

Angenommen, ein Mann hat sich an einem Abend mit dem Chef ziemlich daneben benommen. Darüber ärgert sich die Partnerin. Jetzt könnte sie zum Beispiel einfach sagen: »Mensch, kannst du dich eigentlich nie benehmen? Ich ärgere mich darüber, dass du dich immer so unmöglich benimmst. Deinetwegen werde ich nie bewundert. Ich muss mich immer schämen für dich.«

Das kann sie aber auch ganz anders ausdrücken: »Du, ich bin jetzt aber wirklich beunruhigt. Hoffentlich denkt dein Chef nicht, du seist ein Alkoholiker oder du hättest ein Alkoholproblem, oder du flirtetest sowieso ständig mit jeder, oder du seist kontaktgestört.«

Jetzt heißt es nicht einmal mehr: »Ich befürchte, dass ...«, sondern, »hoffentlich denkt dein Chef nicht ...« Die entwertenden Gedanken werden hypothetisch auf einen außenstehenden Menschen projiziert oder an ihn delegiert, und vermeintlich abgeschwächt durch dieses: »Hoffentlich denkt er nicht«. Die signalisierte Beunruhigung soll sowohl Mitgefühl und ein Wir-Gefühl signalisieren, »ich steh dir bei«, aber sie ist sehr aggressiv, besonders aggressiv, weil man nicht dazu steht und weil der Empfänger oder die Empfängerin einer solchen Botschaft nicht weiß, ob die Solidarität auch wirklich eine ist, ob man sich auf sie verlassen kann, denn irgendwie klingt das alles etwas falsch. Es wäre einfacher, den Ärger direkt zu formulieren.

Das heißt nun natürlich nicht, dass man gelegentlich nicht wirklich besorgt ist. Ich möchte hier nicht sagen, dass jede Besorgnis eine verschobene Aggression ist. Aber ich finde, es ist sinnvoll, die Besorgnis, besonders wenn sie oft vorkommt, auch einmal auf verschobenen Ärger und auf Ärgerphantasien hin zu befragen, übrigens auch die Besorgnis den erwachsen werdenden Kindern gegenüber. Dort feiert sie nämlich gelegentlich Urstände.

Unsere Ärgerphantasien haben einen Zusammenhang mit der jeweiligen Ichstärke. Sie entlasten uns aber auch, regulieren den Selbstwert in der Situation und bringen uns dadurch in die Lage, das Problem, das sich im Ärger äußert, besser anzugehen. Die Ärgerphantasien zeigen aber auch, welche Probleme wirklich angesprochen sind, welche Probleme in die Verantwortung genommen werden müssen. An den Ärgerphantasien wird aber auch deutlich, wie sehr Ärger und Angst in einem Zusammenhang gesehen werden müssen, wie sehr uns der Ärger auch ängstigt.

Die Hemmung von Ärger und Aggression

Abwehrkonzepte im Zusammenhang mit Ärger

Ärger ist auch unangenehm, wir ärgern uns auch darüber, dass wir uns in einer bestimmten Situation ärgern, dass wir nicht gelassener reagieren können, dass wir den Ärger nicht leichter wieder wegstecken können. Um uns von diesen unangenehmen Gefühlen zu befreien, setzen wir Abwehr- oder Bewältigungsmechanismen ein. Indem wir diese Gefühle abwehren, fühlen wir uns im Moment besser, wir haben also die Situation bewältigt, so meinen wir wenigstens. Der Sinn der Abwehr- oder der Bewältigungsmöglichkeit wäre es, dass wir uns in unserem emotionalen Aufruhr beruhigen und aus dieser Beruhigung heraus den Konflikt angehen können. Meistens genügt uns Menschen die Beruhigung. Das Umgehen mit dem Ärger hat aber viel mit Konfliktfähigkeit zu tun. Auch wenn wir den Ärger abwehren können, der Konflikt bleibt dennoch. Ich werde nun einige gängige Abwehrkonzepte im Zusammenhang mit Ärger näher beleuchten.

Projektion

Wir können unseren Ärger auf den Angreifer, den vermeintlichen, projizieren. Dann sagen wir uns, dass wir selber nie wütend sind, »die anderen« aber sind leider immer wütend oder ärgerlich. Die Herausforderung zur

Auseinandersetzung mit dem Ärger oder der Wut aber bleibt: Wir können uns dem Problem nicht entziehen, weil wir uns wütenden Menschen gegenüber sehen. Der Konflikt kann doch nicht ganz verdrängt werden; wir haben aber einen intrapsychischen Konflikt, wir sind in unserer Selbstachtung oder in unserer Selbstaktivierung gestört. Ursprünglich stammt dieser Konflikt aus einem Zusammenstoß mit einem anderen Menschen, aber es sind eben zwei daran beteiligt, und er wird zu einem inneren Konflikt: Wie gehe ich mit der Kränkung um, wie gehe ich damit um, dass ich mich in einer wichtigen Situation nicht behaupten, nicht durchsetzen kann? Stellen wir uns diesem Konflikt, werden wir mit unserer Angst, unserem Ärger und unseren feindseligen Phantasien konfrontiert werden. Projizieren wir den Ärger, die Wut und die Aggression, dann haben wir den intrapsychischen Konflikt aufgespalten und einen Teil davon externalisiert. Davon werden wir nun bedroht und fühlen uns im Recht, wenn wir uns gegen diese Bedrohung wehren. Nicht ich greife an, ich werde angegriffen und muss mich natürlich verteidigen. Der Konflikt ist möglicherweise noch größer geworden.

Es wäre also in Situationen, in denen wir uns so sehr angegriffen fühlen, zu fragen, ob wir nicht auch eigene Feindseligkeit projizieren. Selbstverständlich nicht so, dass jeder Aggressor einfach meine Aggression verkörpert. Es gibt durchaus Situationen – gerade bei traumatischen Angriffen – wo sehr klar ist, wer das Opfer und wer der Aggressor ist. Aber bei den alltäglichen Zusammenstößen ist das Opfer immer auch ein bisschen Aggressor, und der Aggressor oder die Aggressorin ist immer auch etwas Opfer.

Projektion mit Reaktionsbildung

Bei dieser Form von Abwehr ärgern wir uns nicht über andere Menschen, sondern wir sind so unendlich besorgt um sie. Die aggressive Phantasie ist projiziert auf die anonyme böse Welt. Da sagt jemand zum Beispiel: »Ich muss immer dran denken, dass du eigentlich überfahren werden könntest, und das erfüllt mich mit großer Sorge.« Solche Vorstellungen können sich einem Menschen richtig aufdrängen, geradezu zu Zwangsvorstellungen werden. Die Aggression besteht darin, dass dieser Mensch sieht, wie der andere von jemandem überfahren wird. Das ist eine sehr schädigende, feindselige Phantasie, auch wenn man in der Phantasie den anderen Menschen nicht selber überfährt. Solche destruktiven Phantasien mag man vor sich selber nicht wahrhaben, die passen nicht zum Bild, das wir von uns haben, die meisten Menschen wollen nicht aggressiv oder destruktiv sein. Also verkehrt man die Feindseligkeit ins Gegenteil und sagt: »Ich sorge mich so darum.« Und das heißt nun aber wiederum, dass man nicht an dieser Aggression arbeiten, sie nicht in die Verantwortung nehmen muss. Würden wir sagen: »Ich sehe immer einmal wieder, wie du – überfahren von einem Auto – daliegst« und nähmen wir diese Aussage ernst, dann würde uns deutlich werden, dass hier in der Beziehung ein großes Problem anliegt, das dringend bearbeitet und in die Verantwortung genommen werden muss. Die Phantasie weist auf eine ungeheure Wut hin, die aber kaum zum Ausdruck kommt; ein Todeswunsch ist damit verbunden, aber es soll irgendwo und irgendwie geschehen, selber würde man sich die Finger nicht schmutzig machen. Das soll man natürlich auch nicht, aber die Wut und damit die untergründige Angst und Verzweiflung, die müsste man sich wenigstens in Ansätzen eingestehen, damit man sie bearbeiten kann, damit ein wirklicher Konflikt entsteht, mit dem man auch umgehen kann. Verkehrt man die Wut in Sorge, dann hat man zwar die Wut nicht mehr, kann sich sogar sagen, dass man ein guter, weil um den anderen Menschen besorgter Mensch ist. Aber das Produktive, das in der

Wut liegt, die Aufforderung, das Problem anzugehen, kann dann nicht genützt werden, das Zusammenleben wird emotional immer unechter. Zudem reagieren die Mitmenschen, denen diese große Sorge gilt, selten dankbar darauf, sondern sie reagieren aggressiv, abwehrend. Meistens erfolgt nur ein ärgerlicher Hinweis darauf, man möge doch einmal diese Schwarzseherei aufgeben. Weder die Wut noch die Verzweiflung dahinter werden angesprochen. Spricht man jemanden, der so übertrieben besorgt mit einem umgeht, darauf an, ob er oder sie vielleicht ärgerlich sein könnte, dann erntet man Verständnislosigkeit, gerade der Ärger soll doch verborgen bleiben. Das arrangieren wir aber nicht bewusst. Unsere Psyche ist ein wunderbares Organ: Was immer uns zu sehr aus dem Gleichgewicht werfen könnte, kann verdrängt werden, sich in unendlich vielen Formen, die weniger bedrohlich sind, zeigen, da können Dinge ins Gegenteil verkehrt werden, verdichtet werden usw., und zum Schluss meint man wirklich, man wäre bester Absicht, und dabei ist man sehr aggressiv.

Der Sinn dieser Abwehr- oder besser Bewältigungsmechanismen wäre es, uns für einen Moment zu entlasten, bis wir innerlich so stark sind, dass wir den Konflikt angehen können. Aber meistens haben wir uns dann schon an diese Abwehrstrategien gewöhnt. Es braucht viel Selbstreflexion, aber auch einen gesunden Zweifel an sich selbst, bis man überhaupt dahinter kommt, dass zum Beispiel hinter einer so menschenfreundlichen Sorge eine verdrängte, mörderische Wut stecken kann. Aber es ist noch einmal zu sagen: Nicht jede Sorge stammt aus einer verdrängten Aggression. Sich zu sorgen um einen anderen Menschen ist etwas zutiefst Menschliches, ein Zeichen dafür, dass dieser Mensch uns wirklich etwas angeht – in einem tiefen Sinn. Bloß: Diese Form von Sorge zeigt sich nicht darin, dass man Befürchtungen formuliert, es ist viel mehr eine Haltung, die zum Ausdruck bringt, dass dieser

Mensch uns etwas angeht und dass wir mithelfen möchten, dass er oder sie ein gutes Leben finden möge.

Die masochistische Abwehr

Gefühle der Wut und daraus resultierendes feindseliges Handeln verursachen Schuldgefühle: Wir meinen, wir sollten weder wütend sein noch feindselige Gefühle haben, dabei sind doch sogar Götter oft zornig. Gelegentlich haben wir allerdings auch einfach Angst, dass die anderen Menschen uns unser feindseliges Denken und Handeln mit gleicher Münze heimzahlen. Nun gibt es Menschen, die voller Schuldgefühle sind, die sich sehr, sehr schuldig fühlen, also ein sehr hartes Überich haben, das viel fordert und sie verurteilt, die können in einem Angriff eine verdiente Strafe sehen. Die können glaubhaft versichern, dass sie froh sind, dass sie jetzt einmal angegriffen werden, dass man sie jetzt einmal richtig in den Senkel stellt, das erleben sie als eine Schuldentlastung. Sie haben für ihre vermeintliche oder wirkliche Boshaftigkeit die Strafe bekommen. Das nennt man die masochistische Abwehr. Damit ist vorübergehend Angstbefreiung verbunden und eigentümlicherweise ein intensives Kontakterleben. Man kennt dieses Phänomen von Kindern, die irgendetwas ausgefressen haben und dann wegen etwas ganz anderem bestraft werden. Sie sind dann zufrieden darüber: Jetzt stimmt die Welt wieder. Oft gibt es dann eine sehr gute Beziehung zu dem Menschen, der bestraft. Also nicht etwa dieses »ich zieh mich jetzt zurück« oder »ich bin trotzig« oder Ähnliches: Bei Kindern mit einer masochistischen Abwehr gibt es dann sehr gute Gespräche, und oft kann sogar der Konflikt angegangen werden. Es ist aber doch eine problematische Abwehrform.

Identifikation mit Angreifer oder Angreiferin

Bei der maochistischen Abwehr muss man sich nicht mit dem Angreifer oder der Angreiferin identifizieren, sondern man sagt sich einfach, ich habe die Strafe eigentlich schon längst erwartet, ich hätte sie schon längst verdient, und jetzt habe ich sie zum Glück bekommen, jetzt muss ich nicht mehr darauf warten, mich davor ängstigen. Bei der Identifikation mit dem Angreifer schlüpft man aus der Rolle des Ichs in die Rolle des Angreifers oder der Angreiferin, also man verlässt sich selber, man lässt sich selber im Stich. Man sagt dann – laut oder leise –: »Du hast ganz Recht, dass du wütend bist auf mich oder dass du so aggressiv handelst. Ich an deiner Stelle wäre es auch.« Auch hier ist das Gefühl, dass einem ganz Recht geschieht, aber nicht, weil Schuldgefühle im Vordergrund stehen, sondern weil der andere oder die andere sowieso immer Recht hat.

Diese Identifikation mit dem Angreifer kennt man übrigens auch bei Opfern von Vergewaltigungen. Gerade Kinder, die über längere Zeit von einem erwachsenen Menschen vergewaltigt worden sind, übernehmen die Verachtung, die dieser Missbraucher oder diese Missbraucherin hat, in das eigene Selbstbild. Ich bin ja zu verachten, ich bin ja selber schuld, dass »das« mit mir gemacht wird. Das ist eine Identifikation mit dem Angreifer oder der Angreiferin und die einzige Möglichkeit, sich in dieser Situation noch einen Rest von Selbstwert zu erhalten.[19]

Abwehr- oder Bewältigungsmechanismen im Zusammenhang mit Ärger, aber auch mit Angst, haben immer das Ziel, unseren Selbstwert wieder einigermaßen zu stabilisieren, dazu zu verhelfen, dass wir uns wieder einigermaßen wohl fühlen, trotz der Spannungen und Konflikte, so dass wir diese dann angehen könnten.

Bei der Identifikation mit dem Angreifer oder der Angreiferin schlüpft man aus der eigenen Haut, man fährt nicht aus der Haut, man lässt sich selber im Stich, und das heißt natürlich auch, dass die eigene, berechtigte Wut abgespalten wird. Würde man diese Wut leben, würde man in dieser Situation sicher in noch größere Schwierigkeiten kommen, zumindest befürchtet man das, und deshalb ist es eben die letzte Möglichkeit, dass man zu einem Angreifer, einer Angreiferin, einem Aggressor, einem Tyrannen, einem Gewaltmenschen sagt: »Du hast ganz recht, ich an deiner Stelle würde das auch so tun.«

Die Identifikation mit dem Angreifer oder der Angreiferin ist eine Abwehr, die auch im Alltag oft vorkommt und derer wir uns viel zu wenig bewusst sind. Identifikation mit dem Angreifer oder der Angreiferin heißt nämlich auch, sich mit einer vermeintlichen Autorität zu identifizieren und sich selber dabei im Stich zu lassen. Sich selber im Stich zu lassen, ist aber das Schlechteste, was man sich selber antun kann.

Verleugnen und Umdeuten

Als weitere Abwehr- oder Bewältigungsstrategien kommen noch Verleugnen und Umdeuten dazu. Man deutet etwa einen Angriff nicht als solchen, verleugnet dabei auch, dass man darüber ärgerlich oder traurig ist, sondern nimmt einen Angriff als Möglichkeit, sich zu verändern. Da bedankt sich dann jemand sehr herzlich für eine unflätige Kritik und drückt aus, dass diese ihm helfen wird, sich zu entwickeln. Oder entwertende Bemerkungen, zum Beispiel über Frauen, werden zum »etwas eigentümlichen Humor der Männer« umgedeutet, die damit verbundene Kränkung verdrängt, subsumiert unter all den Kränkungen, die in dieser Hinsicht schon erlebt worden sind, also nichts Besonderes.

Aggressionen können in der Form, aber auch in Bezug auf das Objekt, dem sie gelten, verschoben werden. In der Form: Man hätte Lust, dreinzuschlagen, gestattet sich das aber nicht, und statt dessen brüllt man, oder man weint. Man hätte Lust zu brüllen, dieses Verhalten ist aber nicht kompatibel mit dem Selbstbild, also schweigt man lange und ausführlich, im Sinne einer passiven Aggression. Bekannter noch ist das Verschieben von einem Objekt auf ein anderes. Klassisches Beispiel: Sie ärgern sich über Ihren Chef und lassen die Aggression an Ihrer Sekretärin, an den Kindern oder am Hund aus. Kinder werden geschlagen und schlagen postwendend ein kleineres Kind.

Es gibt auch ein diffuses Ärgergefühl, das bewirkt, dass man sich ärgerlich in der Welt bewegt und geradezu darauf wartet, dass endlich jemand auftaucht, der oder die einen kleinen Fehler macht. Auf diesen Menschen stürzt man sich und lässt seinemÄrger freien Lauf. Man hat geradezu darauf gewartet, dass man jemanden »verschlingen« kann. Würde man den diffusen Ärger zu einem bestimmten Ärger werden lassen, sich also fragen, worüber man sich wirklich geärgert hat, könnte man sich diesen klaren Ärger eingestehen und im Selbstgespräch auch mit sich selber zu Rate gehen, wie damit umzugehen sei.

Wir sind aber auch sehr oft einfach diffus ärgerlich. Wir sind ärgerlich gestimmt, und die Mitmenschen fragen dann: »Was ist dir über die Leber gelaufen?« Das ist von der Symbolik her interessant: Die Leber gilt als der Sitz der Vitalität, der Kraft, des Wesens des Menschen. Ist einem »etwas über die Leber gelaufen«, dann ist man in der Lebensqualität beeinträchtigt worden. Oft kann man wirklich nicht sagen, was es war. Es war kein fassbarer Ärger, sondern eine Anhäufung von Kleinärgern, über die man gar nicht so bewusst etwas wissen will.

Diese diffuse Ärgerstimmung bewirkt, dass man eine Gelegenheit sucht, um »Dampf« abzulassen. Das nützt in der Regel gar nichts, denn das Problem, das den Ärger verursacht hat, ist weder erkannt noch angesprochen. Gelegentlich entspringt dieses diffuse Ärgerlichsein auch einem körperlichen Missbehagen; man sollte sich also in Bewegung setzen! Manchmal aber zeigt uns erst ein Traum am anderen Morgen, was uns so ärgerlich gemacht hat – wir verdrängen diese Situationen allzu leicht. Diese verschobenen Ärger- und Aggressionsäußerungen wären angehbar, würde man sie als wesentlich betrachten.

Die wünschbare Aggressionshemmung

Wann immer Ärger und Wut erfolgreich verdrängt werden, verändert sich nichts oder wenig. Der Kompromiss zwischen Ärger und Ärgerabwehr bestimmt unser Verhalten. Ist wenig Ärgerabwehr vorhanden, werden wir unserem Ärger Ausdruck geben, uns in einem guten Sinn abgrenzen von den anderen, den anderen Menschen in die Schranken weisen, da, wo er Grenzen nicht respektiert, uns vielleicht auch offen feindselig verhalten, eine Veränderung reklamieren. Im schlechteren Fall werden wir versuchen, die anderen Menschen zu beeinträchtigen und selber so viel Platz wie möglich auf der Welt zu behaupten, ohne Rücksicht auf andere, oder wir werden destruktiv Schaden anrichten.

So wesentlich es ist, Ärger, Wut und feindselige Phantasien zu erkennen, damit Konflikte zwischen Menschen auch ausgetragen werden können, Verletzungen als solche erkannt, respektiert und damit vermieden werden können, so deutlich ist, dass Ärger und Aggression nicht einfach unkontrolliert ausagiert werden sollten. Das ist für das soziale Zusammenleben zu gefährlich. Deshalb ist ein wichtiger Aspekt des Umgangs mit feindseligem Verhalten die Aggressionsvermeidung, bekannter als Aggressionshemmung. Eigentlich wird schon der Ärger gehemmt, und man müsste richtigerweise von Ärgerhemmung sprechen. Da sich aber das Wort Aggressionshemmung eingebürgert hat, werde ich es auch gebrauchen, bleibe aber bei meinem Konzept der ärgermotivierten Aggression. Ärger provoziert Aggression. Nun ist Aggressionshemmung zum einen wünschbar und zum anderen ausgesprochen beeinträchtigend und gefährdend, dann nämlich, wenn die Aggression, und zuvor natürlich auch schon der Ärger, zu sehr gehemmt werden, wenn also zu viele oder zu starke Abwehrmechanismen eingesetzt werden, oder wenn die Angstgefühle oder die Schuldgefühle zu intensiv werden.

Wir haben festgestellt, dass in den Ärgerphantasien immer auch Angstphantasien enthalten sind. Furcht vor Strafe oder Furcht vor Verlust einer Sicherheit gebenden Beziehung oder Verlust einer doch angenehmen Lebenssituation, würde man die Ärgerphantasie als solche in Handlung umsetzen, kann bewirken, dass wir die Ärgerphantasie abmildern und damit auch die feindseligen Handlungen, wenn sie denn erfolgen, moderater ausfallen. Die Angst vor der Reaktion der Welt oder vor unserer eigenen inneren Beurteilung einer Situation reguliert die Ärgerphantasien, macht sie in der Regel weniger feindselig, hemmt sie bereits etwas.

Aber auch die Antizipation von früheren Erfahrungen mit Aggressionsäußerungen reguliert. Wir wissen ja in etwa, was wir zu erwarten haben, wenn wir mit einer bestimmten Aggression einfahren, wir können also aufgrund unserer Erfahrung die Situation einschätzen. Und da gehört mit dazu, dass wir unterscheiden zwischen Menschen, die übermächtig sind, und Menschen, die uns unterlegen sind. Und je nachdem werden wir unsere Aggression anbringen.

Dann haben wir aber auch eine Lernerfahrung. Die meisten Menschen haben gelernt, dass Hemmung der

Aggression gut ist. Sind wir als Kinder wütend und schlagen trotzdem nicht einfach auf etwas ein, brüllen nicht besonders laut oder überhaupt nicht, dann werden wir gelobt. Sind wir aggressiv, werden wir getadelt. Was die wenigsten von uns gelernt haben, ist ein guter Ausdruck von Ärger und eine anschließende saubere Konfliktbearbeitung. Wir haben keine Ärger-Aggressionskultur! Zwischen Dreinschlagen und alles in sich Hineinfressen gibt es auch eine ganz offene Art, den Konflikt anzusprechen. Das wird uns noch zu beschäftigen haben.

Der Umgang mit Ärger und Aggression ist auch kulturell bestimmt. Es gibt Regeln, nach denen Ärgeräußerungen erfolgen sollen. Dazu gehört auch ein Geschlechterrollenstereotyp, wobei dieses heute glücklicherweise sehr in Bewegung ist. Es war vor vielleicht dreißig, vierzig Jahren ganz klar, dass eine Frau nicht aggressiv zu sein hat und ein richtiger Mann aggressiv ist. Ein aggressiver Mann, das war geradezu ein Gütezeichen. Dieses Rollenstereotyp ist fatal: Geht es um Aggression im Sinne des Zupackens und Anpackens, dann gälte das als unweiblich, geht es um Gewalt, dann hieße das, dass Gewalt einfach zu den Männern gehört. Es sind Veränderungen in diesem Stereotyp wahrzunehmen, aber noch immer werden zum Beispiel im Fernsehen zu viele Filme gezeigt, in denen Gewalt ausübende Männer als Helden gelten. Das ist eigentlich antiquiert, zeigt aber andererseits, dass das alte Bild eben doch nicht verschwunden ist. Und wenn jetzt Frauen in gleicher Art dargestellt werden und machomäßig andere Menschen töten, dann ist das wohl kaum ein Fortschritt, sondern es ist eine Identifikation mit dem Angreifer erfolgt.

Wer sehr ansprechbar ist durch Ärger, und das sind oft antriebsstarke Menschen, wer eine hohe Aggressionsbereitschaft an sich hat, weiß sehr viel von gehemmtem, feindseligem Verhalten, weil er oder sie sich habituell hemmt. Diese Menschen haben gelernt, dass sie so leicht die Tendenz haben, den anderen »ins Gesicht zu springen«, dass sie sich immer wieder sagen, dass sie eine Pause zwischen Phantasie und Handeln einlegen müssen, dass sie zumindest einmal tief durchatmen müssen.

Man kann die Aggression auch hemmen, indem man die feindselige Handlung nicht ausführt und statt dessen eine Ersatzhandlung macht: Joggen gehen, wenn man so richtig ärgerlich ist. Und das tut gut. Erstens verbraucht man Energie, und zum anderen ist es so, dass man wieder mit sich selber in Kontakt kommt. Und dann fällt einem vielleicht ein, wie man die Situation produktiv angehen könnte. In der größten Wut ist man selten produktiv.

Die Aggression wird aber nicht nur gehemmt, indem man sich zurückhält und die Angst vor dem eigenen Handeln zulässt, sondern auch dadurch, dass man prosoziale Gefühle entwickelt: Zärtlichkeit, Liebe, Respekt, Hilfsbereitschaft, die Tendenz, Verantwortung zu übernehmen. Als aggressiv einzustufende Menschen haben oft einen guten Zugang zu diesen prosozialen Gefühlen und entwickeln diese auch, vielleicht weil gerade sie wissen, dass Ärger auch ganz leicht zu viel Raum einnimmt im Leben. Um Ärger und Aggression zu regulieren, versucht man, seine prosozialen Kompetenzen zu entwickeln. Und das tun wir auch in der Erziehung. Es geht uns Menschen ja nicht nur um Selbsterhaltung und Selbstentfaltung, wir wollen immer auch aufgehoben sein in einem Wir. Das Wir-Gefühl, die Teilhabe an anderen Menschen, das Dazugehören zu den anderen, sind ebenso wichtig. Im Dienste dieser Teilhabe, des Wir-Gefühls, der sicheren Zugehörigkeit stehen die prosozialen Gefühle.

Ein gemäßigt gehemmtes feindseliges Verhalten ist also durchaus erwünscht. Um so mehr, als die nächsten Menschen, mit denen wir zusammenleben, bei uns ja auch am meisten Ärger verursachen. Wir sehen das vielleicht in der Regel nicht so, aber je näher Sie mit einem Menschen zusammenleben, um so mehr Situationen der Reibung werden sich ergeben, und umso wichtiger ist es, dass die Konflikte auch wirklich ausgetragen werden können, denn diese Beziehungen sind ja auch wichtig. Auch können nur Menschen, mit denen wir nah sind, in uns Gefühle des möglichen Verlusts wecken, Gefühle, die sehr viel Ärger und Wut auslösen, wenn wir das auch selten zugeben. Unsere Liebesobjekte sind eben auch unsere Hassobjekte. Und das heißt: Wir müssen lernen, in Beziehungen gut mit Ärger und Aggressionen umzugehen, es bleibt uns gar keine Wahl, wollen wir in lebendigen Beziehungen bleiben. Und dazu braucht es auch eine gewisse Aggressionshemmung oder zumindest Aggressionskontrolle.

Die problematische Aggressionshemmung

Es gibt verschiedene Formen der problematischen Aggressionshemmung. Ich werde zwei Formen, die meines Erachtens häufig vorkommen, näher beschreiben, damit wir einen Eindruck davon bekommen, was es mit diesen Hemmungen auf sich hat, wie sie wirken, was sie bewirken sollen, vor allem aber, was sie wirklich hemmen.

Problematisch wird die Aggressionskontrolle, wenn der Ärger, die Aggression oder beides so sehr gehemmt werden, dass der Konflikt nicht mehr gesehen werden kann. Man kann schon die Ärgererfahrung hemmen. Das heißt, man unterbindet die Selbstwahrnehmung in Bezug auf Ärger. Es gibt Menschen, die sagen: »Was ärgerst du dich in dieser Situation? Ich spüre da gar nichts.« Nun sprechen Menschen sehr verschieden auf Ärger an, aber dass man in gewissen Situationen gar nichts spürt, ist eher auffällig. Auch diese Menschen handeln dann oft durchaus feindselig, ohne sich dessen bewusst zu sein. Es handelt sich dann meistens um passive Aggressionen, sie entwerten etwa die Menschen, die sie geärgert haben, oder sie hören einfach nicht hin. Das wird auch als Rezept weitergegeben. So sagt eine Fünfjährige, deren Bruder unangemessen quengelt: »Hör einfach nicht hin!« Das ist passive Aggression, und sie kann durchaus auch einmal eine gute Lösung sein, aber es darf nicht vergessen werden, dass man sich dann mit der Ursache des Ärgers nicht auseinander setzt. Transponieren wir das auf das Erwachsenenleben, dann haben Sie etwas erlebt, was Sie in Ihrem Selbstsein sehr kränkt oder sehr verunsichert, wo Sie daher ganz dringend etwas sagen müssten, auch um sich selber zu schützen oder zumindest zu sich zu stehen, und dann sagt eine innere Stimme: »Ach was, hör doch einfach nicht hin. Du bist doch erhaben über so etwas.« Das ist manchmal ein ganz guter Ausweg, aber relativ gefährlich, weil man sich dann von der Situation nicht mehr berühren lässt und sich selber auch wieder im Stich lässt.

Man kann Ärger und Aggression auch hemmen, indem man die schon beschriebenen Abwehr- oder Kontrollmechanismen einsetzt: die Projektionen, die masochistische Abwehr, die Identifikation mit dem Angreifer usw.

Was bringt die Aggressionshemmung? Alles, was wir Menschen tun, tun wir, weil es uns auch etwas bringt. Und oft entscheiden wir uns nur für die eine Form, weil diese uns mehr zu bringen verspricht als die andere. Die Aggressionshemmung bewirkt zunächst einmal einen vordergründig reibungsloseren Umgang mit den Mitmenschen, der unterschwellig aber durchaus Aggressionen birgt.

Aggressionshemmung als künstliche Einengung

Ein Beispiel

Ein Mann um vierzig, sehr dünn, nicht sehr groß gewachsen, geht ganz auffällig. Er hat die Arme immer an den Oberkörper gepresst und hat kurze, etwas tänzelnde Schritte. Wenn man hinter ihm her geht – geht man hinter Menschen her, kann man sich gut in den Körper einfühlen –, hat man das Gefühl, nicht atmen zu dürfen. Er greift mit Armen und Beinen nicht aus, er kann sich nicht Raum nehmen. Er hat sozusagen eine Greifhemmung. Er selber sagt von sich, er gebe sich große Mühe nicht anzuecken. Für ihn sei es ganz wichtig, liebenswürdig zu sein. Von außen wird er als kühl und zugeknöpft beschrieben. Er scheint mit niemandem Probleme zu haben, niemand scheint mit ihm Probleme zu haben, nach seiner Wahrnehmung. Seine Frau ist anderer Ansicht: »Das stimmt, du trittst einem nie zu nahe, aber du berührst einen auch nie.« Und sie meinte das jetzt nicht in dem Sinn, dass er sie nicht körperlich berührt, sondern dass er auch psychisch nie wirklich in Tuchfühlung mit jemand anderem geht, dass er eigentlich nicht spürbar ist. Und die Frau fügt weiter an: »Das macht mich ganz kribbelig, gelegentlich möchte ich dich schütteln, boxen, verletzen, bloß, damit ich dich spüre.«

Identifiziert man sich mit Menschen, die sichtbar aggressionsgehemmt sind, fühlt man sich in den eigenen Bedürfnissen nach Expansion und nach Aktivität gehemmt, man hat den Eindruck, nicht atmen und keinen Raum brauchen zu dürfen in dieser Welt. Man darf nicht ausgreifen, fühlt sich zwanghaft kontrolliert und kann ängstlich werden. Sitzt man mit einigen Aggressionsgehemmten bei einem Essen, wird man plötzlich alle Essensregeln beachten, auch die, die einem sonst nicht so wichtig sind. Das Leben wird eingeengt.

Was steckt dahinter? Der Mann sagt: »Ich will nicht anecken«, und die Frau empfindet, dass er nicht berührt. Das heißt, die Dynamik zwischen Selbstbehauptung und Hingabe ist gestört. Normalerweise haben wir Menschen die Tendenz, uns selber zu behaupten, wir haben aber auch die Tendenz, uns immer wieder auch einem anderen Menschen hinzugeben, hinzugeben, nicht preiszugeben. Das ist eine Dynamik, die unter anderem auch durch den Ärger gesteuert wird. Geben wir uns zu sehr hin, stellen wir plötzlich fest, dass der Partner oder die Partnerin uns viel leichter ärgern kann. Wir sagen dann: Jetzt will er oder sie zu viel, jetzt bestimmt er oder sie zu viel. Dieser Ärger grenzt ab, schafft eine gewisse Distanz. Wir spüren, dass es jetzt wichtig ist, sich in der Beziehung auch wieder mehr selbst zu behaupten. Ist dieses Bedürfnis befriedigt, können wir uns wieder mehr hingeben. Der Umgang mit Ärger hat nicht nur damit zu tun, dass wir feindselige Aggressionen haben, Ärgerreaktionen grenzen auch ab, und flexible Abgrenzungen sind sehr wichtig in Beziehungen.

Bei der Aggressionshemmung ist die Dynamik zwischen Selbstbehauptung und Hingabe gestört. Man kann auch sagen, es ist ein Mangel an Selbstbehauptung, obwohl es sich um eine rigide Selbstbehauptung auf sehr kleinem Raum handelt. Man hat sich künstlich eingeengt. Es ist eine Selbstbehauptung, die nicht auch einmal über sich hinausgreift. Es gibt Menschen, die es für selbstverständlich halten, dass sie sich viel erlauben können, dass es für sie im Zweifelsfall immer eine Sonderregelung geben muss. Das ist eine viel ausgreifendere Selbstbehauptung. Das macht der aggressionsgehemmte Mensch nicht, denn er hat Angst, dass die anderen wütend werden und aus der Wut heraus ihm oder ihr schaden könnten. Also lebt er auf sehr, sehr kleinem und engem Raum, macht sich fast unsichtbar und hält sich natürlich doch auch schadlos.

Die Aggressionshemmung hat natürlich auch eine

Geschichte: Der Mann, der nicht anecken will, hält sich für einfühlend: »Ich missachte alle diese Menschen, die so aggressiv sind, die fühlen sich nicht in die Bedürfnisse der anderen ein.« Seine Frau spricht ihm die Einfühlung ab. Er: »Ich habe mich einmal in meinem Leben eingefühlt, etwas als Achtzehnjähriger, und habe schlagartig erkannt, dass ich mich nicht so expansiv benehmen darf, und dementsprechend habe ich mich jetzt eingestellt.« Er hat sich einmal eingefühlt im Leben, hat etwas erkannt und das Nähe-Distanz-Problem zur Welt ein für alle Mal gelöst, so wenigstens ist seine Wahrnehmung. Er hat sich wahrscheinlich doch immer wieder einmal eingefühlt. Aber seine Überzeugung ist, dass man die Distanz ein für alle Mal »einstellen« kann. So wie man einen Motor einstellen kann, könne man auch das Bedürfnis nach Expansion einstellen, während sogar Motoren immer wieder neu eingestellt werden müssen.

Natürlich fragt man sich in diesem Zusammenhang, wo denn die Aggressionen geblieben sind. Wir brauchen ja die Aggressionen zur Selbstbehauptung, zur Selbstverwirklichung, zum Abgrenzen, es gibt sie einfach. Wo ist also die Aggression?

Er entwertet, und zwar so, dass er Menschen, die lebendig sind, als primitiv bezeichnet, kreative Menschen in seiner Umgebung als »nichts als ehrgeizig«. Das sind Umdeutungen, die er offenbar braucht. Seine Frau ist ausgesprochen genussfähig und bringt das auch zum Ausdruck. Sie genießt Essen, Schönheit, kulturelle Erlebnisse usw. Diese Genussfähigkeit bezeichnet er als »Gier«. Er treibt eine lebensfeindliche Entwertung: Wer lebendig ist, ist primitiv, wer kreativ ist, ist ehrgeizig, wer genießen kann, ist gierig.

Dann ist seine Aggression in den Träumen anzutreffen: Da gibt es unendlich viele Männer, die ihn angreifen in den Träumen, die ihn fesseln, und »leider gibt es auch viele sehr primitive Männer in den Träumen«.

Die »sehr primitiven Männer« in seinen Träumen sind Männer, die Sport treiben, auf einen Berg steigen oder eine Arbeit verrichten, bei der sie schmutzig werden, also kaum Gestalten, die man primitiv nennen muss. Dann ist er der Vater eines sehr aktiven fünfzehnjährigen Sohnes, von dem er sagt, er habe schon Angst, dass der sehr primitiv würde. Außer den aggressiven Männern im Traum träumt er immer einmal von dionysischen Gestalten, also von Gestalten, die gerne Wein trinken, die herumschweifen, die tanzen, musizieren, die inspiriert sind. In seinen Träumen sind viele Anregungen, wie diese Aggressionshemmung, zu der er sich offenbar einmal entschlossen hat, auch weil sie ihm kultiviert vorkommt, überwachsen werden könnte. Er meinte, er habe gar nicht so viele Probleme mit seiner Aggression gehabt, er wollte das Problem nur ein für alle Mal gelöst haben. Es ist auch ein Versuch, Konflikte zu vermeiden. Er hält das für eine verantwortliche, einfühlsame Haltung. Sie ist aber weder verantwortlich noch einfühlsam, und selbstverständlich sind die Aggressionen dennoch vorhanden, wenn auch schwerer angehbar. Sie sind zum einen im Entwerten sichtbar und von den Mitmenschen auch spürbar, und vor allem auch als innerer Konflikt, was sich in den Träumen zeigt. Nach längerer Therapie spricht er davon, wie viel Angst er immer davor gehabt habe, dass ihm eines Tages »die Sicherung durchbrennen könnte« und er seinem Chef einmal sagen würde, was er wirklich denkt.

Aggressionshemmung als »gedrückte Stimmung«

Ein Beispiel

Eine Frau, fünfunddreißig, sie leidet unter einer gedrückten Stimmung, bezeichnet sich selbst als antriebslos und interesselos, sie hat psychomotorische Hemmungen, mag sich nicht bewegen, auch sie braucht keinen Platz in der Welt. Sie fühlt sich immer in andere Menschen ein, errät, was die gerne von ihr hätten; diese Wünsche erfüllt sie, wenn immer möglich, und hofft, dafür geliebt oder wenigstens geschätzt zu werden. Andere Menschen werfen ihr vor, sie würde sich anklammern. Sie entwertet sich, entwertet andere, hat Schlafstörungen, Kreislaufstörungen usw.

Sie ist ein Mensch, der krampfhaft versucht, es den anderen Menschen recht zu machen. Sie sagt es nicht, könnte es aber sagen: »Entschuldigen Sie, dass ich hier bin, kann ich etwas für Sie tun?« Ist man mit ihr zusammen, dann hat man entweder das Bedürfnis, ganz schnell gut für sie zu sorgen, ihr etwas ganz Liebevolles zu tun, ohne Aggression, oder man wird immer ärgerlicher und wütender. Dieser Frau kommt kein böses Wort über die Lippen, zumindest nicht aktiv, aber sie stülpt über alles, was es gibt auf dieser Welt, ein Löschhütchen. Früher gab es Löschhütchen, um die Kerzen zu löschen. In dieser Art löscht sie alle Begeisterung, aber auch alle kleineren Freuden. Wann immer irgendwo etwas schön ist, versteht sie es, es zu dämpfen. Zu ihren Kindern, die glücklicherweise noch sehr lebendig sind, sagt sie traurig und auch etwas vorwurfsvoll: »Wie gut, dass ihr euch wenigstens noch freuen könnt.« Die Kinder knallen die Türe und gehen hinaus. Sie hat sehr viel Einfühlung, aber sie hat keine Selbstbehauptung. Ihre Aggressionshemmung steht anstelle einer gesunden Selbstbehauptung. In dieser Aggressionshemmung ist sie selbstverständlich jemand, über den man nicht hinweggehen kann. Wenn jemand mit dieser Dynamik mit einem lebt, dann ist das nicht etwa so, wie diese Menschen selber meinen, dass sie ja niemandem Schwierigkeiten machen, überhaupt keinen Platz beanspruchen, sondern sie beanspruchen in ihrer Anspruchslosigkeit sogar sehr viel Platz. Es gibt eine ungeheuer ansprüchliche Anspruchslosigkeit. Da sind offen ansprüchliche Menschen weniger ansprüchlich. Dieses unvitale »Ich will zwar gar nichts für mich« lässt einen nach etwas suchen, was man diesen Menschen geben könnte, was sie aber kaum annehmen können. Oder aber, man wird ärgerlich und fordert aggressiv, diese Menschen sollten doch auch zu dem stehen, was sie haben möchten, sollten formulieren, wo man sie verletzt hat, damit man etwas verändern kann.

Auch diese Aggressionshemmung hat, wie jede Aggressionshemmung, eine Geschichte. Diese Frau hatte »sehr beschäftigte«, aber eigentlich vom Krieg traumatisierte Eltern. Es blieb ihr nur, ein »pflegeleichtes Kind« zu sein, »Pubertät oder so, das lag nicht drin. Wenn ich denke, wie meine Kinder sich jetzt aufführen, das hätte es bei uns zu Hause nicht gegeben!« Sie musste Ärger und Aggression hemmen, um die Zuwendung zu bekommen, die sie brauchte, auch musste sie ein Kind sein, das sich in die Eltern einfühlte, herausfinden musste, was die Eltern jetzt brauchten, damit die Lebenssituation halbwegs erträglich war. So lernte sie, die Wünsche der anderen vor ihre eigenen Wünsche zu stellen, die sie mit der Zeit vergaß. Im späteren Leben war sie enttäuscht darüber, dass niemand ihr die Wünsche von den Augen ablas. Aber welche Wünsche?

Missverständnisse der Aggressionsgehemmten

Im Zusammenhang mit der Aggressionshemmung gibt es viele Missverständnisse. Aggressionsgehemmte Menschen glauben, sie würden gut mit ihrer Aggression umgehen, sie würden ihre Aggression im Zaume halten. Sie sind der Überzeugung, gehemmte Aggressionen seien keine Aggressionen. Aber das stimmt überhaupt nicht. Man hat die Idee, dass zwischen der Emotion und der feindseligen Handlung eine Phantasie liegen muss, zuerst an den aggressionsgehemmten Menschen studiert, weil die viele Phantasien haben, wie sie ihren Ärger ausleben möchten, sie geben allerdings diese Phantasien nicht leicht preis. Denn selbst Aggressionen auf der Phantasieebene geben Menschen mit gehemmter Aggression Schuldgefühle, und aus den Schuldgefühlen heraus entwickeln sich neuer Ärger und neue feindselige Gefühle. Die müssen wiederum gehemmt werden, was zu noch mehr Schuldgefühlen führt. Und deshalb gibt es auch so leicht einen depressiven Zirkel, bei dem schlussendlich die Aggression gegen sich selbst gewendet wird. Gehemmte Aggressionen sind aber auch Aggressionen, nicht nur in dem Sinn, dass Ärger- und Aggressionsphantasien auszumachen sind, sondern auch so, dass bei den Aggressionsgehemmten das Entwerten eine große Rolle spielt, ein aggressiver Akt. Entwerten in dem Sinn, dass man das Interesse abzieht, indem man Etiketten anbringt wie »Du bist halt supersensibel«, indem man Leistungen von anderen schmälert oder nicht anerkennt usw. Diese Entwertung gilt ihnen selbst, der Welt, dem Leben: Alles ist trivial und sinnlos. So entwerten sie auch grundsätzlich einen Lebensentwurf, den sie, unter anderem auch aus der Trennungsangst heraus, nicht aufgeben können.

Ein weiteres Missverständnis besteht darin, dass Aggressionsgehemmte glauben, mit ihrer Aggression verantwortlich umzugehen. Um verantwortlich mit etwas umgehen zu können, muss man der Sache ins Auge sehen, muss man spüren, welche Probleme damit verbunden sind. Die Aggressionshemmung ist eine starre Abgrenzung im Spiel von Selbstbehauptung und Hingabe. Werden Ärger und Aggression dagegen ausgetragen, dann kann man sich immer wieder, der Situation entsprechend, flexibel abgrenzen und seine Grenzen immer wieder neu äußeren und inneren Bedürfnissen entsprechend setzen. Das heißt aber auch, man muss immer wieder mit den anderen Menschen in Kontakt und allenfalls auch in Konflikt treten, um diese Abgrenzung wieder zu leisten, herauszufinden, was jetzt für einen selber und was für die Beziehung und auch für den anderen Menschen wichtig ist.

Die Aggressionshemmung will die Selbstbehauptung. Das ist es, was eigentlich intendiert ist, aber diese Selbstbehauptung ist eine kraftlose Selbstbehauptung. Wird die Aggression zu sehr gehemmt, dann geht Vitalität verloren, Ärger ist eine vitale Emotion. Das Wir-Gefühl verkümmert, obwohl man eigentlich gerade versucht, das Wir-Gefühl zu erhalten. Das Wir-Gefühl wird viel mehr erlebt, wenn man immer wieder einmal eine Grenzbereinigung vornimmt, denn an der Grenze reibt man sich.

Sollen Selbstbehauptung und Hingabe dem eigenen Wesen gemäß ausgewogen sein, und das heißt ja immer auch, dass Nähe und Distanz in einer Beziehung immer wieder neu bestimmt werden müssen, oder anders ausgedrückt, dass das individuelle Selbst und das Beziehungsselbst[20] gepflegt werden müssen, dann darf die Aggression nicht zu gehemmt sein. In diesem Zusammenhang ist es auch ganz wichtig, Aggression in der Funktion von Trennen und von Verbinden zu sehen. Aggression trennt nicht nur, Aggression verbindet auch. Grenzen setzen heißt also immer auch trennen und verbinden. Wird die Aggression zu sehr gehemmt, werden die Beziehungen unwirklich, und die Aggressionshemmung kann bei vielen dann auch körperliche Auswirkungen haben.

Psychosomatische Begleiterscheinungen von Ärger

Der Mensch ist eine bio-psycho-soziale Einheit[21]; alles, was wir erleben, wirkt sich auf der körperlichen, der psychischen und der sozialen Ebene aus und drückt sich dort auch aus. Das ist besonders sichtbar, wenn wir Emotionen beachten: Emotionen spüren wir immer körperlich, in der Freude etwa anders als im Ärger, Emotionen erleben wir aber auch als etwas Psychisches, und Emotionen wirken sich direkt im menschlichen Zusammenleben aus. Nun kann ein Bereich allerdings überbetont sein. Es ist möglich, die Folgen des Ärgers nicht so sehr in der Psyche oder im sozialen Kontakt zu erleben, sondern vor allem im Körper. Kommt es dabei zu Erkrankungen, die natürlich nicht nur auf den Ärger zurückgeführt werden können, Erkrankungen haben viele mögliche Ursachen, dann spricht man von psychosomatischen Begleiterscheinungen von Ärger und Aggression.

Unsere Sprache stellt einen dichten Zusammenhang zwischen Ärger, Wut und Körperstörungen her: Man frisst etwa eine Wut in sich hinein, spuckt Galle, ärgert sich ein Loch in den Bauch, man ist sauer, es stößt einem sauer auf, es liegt einem schwer im Magen, gewisse Erfahrungen kann man einfach nicht verdauen, manchmal geht einem etwas an die Nieren, eine Laus läuft einem über die Leber, der Kopf platzt einem vor Wut oder man ist einfach nur verschnupft usw.

Wie jede Emotion erleben wir auch den Ärger körperlich, und deshalb stellt man sich auch vor, dass der Ärger und der Umgang mit dem Ärger auch einen Einfluss hat auf körperliche Störungen.

Was geschieht somatisch, wenn wir uns so richtig ärgern? Ärgern wir uns, dann wird unser sympathisches Nervensystem überaktiv: Der Puls rast, der Kreislauf, die Atmung, die Skelettmuskulatur werden alle aktiviert, der Blutdruck erhöht sich. Die Verdauung ist gehemmt. Und in dieser Situation produziert das Nebennierenmark Adrenalin, Noradrenalin, Katecholamine, Glykogene werden dadurch mobilisiert. Die Hypophyse wird noch zusätzlich aktiviert und schüttet die adrenocorticotropen Hormone aus (ACTH). Dadurch wird noch einmal Glykogen bereitgestellt, und zwar aus dem Körpereiweiß. Wir sind physiologisch zum Angriff vorbereitet. Wir leben aber in dieser Situation von der Substanz, nämlich vom körpereigenen Eiweiß, und das Immunsystem wird gleichzeitig gehemmt. Der Körper steht unter Stress. Das ist der unspezifische Anteil an psychosomatischen Problemen oder an funktionellen Problemen, also an körperlichen Problemen, bei denen nicht unmittelbar eine körperliche Ursache auszumachen ist.

Bei welchen spezifischen Krankheiten Ärger einen direkten Einfluss hat, wird immer wieder neu diskutiert. So war lange jedem und jeder klar, dass »verschluckter« Ärger Magengeschwüre verursacht. Dieser Zusammenhang wird heute von der Wissenschaft nicht mehr hergestellt. Es gibt eine Krankheit, bei der man immer noch der Ansicht ist, dass Ärger dabei auch eine große Rolle spielt: Das ist der chronisch erhöhte Blutdruck, die essentielle Hypertonie. Auch da gilt Ärger nicht als einzige Ursache, aber als eine wichtige. In verschiedenen Untersuchungen wurde nachgewiesen, dass der Blutdruck erhöht wird, wenn wir uns ärgern und dass er sich beim Begehen einer feindseligen Handlung (leider) wieder normalisiert. Das galt gemäß einer Untersuchung von Hokanson 1969 aber nur für Männer, und nur dann, wenn die feindselige Handlung einem Menschen mit niedrigerem Status gegenüber begangen wird. Hokanson interpretierte, dass die sozialen und kulturellen Normen es den Frauen noch verbieten, auf Ärger mit Aggression zu reagieren, und meinte, dieser geschlechtsbedingte Unterschied würde sich verlieren, wenn die Selbstbehauptung der Frau sozial gebilligt werde![22]

Der Blutdruck normalisiert sich auch ohne feindselige Handlung, aber sehr viel langsamer.

Als problematisch im Zusammenhang mit koronaren Herzkrankheiten gilt das Zurückhalten von Ärger bei Menschen mit einer hohen Aggressionsbereitschaft. Darüber gibt es auch zahlreiche Untersuchungen.[23] Halten Menschen, die eine hohe Aggressionsbereitschaft haben, ihren Ärger zurück, eine normative Anforderung in unserer Kultur, die die meisten von uns auch bejahen, wir wollen nicht zerstörerisch sein, wir wollen taktvoll sein usw., so bedeutet das Stress für den Körper, die Möglichkeit, dass es bei hoher Ärger- und Aggressionsbereitschaft durch die habituelle Hemmung zu einer koronaren Herzkrankheit oder zu irgendeiner Kreislaufkrankheit kommen kann, ist größer. Aber es ist zu beachten, dass die Ätiologie einer jeden Krankheit multifaktoriell ist.

Es ist aber schon wahrscheinlich, dass die pathologische Aggressionshemmung, nun rein physiologisch gesehen, problematisch ist, weil dadurch auch der Körper unter Stress steht.

Es ist in diesem Zusammenhang auch interessant, dass zum Beispiel bei Menschen mit einer Herzkrankheit diese anstelle der Aggression stehen kann, jeder Konflikt kann abgeblockt werden, indem man auf das kranke Herz verweist, das nicht aufgeregt werden darf, weil sonst der Tod drohen könnte. So ein Herz kann eine ungeheuer aggressive Kontrolle über ganze Familien ausüben.

Die passive Aggression

Wir Menschen ärgern uns nun einmal, aus dem Ärger können feindselige Handlungen erfolgen, und damit müssen wir in irgend einer Weise umgehen. Eine moderate Aggressionshemmung ist durchaus wünschenswert, eine ausgeprägte keinesfalls. Ausdrücken müssen wir den Ärger und die Aggressionsbereitschaft, damit klar wird, dass in der Beziehung etwas verändert werden muss, aber auch, damit unsere Selbstregulierung wieder funktioniert. Man macht das weniger aus Boshaftigkeit, wie man es gelegentlich meint, sondern aus Notwendigkeit.

Es ist deutlich geworden, dass wir Mühe haben, Ärger und Aggression auszudrücken, weil wir die Reaktion des anderen Menschen darauf fürchten, weil wir vielleicht auch fürchten, in einen eskalierenden Machtkampf zu geraten. Deshalb bevorzugen Menschen die so genannte »passive Aggression«, auch verdeckte Aggression genannt.

Ich bevorzuge den Ausdruck »passiv«, weil diese Aktionen zwar feindselig sind, aber eben nicht aktiv feindselig und deshalb auch nicht so leicht enttarnt werden können. Mir gefällt auch der Widerspruch im Ausdruck »passive Aggression«, und ich meine, dass damit auch die Widersprüchlichkeit dieser Form aggressiven Verhaltens beleuchtet wird. Da wird nicht offen und aktiv etwas Beeinträchtigendes oder Schädigendes gemacht, möglicherweise wird sogar gar nichts getan, gesagt, gemacht – und dennoch wirkt das Verhalten aggressiv und hat Wirkungen, wie wenn Aggressionen offen geäußert würden, nur ist man sich als Empfänger oder Empfängerin solcher Aktionen weniger sicher darüber, ob unsere Reaktion nun eine angemessene ist. Worauf reagiert man: auf das Verhalten oder auf die verdeckte Aggression? Man ist verunsichert und reagiert wiederum mit Ärger oder Aggression.

Beispiele für passive Aggressionen

Wie fühlen Sie sich, wenn jemand, der oder die mit Ihnen zusammen ist, fast pausenlos gähnt? Natürlich wird man zunächst an Müdigkeit oder Krankheit denken und das vielleicht auch ansprechen. Aber wenn das nicht der Fall ist? Oder sogar wenn es so ist? Irgendwann werden Sie sich fragen, was das soll, und Sie werden vielleicht ärgerlich werden und sich fragen: Bin ich, sind wir alle hier zum Gähnen langweilig? Man fühlt sich etwas gekränkt, ärgerlich – aber wie soll das ausgedrückt werden?

Was machen Sie, wenn Sie mit Menschen zusammenarbeiten müssen, die einfach immer wieder alles vergessen? Man macht etwas ab, und die schauen einen ganz blauäugig an und sagen: »Tut mir wahnsinnig leid, ich hab's einfach vergessen.« Sie stehen da als die armen Vergesslichen, und man steht da als die, die in fast unmenschlicher Weise fordert, dass nichts vergessen wird, fast ein wenig wie ein Tyrann, zumindest als Vertreter und Vertreterin einer etwas zwanghaften Gattung Mensch.

Oder was machen Sie, wenn jemand Sie ständig vertröstet: »Morgen mach ich es bestimmt« oder »Heute habe ich aber keine Zeit, aber übermorgen bekommen Sie ganz bestimmt das Fax«? Dann wird es »übermorgen«; auf Anfrage kommt eine wortreiche Entschuldigung und das Versprechen, dass das Fax in zwei Stunden daliegen wird. In zwei Stunden ist es natürlich nicht da. Sie rufen wieder an, niemand mehr unter dieser Nummer! Sie bekommen das Fax einfach nicht. Wahrscheinlich fühlen Sie sich, besonders, wenn Sie das Fax wirklich brauchen, um selber weiterarbeiten zu können, ohnmächtig wütend. Würden sie den Säumigen oder die Säumige auf das Fax ansprechen, würde er oder sie wohl sagen: Ich tat die ganze Zeit mein Bestes ...

Was machen Sie, wenn jemand Sie einfach nicht versteht? Das ist eine der am schwierigsten zu ertragenden passiven Aggressionen. Da stehen Sie einem Menschen gegenüber, den Sie vollkommen normal informieren, in seiner oder ihrer Sprache, und dieser Mensch sagt, er oder sie verstehe nicht. Sie wiederholen mit anderen Worten, genauer und einfacher, was Sie gesagt haben, es nützt nichts – dieser Mensch sagt Ihnen ganz freundlich: »Tut mir leid, ich verstehe Sie nicht.« Nach einigen Versuchen könnten Sie vielleicht an die Decke gehen, wissen aber nicht, ob Sie das auch dürfen, denn wenn ein Mensch so beeinträchtigt ist, dass er oder sie eine normale Kommunikation nicht mehr versteht, dann hat er oder sie Anrecht auf eine gewisse Schonung. Oder sind Sie nicht mehr fähig, etwas normal zu erklären?

Was machen Sie, wenn Ihnen ein Partner oder eine Partnerin einfach nicht zuhört? Zeitung liest, und brummt: »Hmm, hmm, ja ja, ja mach nur.« Sie tun dann, was Sie vermeintlich »diskutiert« haben, und dann kommt der Vorwurf: »Warum hast du mir nichts davon gesagt?«

Was machen Sie, wenn jemand auf jede Frage von Ihnen sagt: »Ich weiß nicht.« Sagt jemand bei einer Frage nach Herrschaftswissen, wie etwa der Frage nach einer bestimmten Jahreszahl, er oder sie wisse es nicht, dann ist das natürlich völlig in Ordnung. Fragen Sie aber nach einem Eindruck, nach einem Gefühl, nach einer Stellungnahme, etwa: »Gefällt es dir«? Und jemand sagt andauernd: »Ich weiß es nicht«, und zwar als abschließende Aussage, nicht als Aussage, die zeigt, dass man noch nachdenken will, dann heißt das eigentlich: Ich will nichts sagen. Oder: »Was möchtest du gerne?« »Ich weiß es nicht.« »Wie berührt dich das?« »Ich weiß es nicht!« Haben wir es da mit bedauernswerten Menschen zu tun, die kaum eine Beziehung zu sich selbst haben und deshalb auch nichts über sich sagen können, oder ist das eine Form, den anderen Menschen zurückzuweisen?

Oder was machen Sie, wenn Menschen absichtlich oder unabsichtlich Missverständnisse produzieren? Immer nur einen halben Satz von Ihnen nehmen und sagen: »Ja, Sie haben doch gesagt, dass es Ihnen nichts ausmacht.« Dabei haben Sie nur gesagt: »Wenn es überhaupt nicht anders geht, könnte ich mir noch überlegen, ob ...«. Und jetzt nimmt der nur diesen Satz »... könnte ich mir noch überlegen, ob ...« und sagt: »Es ist Ihnen doch egal, wie.« Auch hier: Wir werden hilflos, ärgerlich und sind nicht sicher, ob wir dazu berechtigt sind.

Diese Fragen zielten auf Ihr Erleben als Empfänger oder Empfängerin einer passiven Aggression. Da passive Aggressionen so weit verbreitet sind, müssen wir natürlich annehmen, dass wir alle diese passiven Aggressionen auch aussenden. Es sind also folgende Fragen zu stellen: Nehmen Sie wahr, wenn Ihr Körper Aggression ausdrückt, während Sie so tun, als wären Sie ganz friedlich? Falls Sie zum Vergessen neigen, können Sie unterscheiden zwischen Ihrer normalen Vergesslichkeit und einer Vergesslichkeit, die auch einen Machtzuwachs bewirkt? Nicht so direkt, aber indirekt. Wenn Sie jemandem die Aufmerksamkeit verweigern, merken Sie, wie aggressiv das ist? Auf Ihr häufiges »Ich weiß nicht« reagieren andere mit Desinteresse oder mit Wut. Spüren Sie, dass Sie nicht nur bequem sind, keine Antwort suchen wollen, sondern auch aggressiv sind den anderen Menschen gegenüber? Eigentlich müssten Sie zugeben, dass Sie zu bequem sind, um sich selber zu befragen, oder sie müssten aggressiver dem anderen Menschen sagen, dass Sie diese Frage nicht beantworten wollen – Fragen können ja durchaus eindringend und grenzverletzend sein, man müsste also für sich selber einstehen. Aber genügt es, mit einem »Ich weiß nicht« zu reagieren? Die Möglichkeit, dass dadurch kein offener Konflikt entsteht, ist gegeben, aber auch die, dass jede Form der Kommunikation in größter Langeweile untergeht.

Sie werden, falls Sie zur passiven Aggression neigen, diese Deutungen weit von sich weisen und betonen, dass Ihnen wirklich nichts einfällt, dass es Ihnen fern liegt, einem anderen Menschen etwas antun zu wollen. Und das ist eben das Wesen der passiven Aggression: Ärger und aggressives Handeln sollen nicht gesehen werden, auch nicht von einem selbst. Man ist nicht ärgerlich und auch nicht aggressiv – so ist das Selbstbild.

Passive Aggression: Delegation an den Körper

Es gibt Aggressionen, die an den Körper delegiert sind. Das machen wir aber nicht willentlich, das ist uns in der Regel nicht bewusst. Wir entscheiden uns ja nicht dazu, die nächsten zwei Stunden andauernd zu gähnen, sondern es gähnt. Aber warum gähnt es? Und gerade das Gähnen kann ungeheuer aggressiv wirken. Gähnen Menschen so ganz hemmungslos, so kann man leicht den Eindruck bekommen, dass man verschlungen werden soll. Und das sagen wir dann auch: »Verschling mich nicht!« Und doch wird man argumentieren, man könne doch nichts dafür, dass man gerade jetzt so gähnen müsse, oder man fügt sogar lobend an, wie entspannend die Atmosphäre doch offensichtlich sei. Aber es gibt natürlich auch verschiedene Formen des Gähnens. Und es ist auch zu beachten, dass Menschen wirklich sehr müde sein können oder Kreislaufprobleme haben und deshalb gähnen. Aber warum geschieht das gerade in meiner Gegenwart, werden wir doch nicht umhin kommen, uns zu fragen. Und das ist auch eine durchaus sinnvolle Frage, könnte sie dann auch offen diskutiert werden. Es gibt ein Gähnen, das sehr aggressiv wirkt, das eine Missachtung ausdrückt, das eben sagt: »Du bist zum Gähnen langweilig« oder: »Das, was jetzt bei uns läuft, das passt mir überhaupt nicht, ich würde am liebsten schlafen gehen«, aber es wird nicht angesprochen, sondern es wird gegähnt.

Ein anderes Thema in dem Zusammenhang, das sind die Flatulenzen, die abgehenden Blähungen. In einer Schulklasse haben drei junge Männer in einer ganz bestimmten Stunde immer ungewöhnlich viele Winde gelassen und behaupteten, darauf angesprochen, sie könnten nichts dafür, sie würden selber darunter leiden, es sei ihnen auch peinlich. Sie wurden zum Arzt geschickt, da relativ viele Magen-Darm-Störungen mit sehr unangenehmen Blähungen einhergehen. Lässt jemand viele Winde, ist es nicht zulässig, sofort auf eine passive Aggression zu schließen. Die beteiligten Menschen – ältere Menschen können die Winde weniger gut kontrollieren – und die Situation als ganze muss erfasst werden, bevor wir Menschen einer passiven Aggression verdächtigen.

Aber wenn drei Sechzehnjährige in einer bestimmten Schulstunde so etwas wie einen Flatulenzen-Wettbewerb miteinander machen, dann muss man sich natürlich fragen, was da los ist. Aber auch das ist zu aktiv ausgedrückt, denn die jungen Männer konnten einem ganz glaubhaft versichern, sie könnten einfach nichts dazu, sie wüssten selber nicht, was vorgehe, sie gingen in diese Stunde hinein, und dann gehe es einfach los. Natürlich stellten sie aber auch fest, dass sie eine große Wirkung hatten auf den Lehrer und auf die Mitschüler und Mitschülerinnen. Es war auch sehr ansteckend, halb peinlich, halb belustigend, bei einigen weckte es auch Ekel. Nähe und Distanz wurden räumlich neu bestimmt, die, die sich ekelten, setzten sich weit weg, wer eher mitmachen wollte, kam näher. Ärger ist ja auch da, um Nähe und Distanz zu regulieren, aber normalerweise eben, indem man selber spricht, und nicht, indem man seinen Körper sprechen lässt.

Die drei stammten alle aus Familien, bei denen, wenn Konflikte in der Luft lagen, zumindest ein Familienmitglied sehr laut gefurzt hat. Das wirkt natürlich auch aggressiv und lässt einen daran denken, dass das, was jetzt zum Konflikt wird, eigentlich ein Furz ist oder bloß einen Furz verdient. Die drei wurden geschult in Konfliktwahrnehmung und im sprachlichen Ausdruck von Ärger. Das Ganze initiierte eine produktive Auseinandersetzung der Klasse mit ihrem Lehrer.

Dann gibt es eine besondere Form von Schweißgeruch. Wenn Sie eine empfindliche Nase haben, können Sie normalen Schweiß von seinen Varianten, Angstschweiß und Aggressionsschweiß, unterscheiden. Ätzender Schweißgeruch weist auf Ärgerschweiß hin. Auch hier gilt es, in der Beurteilung vorsichtig zu sein. Bei Medikamenteneinnahme kann der Schweiß plötzlich auch anders riechen oder als Begleiterscheinung bestimmter Krankheiten. Aber es gibt dieses, dass ein Mensch von einer Sekunde auf die andere einen ätzenden Schweißgeruch um sich verbreitet, und das Eigentümliche ist, dass wir fast alle es riechen, uns belästigt fühlen und das nicht ansprechen. Das käme uns irgendwie zu unfein vor. Dabei wäre es eigentlich ganz sinnvoll zu fragen: »Was ist das jetzt, was ist denn jetzt so ätzend in dieser Situation?« Wahrscheinlich würde man dann die Antwort bekommen: »Ich weiß nicht.«

Delegieren wir diese passiven Aggressionen an den Körper, so geschieht, was immer beim Äußern von passiven Aggressionen geschieht: Der Mensch, der diese passive Aggression produziert, kommt sich keinesfalls als Urheber oder als Urheberin vor, sondern als Opfer seiner oder ihrer Körperlichkeit. Und diese Überzeugung ist wenig angehbar, sie ist vor allem auch nicht angehbar, weil wir gewohnt sind, solche körperlichen Phänomene nicht anzusprechen. In diesem Zusammenhang haben wir eine habituelle Beißhemmung. Diese an den Körper delegierten passiven Aggressionen wecken aber als Gegenreaktion Ärger und auch Unsicherheit: Was muss da jemand einem die Luft so verpesten, oder warum muss jemand ständig so gähnen, dass ich das Gefühl habe, dass ich verschluckt werde und mein Selbstkonzept in Frage gestellt wird? Unsicherheit auch deshalb, weil diese körperlichen Reaktionen auch den Impuls zu schützen auslösen können, etwa das Gähnen. Ist dieser Mensch müde? Soll ich diesem Menschen einen Kaffee machen oder einen Tee? Oder soll ich meinem heimlichen Ärger Ausdruck verleihen? Ich fühle mich fast ein wenig bedroht durch diesen aufgerissenen Mund, beeinträchtigt durch die Gähnlaute, ich fühle mich etwas verachtet, also möchte ich protestieren. Aber darf ich das? Stimmt vielleicht doch etwas nicht mit diesem Menschen? Bin ich zu leicht zu verunsichern? Spricht man das Thema an, kommt selten wirklich eine Diskussion in Gang, im Unterschied eben zur aktiven Aggression, sondern es wird beschwichtigt. Denn die passive Aggression ist eine Aggression, die nicht bewusst ist, besonders, wenn sie auf der Körperebene ausagiert wird. Sie kann mit der Zeit aber auch halb bewusst werden und recht bewusst eingesetzt werden. Die drei jungen Männer haben natürlich mit der Zeit perfekt herausgefunden, was sie alles bewirken können mit ihren Flatulenzen. Und mit der Zeit wird so etwas in das normale Handlungsrepertoire aufgenommen. Das geschieht mit allen passiven Aggressionen. Gelegentlich werden diese dann auch noch als Teil des Selbstbildes deutlich beschrieben.

Passive Aggression: Schweigen

Betrachten wir noch eine andere passive Aggression: das Schweigen. Es geht dabei nicht um Situationen, in denen man einfach einmal nichts sagt, überlegen will, oder einfach miteinander schweigt, sondern um die extreme Form des Nichts-Sagens. Da ist jemand so bedroht, so gekränkt, so angegriffen von außen, dass es ihm oder ihr die Sprache verschlägt. Dann kommt dieses totale Schweigen bis hin zu einer totalen Stummheit. Es gibt Menschen, die sagen in einem Konflikt einander nicht einmal mehr »Guten Morgen«. Und das ist etwas sehr wichtiges, denn unsere konventionellen Verhaltensformen, das, was wir unter Takt, unter Anstand verstehen, sollen ja unsere zwischenmenschlichen Beziehungen erleichtern und unter anderem die Aggression verhindern. Der Gruß ist traditionellerweise etwas, was Frieden signalisieren und Frieden stiften soll. Solange ich einen Menschen anschaue und grüße, respektiere ich ihn und bringe zum Ausdruck, dass er durch mich nicht in unmittelbarer Gefahr ist. Wird uns ein Gruß verweigert, dann erleben wir das als hoch aggressiv, strecken wir die Hand aus zu einem Gruß, und diese ausgestreckte Hand wird verschmäht, so wird das von uns als ausgesprochen aggressiv und unversöhnlich empfunden.

Es gibt Menschen, die in einer Konfliktsituation einfach nur noch schweigen. In einer extremen Form wird sogar ein Minimum an sozialer Kommunikation nicht mehr aufrecht erhalten. Es ist vor allem die Dauer, die dieses Verhalten zusätzlich problematisch macht. Wenn Menschen ein paar Stunden schweigen, fällt das meistens gar nicht so sehr auf. Es gibt aber andere, die schweigen Tage, und solche, die schweigen über Wochen oder gar Monate. Sie schweigen aber nicht überall, sondern sie schweigen dort, wo sie gekränkt worden sind, und das ist sehr oft in der Familie. Und das ist ausgesprochen schwer zu ertragen.

Dieses gnadenlose Schweigen kommt recht oft vor. Immer wieder hört man als Argument, warum ein Problem nicht angesprochen werden kann, dass, würde es angesprochen, der Vater oder die Mutter oder der Partner oder die Partnerin so aus dem Gleis geworfen würde, dass er oder sie eine Woche lang nicht mehr sprechen würde. Um dieses drohende Schweigen zu vermeiden, verdrängt man den eigenen Ärger und die eigene Aggression. Wenn jemand so unerbittlich schweigt, dann hat man plötzlich das Gefühl, nicht mehr unter Menschen zu sein. Ein Kommunikationsabbruch bedeutet immer auch, dass es nicht mehr menschlich ist, denn es gehört zum Menschen, miteinander auf ganz verschiedenen Ebenen zu kommunizieren. Zusätzlich stellt sich ein Empfinden der Ohnmacht ein: Es gibt keinen Weg, mit diesem schweigenden Menschen in Kontakt zu treten. Das löst wiederum große Angst aus, besonders, wenn die Beziehung einem wichtig ist. Natürlich versucht man, durch großes Bemühen um diesen Menschen, diesen doch aus dem Schweigen zu locken. Statt dass eine produktive Auseinandersetzung stattfindet, wird einseitig gearbeitet. Hat man bei dieser Arbeit keinen Erfolg, lässt der schweigende Mensch einen auflaufen, so wird man wütend, verzweifelt, ohnmächtig. Das Schweigen des einen Menschen ist ein ungeheurer Angriff auf das Selbstkonzept des Beteiligten, aber auch ein Angriff auf die Menschlichkeit.

Fragt man den Schweiger oder die Schweigerin nach den Gründen ihres Verhaltens, dann betonen sie, dass sie gar nichts zu sagen hätten, es hätte ihnen die Sprache verschlagen, oder aber sie sagen, wenn sie sprechen würden, dann wäre das, was sie sagten, so destruktiv, dass das Schweigen allemal besser sei. Oder dann kommen so Sätze wie: »Alles, was ich in so einer Situation sage, ist ja sowieso falsch, also sage ich nichts mehr.« Sagt man diesen Menschen, dass das destruktiv sei, dann sind sie vollkommen verblüfft, denn sie schweigen ja, um nicht destruktiv zu sein. Oder sie halten sich gar für souverän und führen dann Sprichwörter für ihr Verhalten an wie: »Reden ist Silber, Schweigen ist Gold.« Dieses Schweigen als passive Aggression ist aber weit weg von einem souveränen Schweigen.

Es ist erstaunlich, dass wir mit den passiven Aggressionen sehr destruktiv wirken können, uns aber vormachen, dass wir keineswegs destruktiv sind. Oder gar im Gegenteil, dass wir versuchen, mit den passiven Aggressionen zu vermeiden, dass wir destruktiv werden.

Wer neigt zum Verstummen als passiver Aggression? Es sind zum einen Menschen, die nicht gehört worden sind in ihrer Kindheit oder nicht so, wie sie gehört werden wollten. Menschen, die auch erlebt haben, dass es keinen Sinn hat, eine Auseinandersetzung zu wagen, weil es gar keine Auseinandersetzung gibt, sondern bloß Dominanz und Unterwerfung, und sie am Schluss ohnehin die sind, die verlieren. Deshalb verweigern sie sich der Auseinandersetzung. Das Stummsein ist eine ausgesprochen weitgehende Verweigerung, sie entstammt der Resignation, dass die Kommunikation sowieso nichts Gutes bringt.

Dann ist dieses Verhalten aber auch, wie fast alles auf der Welt, gelernt. Denn das Stummsein gibt eine ungeheure Macht.

Für die Betroffenen fühlt es sich so an: Unheil droht, und man weiß nicht, wann welches über einen hereinbricht. Oft weiß man nicht einmal, warum das Verstummen erfolgt ist. Es ist ein Thema der Filme und der Literatur, besonders bedrohlich anlässlich von Familienfesten. Und alle werden kleiner unter diesem Schweigen, gedrückter, depressiver.

Das Enttarnen der passiven Aggression

Wie bei all diesen passiven Formen der Aggression geht es hier um eine sadomasochistische Kollusion. Kollusion ist ein Ausdruck von Laing[24], den Willi[25] dann als Muster von Paarbeziehungen ausgearbeitet hat. Kollusion meint, dass zwei Systeme so zusammenspielen , dass sie zusammen, und eben nur zusammen eine Ganzheit ausmachen. Da ist der eine Mensch etwa überlegen, der andere ist unterlegen, der Überlegene fürchtet die Unterlegenheit und delegiert sie, der Unterlegene fürchtet die Überlegenheit und delegiert diese. Solange beide diese Rolle spielen, fällt keinem der beiden auf, dass sie einen wesentlichen Anteil ihrer Persönlichkeit nicht leben. Zunächst sieht es für sie so aus, als würden sie sich perfekt ergänzen. Ist nun ein Partner passiv aggressiv, dann muss der zugehörige Partner, die zugehörige Partnerin aktiv aggressiv sein, versuchen, diese passive Aggression zu durchbrechen. Kommen solche Paare in

Therapie, dann sagt der Schweiger oder die Schweigerin: »Es stimmt schon, ich bin sehr schweigsam, aber du bist dafür immer so hysterisch aggressiv.« Das ist eine Kollusion. Die Lösung des Problems bestände darin, dass beide lernen würden, auch den Part des Partners oder der Partnerin zu übernehmen.

Leben Sie mit einem vergesslichen Partner zusammen, dann müssen Sie immer an alles denken. Aber der Partner oder die Partnerin lässt Dankbarkeit vermissen, beklagt sich statt dessen darüber, dass er oder sie ständig kontolliert wird. Und das stimmt auch. Sind Sie mit einem vergesslichen Menschen zusammen, werden Sie automatisch fragen: »Hast du den Autoschlüssel, hast du Geld, hast du die Kreditkarte, hast du an den Termin gedacht?« Das heißt also, man ist ein Co-Vergesser oder eine Co-Vergesserin, man spielt aktiv mit bei diesem Vergessen, denn der Vergessliche kann es sich nun erlauben, so viel zu vergessen, weil der Co-Vergesser, die Co-Vergesserin kontrolliert – und sich auch darüber ärgert. Denn obwohl man so gut kontrolliert, passiert natürlich ungeheuer vieles, was mit diesem Vergessen zusammenhängt. Das »Vergessen« kann ja viele nervenaufreibende Umtriebe mit sich bringen. Stellen sie sich vor, Sie stehen am Flughafen, und ihr Partner hat den Pass vergessen! Hat man zudem eine Geschichte mit diesem Vergessen, und die hat man ja normalerweise, dann kann man sich bis zur Weißglut ärgern.

Lösen kann man dieses Problem nur, wenn man aus dem Feld geht, also beim Vergessen erklärt, von heute ab ist dein Vergessen deine Sache. Was ja nicht heißt, dass man in einer schwierigen Situation dann nicht doch noch fragt. Das fragt man ja auch, wenn jemand kein vergesslicher Mensch ist. Aber man muss sich grundsätzlich dazu entscheiden, nicht mehr mitzuspielen und auch den Verlust an Selbstwertgefühl zu ertragen, den man zu erleiden hat, weil man nicht mehr der oder die Kontrollierende ist, nicht mehr der oder die mit dem

Überblick, der oder die jederzeit den anderen Menschen vor allen möglichen Fährnissen und Kalamitäten bewahrt. Auch so kann man sich eine Daseinsberechtigung erwerben. Gibt man diese Funktion auf, muss man die Daseinsberechtigung an einem anderen Ort holen. Es verlieren beide, es gewinnen aber auch beide. Der Gewinn besteht darin, dass die passive Aggression weniger wird und man sich wirklich miteinander auseinandersetzt, nicht mehr auf Dominanz und Unterwerfung aus ist, sondern auf gleichgewichtige Partnerschaft, die Entwicklung zulässt.

Um diese Kollusion zu verändern, ist es auch sinnvoll zu beobachten, in welchen Situationen sich diese Kollusionen einstellen. Das Vergessen als passive Aggression ereignet sich oft dort, wo jemand von den Aufträgen des Partners oder der Partnerin genug hat. Es gibt ja Menschen, die einem ständig Aufträge erteilen. Man könnte den Ärger darüber ausdrücken und etwa sagen: »Du, ich mag diese Aufträge nicht, mich stört das, ich möchte gern, dass wir miteinander aushandeln, wer was macht, aber nicht unter der Tür noch: ›Mach das und mach das und geh noch in der Bäckerei vorbei und dann noch das und das und das‹.« Das heißt, es steht ein Konflikt an, der zu lösen ist und den zu lösen auch meistens möglich ist.

Man muss, sollen diese passiven Formen aber auch weniger werden, miteinander bereden, wie man sich in Zukunft verhalten wird, wenn wiederum passiv aggressiv reagiert wird.

Ein Mann hatte eine Partnerin, deren »Schweigeanfälle«, so nannte er das, zwischen drei und vier Wochen dauerten. Das war für ihn ausgesprochen schwierig zu ertragen, auch weil er jemand war, der sehr zu Schuldgefühlen neigte und sich selbst zerfleischend fragte, was er denn jetzt wieder falsch gemacht habe, seine Frau ließ ihn darüber jeweils im Dunkeln, eine doppelte Strafe. In einer Paarsitzung haben wir miteinander erarbeitet, dass er in Zukunft in ein gutes Hotel zieht, wenn sie schweigt. Das »gute Hotel«, das war eine kleine Rache seinerseits. Er musste nie in das gute Hotel ziehen. Begann er, den Koffer zu packen, versprach sie ihm, dass sie am nächsten Tag reden werde. Er konnte ihr Schweigen für den einen Tag ertragen, sie hielt sich an ihr Versprechen.

Es ist durchaus möglich, sich aus diesen Kollusionen herauszuentwickeln, aber man muss wahrnehmen, was gespielt wird, und akzeptieren, dass beide beteiligt sind, dass beide ein Problem haben. Es liegt nicht einer einfach richtig und die andere einfach falsch. Aber es ist meistens so, dass der passiv Aggressive, die passiv Aggressive meint, es richtig zu machen, und der aktiv Aggressive, die aktiv Aggressive meint oft, es falsch zu machen. Beide machen es falsch. Es muss bei ihnen eine neue Form der Konfliktbearbeitung geben, die Auseinandersetzung überhaupt zulässt.

Passive Aggressionen wirken entwertend oder sie arbeiten mit Entwertungen und mit Missachtungen. Der Respekt fehlt. Die Absicht ist aber gar nicht so sehr, den anderen Menschen zu schädigen, wie es bei einer offenen, destruktiven Aggression sein kann, sondern die Absicht ist, anständig zu sein, vor allem, um den anderen Menschen nicht zu verlieren, vielleicht sogar, um den anderen Menschen nicht ins Unrecht zu setzen. Und dabei passiert genau das Gegenteil. Wenn wir passiv aggressiv sind, sind wir nicht anständig, sondern wir sind sogar recht unanständig, weil wir auch noch mit falschen Karten spielen. Sind wir wütend und teilen wir dem anderen Menschen wutentbrannt mit, dass wir vor Wut kochen und etwas ganz dringend in unserem Sinne verändert haben wollen und sonst weggehen, dann mag das aus einer Überreaktion heraus alles etwas übertrieben sein. Aber wir stehen offen zu unseren Gefühlen und zu dem, was wir eigentlich wollen. Das ist der Rohstoff für eine Auseinandersetzung.

Entschuldigen wir uns aber mit unserer Vergesslichkeit, dann stellen wir uns als einen Menschen mit einem Defekt hin und reklamieren möglicherweise sogar Mitleid. Der Ärger, der dem Vergessen zugrundeliegt, wird verschwiegen, kann nicht genützt werden, das Verhalten ist nicht authentisch. Es ist ein Versuch, das Risiko eines Konflikts nicht einzugehen, dafür riskieren wir, zwar eher unbewusst, einen Kommunikationsabbruch, nicht nur beim Schweigen. Dort ist er nur offensichtlich. Das heißt aber, wenn wir passiv aggressiv handeln, haben wir den anderen Menschen vorübergehend schon verloren. Das bedeutet nicht, dass die Kommunikation nicht wieder aufgebaut werden könnte. Vor allem setzt man mit seiner Vergesslichkeit den anderen Menschen auch noch ins Unrecht, denn mit diesem Verhalten drückt man aus, dass er ein Angreifer oder eine Angreiferin ist, tatsächlich werden die aktiv Aggressiven aber sehr leicht zu Opfern.

Die passive Aggression ist also keine konstruktive Form des Umgangs mit Ärger und Aggression. Aber sie bringt eine Abgrenzung, und zwar eine ziemlich radikale. Und Abgrenzung ist oft sehr notwendig; Abgrenzung heißt auch immer, dass man sich auf das eigene Selbst bezieht, das tut man bei der passiven Aggression, und zwar in hohem Maße, so dass eine Auseinandersetzung mit dem Gegenüber nicht mehr möglich wird, es ist eine ganz starre Abgrenzung. Und starre Abgrenzungen erleben wir als kalt, als lieblos und eben auch als unvital. Wenn diese passiven Agressionszirkel eingeübt sind in einer Beziehung, dann können solche Beziehungen über längere Zeit als praktisch konfliktfrei imponieren, aber es fehlen Wärme, Nähe und Lebendigkeit.

Im Verborgenen geht es um Machtverhältnisse. Der/die passiv Aggressive bestimmt die Machtverhältnisse ohne jede Diskussion, meint aber, der andere Mensch bestimme diese. Konfliktfähigkeit wird nicht geübt, es ist ein Ausschluss aus dem Wir über nicht offen gelegtes Dominanzstreben. Zur passiven Aggression greifen Menschen, die sich in einer Situation unterlegen fühlen oder Angst vor der Übermacht des anderen haben. Eine Erklärung für den Gebrauch der passiven Aggression lautet etwa so: Sage ich meinem Partner oder meiner Partnerin, dass ich mich über etwas ärgere, dann werde ich sofort angeschrien, mein Partner oder meine Partnerin kann eh lauter und länger schreien, als ich es kann. Ich weiß also schon von vornherein, dass ich verlieren werde. Dann lieber so eine richtig kraftvolle passive Aggression als Möglichkeit, gewinnen zu können.

Man befürchtet auch, den anderen Menschen zu verlieren, wenn man Ärger und Aggression äußert. In dieser Denkweise verliert man den anderen nur dann nicht, wenn man seinen Ärger nicht zeigt. Aber gerade das ist eben nicht möglich, und das wird an den Beispielen von passiver Aggression sichtbar. Der Ärger zeigt sich immer in der einen oder in der anderen Form. Man verliert Menschen nicht, weil man Aggressionen äußert, sondern man verliert Menschen allenfalls, weil man Aggressionen so äußert, dass ein Frontalangriff auf den Selbstwert des anderen Menschen erfolgt. Passive Aggressionen verletzen den Selbstwert eines anderen Menschen oft sehr viel mehr als ein offener Vorwurf, auf den man ebenso offen eingehen kann.

Wir müssen die passive Aggressivität auch bei uns selber enttarnen und uns immer fragen, ob wir so schwach und die anderen Menschen so übermächtig sind, dass wir passiv aggressiv reagieren müssen, oder ob wir bloß aus Feigheit einem Konflikt aus dem Weg gehen, oder aber, ob uns der heimliche Machtzuwachs sogar gerade recht ist.

Autoaggression – Selbstaggression

Es gibt im Zusammenhang mit der gehemmten Aggression auch das, was man Autoaggression und Selbstaggression nennt. In der psychotherapeutischen Literatur heißen sie meistens noch Autoaggression, in der psychiatrischen im Moment Selbstaggression. Gemeint ist Aggression, die man nicht nach außen wendet, sondern gegen sich selbst, ob man sie nun Autoaggression oder Selbstaggression nennt. Man nimmt an, dass diese Menschen massive Ärgerphantasien haben, diese Ärgerphantasien werden aber sofort abgewehrt, indem man sie gegen sich selber wendet.

Wenn wir Ärgerphantasien zulassen, dann setzt die Auseinandersetzung mit möglichen Folgen ein, unsere Ärgerphantasie macht uns Angst, wir revidieren sie, mildern sie ab. Wägen gegeneinander ab, was wir befürchten, wenn wir sie in die Realität umsetzen, welche Befriedigung sie bringen könnte und ob man diese intendierte Befriedigung vielleicht noch maximieren könnte. Diese Überlegungen verändern die Phantasie, und gelegentlich wird dann die aggressive Handlung, nachdem sie so austariert worden ist und es einem klar ist, dass man sich diese Reaktion leisten kann, ausgeführt, sehr oft aber auch nicht. Dieses Austarieren geschieht nun bei Menschen, die sich autoaggressiv verhalten, nicht, sondern die Ärgerphantasie wird sofort abgewehrt, der Ärger und die Aggression auf sich selbst gerichtet, aus Angst, aus Schuldgefühlen oder aus Scham. Unter der Autoaggression kann man sich verschiedenes vorstellen: Sehr oft geht es dabei um Selbstvorwürfe, um Selbstanklagen, um Anschuldigungen an sich selber. Es geht aber auch um Suizidalität und um das so genannte selbstschädigende Verhalten.

Selbstvorwürfe, Selbstanklagen, Selbstanschuldigungen sind weit verbreitet. Wir drücken das auch mit unserer Sprache aus: »Ich gehe mit mir selber ins Gericht«, oder, etwas weniger elegant: »Ich zerfleische mich selber«, oder in schweizerisch: »Da macht sich wieder einmal jemand fertig.« Nicht die anderen Menschen richten, zerfleischen, »machen einen fertig«, sondern man selbst macht sich »fertig«. Obwohl dies etwas relativ Alltägliches ist, gibt es Menschen, die das öfter und entschlossener praktizieren als andere. Dieses Sich-Zerfleischen ist von einem intrapsychischen Monolog begleitet, der eigentlich ein Dialog sein sollte, aber dieser Dialog findet nicht statt. Diese Monologe heißen etwa »Hättest du doch ...«, »Immer machst du alles falsch, immer dasselbe ...«, »Du bist doch eigentlich die blödeste Kuh, die es auf Erden gibt ...« usw.

Wenn Sie sich diese Monologe anhören und sich vorstellen, dass es ja eigentlich Dialoge sein sollten, dann wird deutlich, dass dieses »Hättest du doch« die Stimme eines Angreifers oder einer Angreiferin ist. Da greift jemand an, macht ein Ich zu einem Du. Und der Mensch, dem der Angriff gilt, ist das Opfer. »Hättest du doch«, »Du bist doch immer die Letzte.« Dieses Du aber (eigentlich das Ich) ist identifiziert mit dem Angreifer oder der Angreiferin, und das ist ganz essentiell im Zusammenhang mit Aggression gegen sich selber: Man ist identifiziert mit Angreifer oder Angreiferin. Würde der Dialog stattfinden, dann müsste zum Beispiel das Opfer sagen: »Sag mal, wie kommst du eigentlich dazu, mir so etwas Ungeheuerliches zu sagen wie ›Immer bist du ...‹? Immer, das gibt es doch überhaupt nicht. Und überhaupt, wer bist du, dass du so mit mir redest?«

Eine Kollegin von mir hatte einen verblüffenden Satz in ihrem Repertoire, wenn jemand sie beschimpfte oder entwertete: »Passen Sie auf, Sie reden mit der Frau, die ich liebe.« Dieser Satz irritierte, denn er schien mehrdeutig zu sein, war es aber nicht. Diesen Satz müsste man gelegentlich zu sich selbst sagen. Das heißt aber auch, dass man sich von der Identifikation mit dem Angreifer oder der Angreiferin klar distanzieren müsste und sich den Angreifer oder die Angreiferin als Person vorstellen müsste. Damit wäre die Konfliktsituation wieder angehbar, man könnte sich selber schützen oder zumindest zu Wort kommen lassen und sich dabei mit dem Angreifer oder der Angreiferin auseinander setzen. Man dürfte sich selbst nicht einfach im Stich lassen!

Wie kommt es zu solchem Verhalten? Autoaggressive Menschen haben die Ablehnung, die Kritik, die Beschämung, die sie als Kinder und auch später erlebt haben, internalisiert. Fragt man danach, wer denn in der Geschichte eines Menschen immer wieder einmal gesagt hat, er oder sie sei »der letzte Mensch«, er oder sie mache sowieso alles falsch, dann findet man meistens eine Lebenssituation, die komplexhaft gewirkt hat; es wird von Beziehungen gesprochen, in denen diese Sätze immer wieder eine emotional ablehnende Haltung begleitet haben. Ähnliche Aussagen werden dann in diese schwierigen, emotional betonten Beziehungserfahrungen integriert. Es muss nicht so sein, dass Eltern genau diese Sätze gesagt haben, aber als Kind und als Jugendlicher hat man sie zumindest so gehört. Diese kritischen, ablehnenden, beschämenden Situationen werden dann verinnerlicht, und in einer Situation, in der sie von außen wieder evoziert werden, etwa wenn jemand sich einem gegenüber wiederum entwertend und beschämend benimmt, werden diese Komplexe wieder belebt. Menschen, die die Aggressionen gegen sich selbst wenden, identifizieren sich unbewusst mit dem angreifenden Pol des Komplexes und beschimpfen sich selbst.

Depressive Kinder gebrauchen in einer fast identischen Weise die Sätze, die ihre Eltern ihnen gegenüber anwenden. So sagte ein depressives Kind, wenn ihm ein

Missgeschick passierte, wenn es etwa ein Glas umstieß: »Ja, ich weiß ja schon, ich wäre besser nicht geboren worden.« Und auf die Frage, woher der Satz stamme: »Von allen, vom Vater, von der Mutter, von den Großeltern.« Und dieser Satz wurde nicht nur vom Kind so gehört, er wurde auch bei Elterngesprächen gesagt. Hier sieht man die Entstehung von etwas, was später dann nur noch als Selbstvorwurf erfahrbar ist. Dabei wird auch das Unangemessene der Aussage deutlich: Was hat ein alltägliches Missgeschick mit der Daseinsberechtigung zu tun? Wo kämen wir hin, wenn wir uns bei jedem Missgeschick die Daseinsberechtigung absprechen würden? Gerade das aber geschieht, wenn die Autoaggression stark ist.

Psychodynamisch ist folgender Prozess auszumachen: Identifiziert mit dem Angreifer, der Angreiferin bestraft der autoaggressive Mensch sich selbst. Er lässt sich im Stich. Das geht aber gegen unser grundlegendes Bedürfnis der Selbsterhaltung und der Selbstentfaltung und löst, wie wir wissen, Ärger aus. Aus dem Ärger entsteht eine Ärgerphantasie und eine Phantasie der feindseligen Handlung. Diese Phantasie wird abgewehrt durch noch mehr Aggression gegen innen, das weckt noch mehr Ärger, der wiederum abgewehrt werden muss, also noch mehr Aggression gegen sich selbst. Es ist ein Zirkel, aus dem schwer auszusteigen ist. Menschen, bei denen eine solche Dynamik auszumachen ist, sagen oft, sie hätten eine unbeschreibliche Wut in sich, die sie ausdrücken möchten, aber nicht auszudrücken wagen. Mir scheint, es ist nicht nur die Wut, sondern auch die ganz große Beschämung, die so schwer zu ertragen ist. Nun kennt man den oben geschilderten Aggressionszirkel als einen Zirkel der Depression. Beschäftigt man sich mit der depressiven Struktur, wird verständlich, was psychodynamisch hinter der Autoaggression steckt.

Die depressive Struktur

Eine depressive Struktur zu haben bedeutet nicht, dass man eine depressive Erkrankung hat. »Struktur« heißt in diesem Zusammenhang, dass die Beziehung zwischen dem Ich und den Mitmenschen, dem Ich und der Innenwelt einer bestimmten Art gemäß gestaltet wird, und diese bestimmte Struktureigentümlichkeit wird »depressive Struktur« genannt. Menschen haben nicht einfach eine Struktur, sondern verschiedene Strukturen, etwa eine zwanghafte Struktur, eine schizoide, eine hysterische, eine depressive.[26] Je nach den zugrunde liegenden Theorien werden auch andere Strukturen beschrieben. Meistens hat man von allen Strukturen etwas, und das ist auch sehr günstig. Gelegentlich steht eine der Strukturen deutlich im Vordergrund. Spreche ich von der depressiven Struktur, dann ist damit nichts Pathologisches gemeint, sondern, wie gesagt, eine Eigentümlichkeit in der Beziehung dieses Ich zu seinen Mitmenschen, die hier dominierend ist. Erleiden Menschen mit einer ausgeprägten depressiven Struktur aber einen Verlust, dann werden sie mit hoher Wahrscheinlichkeit mit einer Depression reagieren. Das erklärt sich aus der depressiven Struktur. Bei der depressiven Struktur spielt nun eben Aggression eine große Rolle.

»Das Selbst« und »der Andere«

Wir Menschen leben als Individuen, als Selbst in der Welt. Wir müssen uns selbst gerecht werden, wir müssen aber auch den Anforderungen der Welt gerecht werden. Die Welt, das sind die Mitmenschen, das ist die Umwelt, das ist die Mitwelt. In der gegenwärtigen Säuglingsbeobachtung spricht man vom Selbst und dem Anderen.[27] Menschen mit einer vorwiegend depressiven Persönlichkeitsstruktur erkennt man daran, dass sie sich vor allem an die Welt anpassen, das heißt, sie verlieren leicht den Blick auf sich selbst und verhalten sich so, wie sie meinen, dass die anderen es von ihnen erwarten, so, wie die Welt es von ihnen erwartet, und sie sind dann sogar selbstlos. Selbstlosigkeit war vor noch nicht allzu langer Zeit ein hoher Wert, besonders für die Frauen. Unterdessen wird dieser Wert zurecht in Frage gestellt, denn selbstlos zu sein heißt, dass man ohne eigenes Selbst ist. Menschen, die ohne Selbst sind, das weiß man heute aus der Psychodynamik, können Verluste nicht ertragen, sie werden bei Verlusten depressiv, unter Umständen sogar schwer depressiv. Verluste verarbeiten wir durch den Prozess des Trauerns. Im Trauerprozess organisieren wir uns von einem Beziehungsselbst auf ein individuelles Selbst zurück, wenn aber dieses individuelle Selbst so wenig gekannt ist, wird das ausgesprochen schwierig.[28]

Bei dieser überwertigen Anpassung an die »Welt«, auch an das »Du« gibt es einen geschlechtsspezifischen Aspekt. Es ist bekannt, dass viel mehr Frauen als Männer depressiv werden.[29] Diese Zahlen sind allerdings auch kritisch aufzunehmen, da ebenfalls bekannt ist, dass Männer Depressionen oft im Alkohol ertränken und dann als Süchtige und nicht als Depressive in den Statistiken erscheinen. Dennoch bleibt das Faktum, dass mehr Frauen depressiv erkranken als Männer. Als Erklärung müssen dann wieder einmal die Hormone der Frau herhalten, die bestimmt einen gewissen Einfluss haben, aber nicht die ganze Erklärung sein dürften. Man müsste bei dieser Frage zumindest zusätzlich auch die Sozialisierung der Frau beachten. In den Schulbüchern von vor vierzig Jahren war es ein unbestrittenes Ideal: die selbstlose Frau, die am Morgen als Erste aufsteht, am Abend als Letzte sich hinlegt. »Für andere alles, für sich selber nichts.« Selbstlose Menschen sind leicht auszubeuten. Auch genügte es, um eine »richtige« Frau zu sein, die Frau eines Mannes zu sein, eigene Identität, das eigene Selbst waren nicht unbedingt gefordert.

Männer scheinen, glaubt man den Schulbüchern, weniger auf Selbstlosigkeit hin sozialisiert worden zu sein, oder wenn, dann im Sinne einer bedeutenden altruistischen Leistung, wie es zum Beispiel Albert Schweitzer in jener Zeit vorlebte. Aber Albert Schweitzer war natürlich nicht selbst-los, Albert Schweitzer imponierte durchaus als ein Mensch mit einem individuellen Selbst, der von einem großen Gerechtigkeits- und Solidaritätsgefühl bewegt war.

Was heißt nun überwertige Anpassung? Was bedeutet es, selbst-los zu sein? Es heißt, dass ein Mensch Angst hat, eigene Wünsche zu haben, Angst hat, Eigenwillen zu äußern, Zukunft zu gestalten, zu planen, zu fordern, zu fragen, zu nehmen. Oder anders gesagt: Man muss machen, was die anderen wollen, erfüllen, was die Welt von einem will. Die Wünsche der anderen werden zu den eigenen Wünschen, die originär eigenen Wünsche werden nicht mehr gefühlt. Die Hoffnung, die mit dieser Anpassung verbunden ist, ist es, endlich doch noch so geliebt zu werden, wie man es sich schon immer vorgestellt hat. Deshalb kann die Welt, können die anderen eine solche Überwertigkeit bekommen und solche Menschen dazu bringen, sich selber aufzugeben, weil sie sich dadurch Liebe versprechen, weil sie sich als geliebter Mensch fühlen und verstehen möchten. Hier sind noch viele Phantasien oder Erfahrungen der Kindheit mit verwoben, etwa die Erwartung, dass, wenn wir gehorchen, wir als »lieb« betrachtet werden, und dann auch geliebt werden.

Tut ein Mensch immer, was die anderen von ihm oder von ihr wollen, dann bekommt die Welt einen Forderungscharakter, sie wird aggressiv fordernd, ist ein Angreifer oder eine Angreiferin. Zudem bleibt die erwartete Liebe aus. Menschen die immer alle Anforderungen erfüllen, werden vielleicht geschätzt. Man kann sich auf sie verlassen, man kann sie ausnützen, man kann sie ausbeuten. Das ist in gewissen Situationen sehr praktisch, besonders wenn sie sich noch freudig ausbeuten lassen, also sich nicht darüber beklagen. Aber lieben? Um jemanden lieben zu können, braucht er oder sie ein eigenes Selbst. Und das ist das Drama hinter dieser überwertigen Anpassung: Man bekommt nicht das, wofür man sich selber aufgegeben hat.

Dafür muss es einen Schuldigen oder eine Schuldige geben. Der depressiv strukturierte Mensch wird sich selber die Schuld daran geben, sich sagen, wenn er oder sie es besser machen würde, dann würde auch die ersehnte Liebe gegeben werden. Die Aggression wird gegen sich selbst gewendet, ein noch höherer Anspruch an Anpassung muss jetzt erfüllt werden, bei Nichterfüllung drohen Schuldgefühle. Die Ansprüche, die nicht realisiert werden können, wachsen sich zu Riesenansprüchen aus, es gibt eine Überforderung, und darauf reagieren Menschen mit Ärger. Dieser Ärger darf aber nicht ausgedrückt werden, weil man ja sonst noch weniger bekäme von den anderen und man von diesen doch so sehr abhängig ist, und der Selbstwert sinkt.

Aus dieser Dynamik ergeben sich zwei Zirkel, die zur Depression gehören: Zum einen liegt eine Ich-Hemmung vor; das ist ein anderer Ausdruck für selbst-los, für diese überwertige Anpassung, für dieses nicht Zupacken-Dürfen, nicht Raum-nehmen-Dürfen, sich nicht selber verwirklichen Dürfen. Damit sinkt der Selbstwert. Wenn wir eine Ich-Hemmung haben, wird diese immer wieder kompensiert durch ein hohes Ideal. Je mehr wir das Gefühl haben, nicht zu leisten, was wir leisten sollten, in den Beziehungen nicht zu bringen, was wir bringen sollten, um so mehr fordern wir von uns, nun einmal etwas ganz Entscheidendes zu leisten oder zu tun. Das ist mit einer Ich-Hemmung mit sinkendem Selbstwert fast unmöglich, man wird zunehmend blockiert.

Der zweite Zirkel: Der mit dieser Blockierung verbundene Verlust des Selbstwerts kränkt. Daraus entwickeln sich Angst, Ärger und Aggressionen: Es stellen sich mörderische Phantasien ein. Davon zeugen auch die Träume von Menschen, die eher depressiv strukturiert sind. Diese mörderischen Phantasien werden nun autoaggressiv abgewehrt mit Selbstvorwürfen, Schuldgefühlen, allenfalls Suizidalität, auf jeden Fall mit einer Selbstdestruktivität. Wenn der Partner oder die Partnerin attackiert würde, dann wäre man in großer Gefahr: Man bekäme die Liebe endgültig nicht, auf die man noch immer wartet, aber man würde auch sich selbst verlieren, denn diese Menschen garantieren einem das eigene Selbst, sagen einem, wer man ist, was man zu tun und zu fühlen hat. Solange man noch diesen Menschen hat, hat man sich nicht ganz verloren. Deshalb scheint es weniger gefährlich zu sein, sich selbst zu attackieren.

Depressive Menschen oder depressiv strukturierte Menschen halten sich selber nicht für aggressiv, sie wirken aber ausgesprochen aggressiv. In der therapeutischen Situation können sie im Therapeuten oder in der Therapeutin aggressive Ärgervorstellungen wecken, und das geschieht auch so im Alltag. Man spürt, dass diese Menschen unterschwellig aggressiv sind, wütend über ihr Schicksal, ihre Aggression aber nicht zur Veränderung der Situation einsetzen können, allenfalls ist sie vorhanden im Klagen. Die Aggression zur Veränderung der Situation einzusetzen könnte zum Beispiel heißen, sich zu entschließen, nicht mehr zu machen, von dem man meint, dass die anderen es von einem erwarten, weil der ersehnte Lohn sowieso ausbleibt. Das wäre ein aktiver Entschluss, bei dem man die Risiken einmal auf sich nimmt. Aber genau das fällt dem depressiven Menschen sehr schwer.

Bei der Depression sind die Symptome oft auf der Körperebene zu finden, als Schlafstörung, als Essstörung,

Schwindel, Druck auf der Brust, als Klumpen im Hals oder oft als diffuse Schmerzen: Alles tut weh. Schmerzen können ja etwas ungeheuer Geheimnisvolles sein. Bei manchen Menschen hat man das Gefühl, ihr Körper drückt einfach aus: »Alles tut weh.« Das wundert einen ja auch nicht, denn alle diese Aggression, die man gegen sich selber wendet, weil man sich eben mit einem Angreifer identifiziert, weil man ja insgeheim auch schon die ganze Aggression hinausprojiziert hat und die jetzt in der Identifikation mit dem Angreifer oder der Angreiferin wieder hereinholt, die tut weh.

Wie stellt man sich vor, dass sich eine depressive Persönlichkeitsstruktur entwickelt? Es gibt auch hier verschiedene Ursachen.

Die Basis einer solchen Struktur ist wahrscheinlich, dass dem Kind zu wenig Interesse entgegengebracht wird, dass sich schon der kleine Säugling für die Beziehungsperson mehr interessieren muss, damit eine hinreichend gute Atmosphäre entsteht.[30]

Eine wichtige Ursache für die Entwicklung einer depressiven Struktur hängt auch mit der Autonomieentwicklung zusammen. Kleine Kinder haben alle eine ausgeprägte Autonomieentwicklung, und dieser Drang zur Autonomie muss auch immer etwas gebändigt werden, damit sich das Kind nicht selbst schadet. Nun kann man mit den Autonomiewünschen der Kinder sorgsam und verständnisvoll umgehen, man kann sie aber auch brutal abwürgen. Früher sprach man davon, einem Kind den Willen zu brechen. Die Frage wäre dann nur, wie denn diese gebrochenen Kinder leben sollen. Es ist nicht nur eine Frage, wie viel Autonomie man zulässt, sondern auch, wie viel Freude an der Autonomie gezeigt wird. Haben die Erziehungspersonen auch Freude, wenn ein Kind autonom wird, oder wollen sie ein Kind, das dann Anerkennung bekommt, wenn es genau das macht, was die Eltern von ihm wollen? Damit im Zusammenhang steht auch die Frage, wie viel Eigenverantwortung einem Kind gegeben wird. Eigenverantwortung stimuliert das Selbstsein. Wenn Eltern den Kindern alles abnehmen und immer alles besser wissen und alles für die Kinder entscheiden, dann bedeutet das bereits, dass die »anderen« bedeutsamer sind, und die werden überwertig, auch wenn sie es gut meinen. Die anderen wissen es besser! Also passt man sich besser an die anderen an. Die Eigenverantwortung zu stimulieren, wäre ein ganz wichtiger Punkt, will man eine gute Balance zwischen der Verantwortung sich selbst und der Verantwortung den anderen gegenüber erreichen.

Gerade an der depressiven Struktur und an der Depression kann man zeigen, aus welchem Grund Aggression gegen sich selbst gewendet wird: Der Umgang mit dem Ärger hängt damit zusammen, ob wir es wagen, wir selbst zu sein, und in diesem Zusammenhang, ob es uns gelingt, unser Selbstwertgefühl auch immer wieder zu regulieren, auch wenn wir gekränkt oder in unseren Intentionen gehindert werden, oder ob wir davon abhängig sind, dass andere Menschen das für uns tun. Dass wir immer wieder gekränkt werden, ist ein ganz normaler Vorgang, wir können nicht erwarten, dass es eine Welt gibt, in der wir nicht gekränkt werden, Verluste erleiden oder uns ärgern müssen. Die Frage ist viel mehr die, wie unser Selbstwertgefühl sich dergestalt entwickeln kann, dass wir uns auch bei Kränkungen wieder unseres Wertes sicher sind, unseren Selbstwert also wieder stabilisieren können.

Es ist wahrscheinlich einfacher, zu enttarnen, was die Sicherheit in unserem Selbstwertgefühl stört: die Wendung der Aggression gegen sich selbst, die Selbstanklagen, das Selbstzerfleischen sind fundamentale Angriffe auf das Selbstwertgefühl. Wenn man sich, wie ich gesagt habe, dabei im Stich lässt, dann verliert man den Kontakt zum eigenen Selbst und verliert dabei auch das Gefühl für den Wert des eigenen Selbst, wird also immer noch mit mehr Angst, mit noch mehr Aggression gegen sich selbst reagieren, immer unsicherer werden.

Es ist also kritisch zu hinterfragen, warum wir uns gelegentlich so lustvoll zerfleischen, und ob das wirklich sein muss. Hoffen wir, dass wir durch das Zerfleischen die Akzeptanz bekommen, die sonst nicht zu haben ist? Es gibt auch Menschen, die dieses Sich-Zerfleischen mit Selbstkritik verwechseln. Selbstkritik ist für unsere Entwicklung sehr wichtig. Wenn wir nicht auch kritisch über uns selbst reflektieren, dann können wir nichts verändern. Aber Selbstkritik ist nicht Selbstzerfleischung. Selbstkritik hat noch den Dialog in sich, den ich angesprochen habe. Selbstkritik verurteilt nicht einfach, sondern wägt gegeneinander ab, fragt, wie man etwas hätte besser machen können, zweifelt nicht am grundsätzlichen eigenen Wert, sondern beharrt sogar darauf. Wir wissen, dass wir es normalerweise besser, geschickter, angemessener machen; deshalb kritisieren wir uns, in der Hoffnung auf das Bessere hin. Bei der Selbstkritik ist man nicht einseitig identifiziert mit einem Angreifer oder einer Angreiferin, sondern diesem angreifenden Gegenüber steht ein Ich entgegen, das sich auch verteidigt und zum Beispiel in einer Situation, die wirklich nicht besonders gut gemeistert worden ist, dennoch sagt: Ich verstehe mich aber auch in dieser Situation. Etwa im Zusammenhang mit Wut: »Ich hätte da wirklich besser nicht platzen sollen, aber ich verstehe mich auch, ich kann gut verstehen, dass ich geplatzt bin.« Damit ist man nicht mit sich selbst zerfallen, braucht sich nicht zu zerfleischen und kann sich überlegen, welches denn bessere Möglichkeiten der Reaktion gewesen wären, falls es solche gibt. Dass wir uns zerfleischen garantiert auch nicht, dass dann plötzlich irgendjemand kommt und einen erhöht. Noch wirkt bei vielen Menschen der Satz: »Wer sich selbst erniedrigt, der soll erhöht werden.« Wer sollte einen erhöhen? Dieses sich selber zu zerfleischen wirkt nur destruktiv; es ist eine alltägliche Destruktivität, und es ist unsere eigene Verantwortung, unsere alltägliche Destruktivität als solche zu entlarven, damit wir dann mit der Aggressivität konstruktiver umgehen können.

Suizidalität

Pathologische Formen der Aggressivität gegen sich selbst sind die Suizidalität und das selbstschädigende Verhalten. Erwin Ringel hat das so genannte »präsuizidale Syndrom«[31] beschrieben. An dieser prozessorientierten Beschreibung, einem Katalog eigentlich, kann man in etwa ablesen, wie groß die Gefahr der Suizidalität bei einem Menschen in der jeweiligen Situation ist, aber auch welche Aspekte im Umgang mit suizidalen Menschen wichtig sind, damit die Suizidalität weniger wird. Ringel geht davon aus, dass Menschen dann in Gefahr sind, sich zu suizidieren, wenn ihr Leben immer eingeengter wird; wenn ihre praktischen Optionen im Leben immer weniger werden, aber auch, wenn sie emotional immer eingeengter werden, zum Beipsiel nur noch eine Emotion vorherrschend ist, das ganze Leben ist dann etwa nur noch gefärbt durch Angst oder Ärger. Unter zwischenmenschlichen Einengungen versteht man, dass die tragenden Beziehungen immer weniger werden, zusätzlich wird auch die Wertewelt eingeengt, es gibt keine tragenden Werte mehr im Leben. All das gehört zur Einengung, die sich immer mehr zuspitzen kann. Bei zunehmender Einengung und bei gehemmter oder gegen die eigene Person gerichteter Aggression erfolgen Selbstmordphantasien. Diese kommen aus dem Wunsch, tot zu sein. Werden die Vorstellungen, wie diese Selbsttötung zu realisieren sei, zwingend, so Ringel, ist eine Krisenintervention angebracht.

Die gehemmte oder die gegen die eigene Person gerichtete Aggression ist bei der Entwicklung des präsuizidalen Syndroms ein wichtiger Aspekt. Es scheint auch zu stimmen, dass Länder mit einer hohen Mordrate eine niedrigere Suizidrate haben und umgekehrt. Diese beiden Fakten stimulierten die Idee, dass bei den Suizidalen die Wut, die gegen sie selbst gerichtet ist, gegen außen gerichtet werden müsse. Das funktioniert natürlich nicht, weil es ja einen Grund hat, dass man die Aggression hemmt und gegen sich selbst wendet. Würde die Wut in die Beziehungen hineingetragen, entstünden solche Scham- und Schuldgefühle, das man es nicht aushalten könnte, und erst recht suizidal würde.

Henseler[32] hat, ausgehend vom präsuizidalen Syndrom von Ringel, einen zusätzlichen Fokus eingebracht. Er sieht die Wendung der Aggression gegen sich selbst oder die Aggressionshemmung in einem anderen Zusammenhang. Er geht davon aus, dass Menschen, deren Selbstgefühl stark verunsichert ist, unter anderem durch die zunehmende Einengung, aber auch generell bei Kränkungen, Enttäuschungen oder Verlusterlebnissen mit großer Angst reagieren. Sie fühlen sich bedroht, verlassen, hilflos, ohnmächtig. Jetzt müssten diese Menschen etwas anpacken können. Hilflosigkeit ruft nach Hilfe, ohnmächtig zu sein ruft danach, etwas gestalten und bewirken zu können. Verlassen zu sein ruft danach, sich an andere Menschen wieder anzuschließen. Und genau das können sie nicht wegen der Aggressionshemmung: Die Not-wendige Aggression ist nicht zuhanden. Aus diesem Grunde setzen dann die Abwehr- oder die Bewältigungsmechanismen ein zum Schutz des Selbstgefühls, in diesem Falle, so Henseler, Realitätsverleugnung und/oder eine unqualifizierte Idealisierung. Bei der Realitätsverleugnung sagt man sich zum Beispiel, die erlebte Kränkung sei gar keine, das hätte man nur ganz falsch wahrgenommen. Häufiger wird mit einem saloppen Spruch über eine solche Kränkung hinweggegangen: »Ein Indianer kennt keinen Schmerz.« Oder: Andere wären jetzt am Boden, ich bin Kummer gewohnt, einem Menschen wie mir kann man mit so etwas nichts anhaben. Das ist eine unqualifizierte Idealisierung der eigenen Person. Henseler weist nach, dass, wenn diese Bewältigungsmechanismen zu aktivieren nicht mehr möglich ist oder sie keine Entlastung mehr bringen, Phantasien der Sehnsucht nach einem harmonischen Urzustand auftauchen. Und diese Phantasien werden dann in eine Suizidhandlung umgesetzt. Für Henseler ist Suizid etwas ganz anderes als für Ringel, für ihn kommt der Suizid der narzisstischen Krise zuvor. Der Suizidale befürchtet einen total beschämenden Zusammenbruch, und um dem zuvorzukommen, suizidiert er sich. Er phantasiert sich einen Zustand von Ruhe und Harmonie. Rachebedürfnisse sind damit allerdings auch befriedigt.

So besehen ist Suizid die letzte schöpferische Tat, im ganzen Doppelsinn des Ausdrucks. Es ist auch nicht einfach eine Aggression gegen sich selber, das ist es auch, aber es ist auch ein letzter Versuch, angesichts einer großen Aggressionshemmung doch noch Leben zu gestalten.

Für Henseler ist nicht primär bedeutsam, dass diese Menschen aggressionsgehemmt sind oder die Aggression gegen sich selber wenden, sondern dass es Menschen sind, die in ihrem Selbstgefühl zutiefst verunsichert sind. Oder dass eben Menschen, die diese Aggressionshemmung haben und die Aggression gegen sich selber wenden, im Selbstwertgefühl schon sehr viel verunsicherter sind und deshalb auf Kränkungen und Enttäuschungen so sehr viel mehr reagieren. Deshalb zielt seine Krisenintervention auch darauf ab, hinter dem bewussten Konflikt den unbewussten Konflikt zu suchen, der meistens mit entscheidenden narzisstischen Kränkungen im Laufe des Lebens zusammenhängt.[33]

Henseler hat die in den siebziger Jahren neu die sehr bedeutsame Perspektive des Narzissmus in die Suizidforschung eingebracht; damit wird für unser Thema auch immer deutlicher, dass hinter selbstdestruktivem

Verhalten auch eine Problematik im Selbstwertgefühl steckt. Dass es bei Suizidalen auch um eine Wutthematik geht, ist auch daran ersichtlich, dass Suizidanten in ihrem Umfeld Ärger, Wut und Schuldgefühle auslösen.

Selbstschädigendes Verhalten

Unter selbstschädigendem Verhalten versteht man zum Beispiel das sich selber Schneiden, das »self cutting«. Menschen fügen sich überall oberflächliche Schnittwunden zu, um sich selber zu spüren. Oder sie drücken Zigaretten auf der Haut aus und bringen sich so Verbrennungen bei. Dieses selbstschädigende Verhalten kommt relativ häufig vor bei Menschen, die Traumatisierungen erlebt haben und die unter posttraumatischen Belastungsstörungen leiden. Sachsse[34], der zusammen mit Reddemann neue Konzepte für die Behandlungen von Traumata entwickelt, ist der Ansicht, diese Menschen wollten lieber Schmerzen leiden als sich von allem abgetrennt zu fühlen, was ein Aspekt der posttraumatischen Belastungsstörung ist. Er sieht in diesen Selbstschädigungen einen zwar nicht besonders guter Versuch, ein großes Problem, sich selber nicht mehr zu spüren, zu reparieren. Es ist in diesem Zusammenhang ein bedeutendes Umdenken in der psychiatrischen und in der psychotherapeutischen Literatur auszumachen. Noch vor einigen Jahren stand man etwas ratlos vor diesem »self cutting«, und es wurde auch diskutiert, ob das eine psychotische Reaktion sein könnte. Heute wird das ganz anders verstanden – eben als der Versuch von Menschen, die aufgrund eines erlebten Traumas dissoziiert sind von sich selber, die kein Gefühl mehr haben für den Körper und für sich selbst, sich selber wieder zu spüren. Aggression ist ein Kontaktgefühl, und dieser destruktive, aggressive Akt des sich selbst Schneidens kann als Versuch gesehen werden, die Aggression an einem Ort einzusetzen, wo sie einen wieder in Kontakt bringt zu sich selber. Was früher als ungeheure, nicht einfühlbare Störung gesehen wurde, wird heute als ein Reparaturversuch verstanden, als eine Möglichkeit, wieder mit sich in Kontakt zu kommen, wobei durch Therapie natürlich bessere Wege als dieser gesucht werden.

Tiefenpsychologische Hintergründe für verschiedene Ärgerformen

Das Ich und das Wir

Bei der Autoaggression, so haben wir angenommen, sind Ablehnung, Kritik und Beschämung, die man im Laufe des Lebens erlebt hat, verinnerlicht worden und dabei hat man sich mit dem Angreifer, der Angreiferin identifiziert. Daraus ergibt sich das Selbstbild und die Selbstbeurteilung: »Du bist unmöglich«. Und dieses »Du bist unmöglich« kommt einer vernichtenden Kritik gleich. Wir verurteilen uns oft leichthin, auch ohne dies besonders ernst zu nehmen. Wir sagen gelegentlich auch »Ich bin unmöglich«, wobei wir erwarten, dass die anderen Menschen diese Selbstbeurteilung aufheben oder zumindest relativieren, dass die anderen unseren Selbstwert wieder herstellen. Aber selbst wenn sie es tun, bringt es nichts, wenn man es dann doch nicht glaubt. Ist man sehr zerfallen mit sich selbst, dann ist dieses »Du bist unmöglich« ein ernsthaftes Verdikt. Die Identifikation mit dem Angreifer oder der Angreiferin bewirkt, dass man sich nicht getrennt fühlt von ihm, sondern dass man sozusagen ein künstliches Wir herstellt. Aber dieses Wir besteht nicht aus einem Du und einem Ich, die in irgend einer Weise verbunden sind, das Ich identifiziert sich, das heißt, das Subjekt gibt es im Grunde genommen nicht mehr: Das Subjekt ist identifiziert mit dem Angreifer oder der Angreiferin. In therapeutischen Behandlungen muss das Subjekt wieder gefunden werden – mit dem Bedürfnis nach Selbst-Sein, und damit kann die Abgrenzung zwischen Subjekt und Objekt wieder hergestellt werden.

Warum aber gibt es Menschen, die offen ärgerlich und aggressiv sein können, während andere die Aggression gegen sich selbst richten müssen?

Es ist ein typisch menschliches Thema, dass wir autonom sein müssen und immer mehr autonom sein wollen im Laufe des Lebens, das heißt, dass es offenbar ein Entwicklungsziel ist, immer mehr selbstbestimmt zu leben. Fromm forderte, dass man geboren werden sollte, bevor man stirbt, und dass der kreative Mensch das schaffen kann.[35] Man sollte nicht als Kopie sterben, ein Sinn des Lebens ist es, man selber zu werden, also nicht eine Kopie der Eltern, nicht eine Kopie der Gesellschaft, überhaupt keine Kopie. Das wäre der Sinn der persönlichen Autonomie.

Gleichzeitig sind wir Menschen immer auch eingebunden in sozialen Bezüge, wir fühlen uns geborgen in unseren Beziehungen und sind auch in vielfältiger Weise abhängig davon. Wir Menschen leben in einem Widerspruch: Wir wollen Autonomie *und* Abhängigkeit, wir brauchen Autonomie *und* Beziehung. Deshalb haben wir immer dieses Problem, dass wir verpflichtet sind, ein eigenes Selbst zu haben, aber auch in Beziehung zu einem oder mehreren anderen Selbst stehen wollen und müssen, die unser Selbstsein möglicherweise bedrohen. Es gibt immer auch ein Gemeinschafts-Selbst, dem wir angehören wollen, ein soziales Wir. Es geht uns nicht nur um die Ich-Du-Beziehung, es geht uns auch um Beziehungen in einem größeren Rahmen. Das Wir-Gefühl ist ein ganz wichtiger Aspekt der Identität. Dieser Aspekt ist erst in den letzten Jahren mehr in den Blickpunkt des Interesses der Psychologie gerückt.[36]

Dieses Dilemma zwischen Selbstbehauptung, Entwicklung von Autonomie und dem Bedürfnis, dennoch dazuzugehören und enge Bindungen zu haben, kann man sich entwicklungspsychologisch erklären. Das kindliche Ich ist ziemlich grenzenlos, wir sagen auch grandios; das ist sichtbar an einem vitalen zweijährigen Kind, das einfach alles macht, was ihm gerade in den Sinn kommt. Schnell an den Kochherd, Wasser ausgießen oder gleich ins Wasser springen, im nächsten unbewachten Moment einmal ganz schnell alle Papiere des Vaters »ordnen«, also durcheinander werfen, Computer anwerfen, hacken usw. Dieses Ich ist grenzenlos, es ist grandios. Und da gibt es dann Zusammenstöße mit den Beziehungspersonen, die Grenzen setzen, die etwas verbieten, mehr oder weniger energisch, die Anforderungen stellen. Das muss für kleine Kinder außerordentlich lästig sein. Es kann beobachtet werden, dass ein zweijähriges Kind innerhalb von einer Stunde von wohlmeinenden, gutmütigen Eltern fünfundzwanzig mal ein entschlossenes Nein hört. Und fühlt man sich in das Kind ein, wird deutlich, dass alles, was gerade besonders spannend ist, ein entsetztes Nein zur Folge hat, ein Nein, das vom Kind her nicht zu verstehen ist. Solche Grenzsetzungen sind aber auch nicht zu vermeiden.

Es gibt also Konflikte zwischen den Interessen des Kindes, dem Wunsch, im Dienste der Autonomie eine Idee in die Tat umzusetzen, und dem Nein, das sich diesen Interessen entgegensetzt. Das sind Kämpfe, das sind Konflikte, die Menschen internalisieren, verinnerlichen. Durch diese Frustrationen, wenn sie in einer freundlichen Atmosphäre erfolgen und verhältnismäßig sind, werden Grenzen gebildet, die erlauben, die Innenwelt und die Außenwelt voneinander zu unterscheiden und auch die eigene Identität immer mehr zu finden. Das ist auch eine Voraussetzung für einen kohärenten Ichkomplex. Um gut zu wirken, müssten diese Grenzsetzungen sich nun in einer Beziehungsatmosphäre des Wohlwollens ereignen: Kinder müssen spüren, dass die Eltern sie grundsätzlich akzeptieren, sich für sie interessieren und sie lieben, auch dann, wenn gewisse Handlungen absolut nicht akzeptiert werden. Sie müssen spüren, dass auch durch ihr Trotzen die enge Beziehung nicht in Gefahr ist. Die Grenzsetzungen lösen auch emotionale Konflikte: Schwankt ein Kind zwischen Eigeninitiative zu etwas Verbotenem und der Tendenz zu gehorchen, dann hat es einen innern Konflikt, einen inneren emotionalen Aufruhr. Das kann man den Kindern auch von außen ansehen. Eine klare Grenzsetzung beendet diesen inneren Konflikt und beruhigt auch. Eine wichtige Kompetenz der Eltern ist es, den emotionalen Aufruhr in den Kindern zu regulieren. Das ist sichtbar an kleinen Babys. Weint ein drei, vier Monate altes Kleinkind herzzerreißend, dann sind die Eltern kompetent, die dieses Kind beruhigen können. Meistens ist es dann die Brust, die beruhigt. Können Beziehungspersonen kleine Kinder nicht beruhigen, dann zehrt das ganz enorm am Selbstwertgefühl von Mutter und Vater, und das ist auch ganz richtig so, denn es ist einer der wichtigen Aspekte des Elternseins, die Emotionen in den Kindern regulieren zu können, so dass diese später ihre Emotionen auch gut selber regulieren können. Nun gibt es natürlich auch in diesem Zusammenhang begabtere und weniger begabte Menschen, und man muss ja immer mit der Begabung leben, die man hat, die man allenfalls verbessern kann. Das Setzen einer vernünftigen Grenze kann eine solche Regulierung der Emotion bewirken. Theorien, die sagen, man soll dem Kind so viel wie möglich den eigenen Willen lassen, sind auch etwas brutal. Das heißt dann, dass das Kind alle diese inneren Konflikte bis zur Neige selbst austragen muss, obwohl es von der Reife her dazu noch nicht in der Lage ist. Da ist manchmal ein klares Nein von außen etwas sehr Entlastendes, auch wenn es mit einem tollen Gebrüll quittiert wird. Es ist aber natürlich auch wahrzunehmen und zu respektieren, wenn das Kind in der Lage ist, seine Emotionen selber zu regulieren.

Komplexprägungen: Der Zusammenstoß von Eigenwille und Fremdwille

Die Kunst ist, so viel Autonomie wie möglich zuzulassen und so viel Grenze wie nötig zu setzen. Zwischen diesem Ichkomplex des Kindes, der in Entwicklung ist, und den grenzsetzenden Beziehungspersonen, die nicht optimal zu sein brauchen, aber sich Mühe geben, so hilfreich wie möglich zu sein, kommt es nun immer wieder zu gleichartigen Zusammenstößen. Das wissen wir alle aus der Perspektive der Kinder, aber auch aus der Elternposition. Es gibt Dinge, da reagieren wir empfindlich, vielleicht empfindlicher als andere. Und andere Eltern reagieren in anderen Situationen wieder empfindlicher. Es gibt zum Beispiel Menschen, die schlecht Unordnung ertragen können. Macht das Kind dann einmal wieder so richtig genüsslich eine Sauordnung, dann kommt meistens die genau gleiche Strafpredigt oder die genau gleiche strafende Haltung. Andere Eltern sehen die Unordnung kaum, sind aber allergisch auf Kinder, die sich verstecken und nicht zu erkennen geben, wo sie sich aufhalten.

Diese Zusammenstöße sind Episoden, die immer wieder erlebt werden, und wenn etwas immer wieder vorkommt, wird das in unser Gedächtnis übertragen. Man spricht dann von generalisierten Episoden, von generalisierten Erfahrungen, die unsere Erwartung für lange Zeit prägen. Etwa: Wenn ich an den Computer gehe, dann wird grauenhaft geschrien, ich werde aus dem interessanten Raum verbannt, und für eine Weile erzählt niemand mir eine Geschichte. Generalisierte Episoden, die sich durch eine schwierige Emotion auszeichnen, nennt man in der Tiefenpsychologie Komplexe.

Diese generalisierten Episoden oder die Komplexe formen sich um ein ganz bestimmtes Beziehungsthema, das oft auch im späteren Leben bildhaft zugänglich ist. Dieses Thema ist oft: kleineres Kind und größere Beziehungsperson, die verbietet, kritisch schaut usw. Da ist die Angreifer-Opfer-Thematik bereits mitenthalten. Die frühkindliche Zeit ist natürlich eine besonders verwundbare Phase, aber Komplexe kann man immer entwickeln, auch im späteren Leben, bis man stirbt. Es können alte Komplexe auch immer wieder hervorgerufen werden, wieder aktiviert werden. Diese Erfahrungen des Zusammenstoßens von Eigenwille und Fremdwille sind im Episodengedächtnis gespeichert, und man erwartet, dass man mit ähnlichen Zusammenstößen immer wieder rechnen muss.

Aber auch diese Zusammenstöße werden unterschiedlich erlebt, je nachdem, wie die Grundhaltung der Eltern dem Kind gegenüber ist. Werden die Erwachsenen oder die grenzsetzenden Personen nicht grundsätzlich als ablehnend erlebt, sondern normalerweise als akzeptierend, kann das Kind durchaus einen Ich-Pol entwickeln. Wenn Kinder später ein Bild einer solchen Episode beschreiben, klingt es etwa so: »Ich kann mich sehen als Kind am Computer, mir ist gerade etwas Spannendes gelungen, da rast der Vater ins Büro und schreit mich an, wie er das sonst nie tut. Er wird ganz rot im Gesicht.« Der Vater wird noch in der Erinnerung als unverständlich aufgeregt wahrgenommen. Das Kind erinnert sich dann meistens auch daran, wie es bestraft wurde. Im Bild ist ein Kind vorhanden, und da ist auch eine erwachsene Persönlichkeit oder ein Geschwister. Die Geschwister werden bei der Bildung von Komplexen gerne vergessen, ich bin aber überzeugt, dass viele Komplexe durch die Geschwister geprägt werden. Von den Geschwistern kommen viele Grenzsetzungen und Auseinandersetzungen, Zusammenstöße zwischen Eigenwille und Fremdwille ereignen sich da häufig.

Werden die Komplexe abgebildet, etwa gemalt, oder wird eine Erinnerung bildhaft genau geschildert, dann haben wir oft das Bild von einem kleinen Ich, dem ein großer Mensch gegenüber steht. Wir haben also beide Seiten: einen Kindanteil, einen Kindpol und einen Erwachsenenanteil, einen Erwachsenenpol. Das Ganze ist aber unser Komplex, den wir verinnerlicht haben und der in einer Lebenssituation mit einem ähnlichen Thema oder beim Erleben der Emotion, die mit diesem Komplex verbunden ist, anspringt, zumindest emotional uns ins Gedächtnis kommt. Der Erwachsenenpol des Komplexes wird nun in der Regel projiziert. Das bewirkt, dass Menschen, die diesen grenzsetzenden oder angreifenden Personen ähneln oder in deren Gegenwart sich ein Komplexthema konstelliert, als viel gefährlicher und machtvoller erlebt werden, als sie in Wirklichkeit sind. Sie bekommen die Projektion von all unseren Erfahrungen mit angreifenden, grenzsetzenden, beschämenden Personen ab. Das ist der Grund, warum es oft so schwierig auszumachen ist, wie feindselig ein Angriff wirklich gedacht ist. Greift uns ein Mensch an, der einem Menschen aus der Kindheit gleicht, von dem wir uns immer wieder angegriffen gefühlt haben, decodieren wir den Angriff sofort als feindlich. Geht es um ein Thema, bei dem wir uns »schon immer« angegriffen gefühlt haben, zum Beispiel Ordnung, fühlen wir uns schon durch harmlose Bemerkungen angegriffen, beschämt oder ärgerlich.

Der projizierte Elternpol des Komplexes

Ob wir einen Komplex projizieren, und zwar meistens nur den einen Pol, das Bild des Angreifenden im Komplexgeschehen (Erwachsenenpol, Elternpol) oder das Bild des Erleidenden (Kindpol, Ichpol), oder ob wir das nicht tun, verändert die Wahrnehmung des Bedrohlichen in entscheidender Weise. Projizieren wir den Elternpol, dann ist oft auch die Aggression mit hinausverlegt, das Ich wird sich ängstigen und sich verfolgt fühlen. Das Hinausverlegen von Aggression in andere

Menschen erfolgt vor allem dort, wo wir Komplexprägungen haben mit angreifenden Elternpolen.[37]

Wir alle haben diese Komplexe. Sie sind nicht nur Ausdruck von Konflikten, sie sind auch Brennpunkte der Entwicklung.[38] Es geht uns hier aber zunächst um die Zusammenstöße, aus denen sie hervorgegangen sind. Wir sind alle mehr oder weniger domestiziert worden. Insofern projizieren wir auch leicht die Erwachsenenpole unserer Komplexe. Allerdings könnte man, macht man sich das klar, sich auch darüber klar werden, dass man viel weniger machtlos ist, als man eigentlich phantasiert. Konstelliert sich ein Komplex, fällt man meistens in die Rolle des Kindes, oft sogar in die Rolle des kleinen Kindes, das ja effektiv, außer mit Trotzen und sich Verweigern, nicht so viel Macht hat. Im späteren Leben haben wir aber, trotz der Komplexe, wesentlich mehr Verhaltensmöglichkeiten. Wir sind nicht mehr diese kleinen Kinder, sondern haben unterdessen eine große Kompetenz in der Auseinandersetzung mit dem Leben gewonnen. Es ist also sinnvoll zu wissen, wo und wann solche Komplexe anspringen und wie sie uns auch ängstigen oder ärgern.

Alte Erfahrungen, Beziehungsmuster, wie sie damals zwischen dem Ich und den grenzsetzenden Personen erlebt und geprägt wurden, aber auch neue komplexhafte Erfahrungen werden projiziert und als Beziehungsmuster antizipiert. Fast alle Autoritätskomplexe verdanken ihre Macht der Tatsache, dass die Zusammenstöße mit den Autoritäten im Laufe des Lebens gespeichert sind, und bei Anspringen eines solchen Komplexes vergessen wird, dass man nicht mehr das Kind von damals ist, sondern unterdessen eine gestandene Frau oder ein gestandener Mann, von Kindern selber schon wieder als Autorität wahrgenommen und allenfalls auch gefürchtet.

Es gibt Komplexe, die selbstverständlich nur mit psychotherapeutischer Hilfe verändert werden können, die auch nur dann sich wandeln, wenn der Ichkomplex sich entwickelt. Es gibt aber auch Komplexe, an denen man selber arbeiten kann. Ist man zum Beispiel überzeugt, ganz und gar machtlos zu sein in einer Situation, fühlt man sich wie ein junges, gescholtenes Kind, kann man sich fragen, ob das so denn überhaupt noch stimmt und sich daran erinnern, dass man ja auch eine erwachsene Frau oder ein erwachsener Mann ist und sich durchaus auch wehren kann. Manchmal genügt ein etwas erstaunter Blick im Sinne von: »Wagst du wirklich, so mit mir umzugehen?« Oder Sie fragen einfach einmal zurück, ob dieser Ton wirklich »richtig« ist. Natürlich löst das einen Konflikt aus, aber dafür bleibt die Selbstachtung gewahrt.

Sowohl die Ärgererfahrung als auch die mögliche Aggressionsäußerung haben einen engen Zusammenhang mit diesen zum Teil uns unbewussten Komplexen. Das heißt aber nicht, dass man daran nicht arbeiten könnte, auch unsere Komplexe sind in unserer Verantwortung.

Der fehlende Ichpol des Komplexes

Es gibt nun aber die Möglichkeit, dass bei der Verinnerlichung der Komplexe der Ichpol zu fehlen scheint. Internalisiert erscheint nur der angreifende, dominierende Erwachsenenpol des Komplexes. Damit sind wir wiederum beim Thema der Autoaggression. Auch bei dieser Form haben wir entwicklungspsychologisch gesehen ein Ich in Entwicklung und grenzsetzende Menschen, aber die wurden als grundsätzlich ablehnend erlebt, grundsätzlich, nicht einfach nur in einer Situation. Und hier bleibt dem Kind dann nur noch, sich unbewusst mit dem Angreifer zu identifizieren. In diesen Zusammenhängen trifft man auch einen mörderischen Hass auf diese Angreifer und Angreiferinnen an, der zunächst unbewusst ist, sich unterschwellig aber als Hass auf alles zeigt, was ist, inklusive sich selbst. Als Komplexbilder werden übergroße, brutale Menschen gezeichnet, die

Angst und Schrecken verbreiten. Fragt man nach dem Kind, erhält man oft die Antwort, das habe sich gerade verkrochen oder sei in den Boden gesunken. Auch bildhaft wird deutlich, dass der Ich-Pol sich hier nur als abwesend, allenfalls noch im Fliehen darstellen kann, sich als Gegenüber in einem Konflikt nicht sehen kann.

Bei diesen Menschen geht es um eine schwierige bis gescheiterte Individuationsentwicklung; Individuationsentwicklung so verstanden, dass Kinder autonomer werden, also immer mehr selbstbestimmt und immer selbständiger. Die Entwicklung zur Autonomie ist schwierig bis fast unmöglich, wenn Kinder total abgelehnt werden oder sich total abgelehnt fühlen. Es ist ja nicht so, dass bei jedem Kind jede elterliche Haltung gleich ankommt, das sind immer Beziehungsgeschichten, bei denen zwei Menschen beteiligt sind. Es gibt Menschen, da fühlt man sich sehr schnell abgelehnt, und es gibt andere Menschen, die können einem ziemlich ungeheuerliche Dinge sagen, und man fühlt sich immer noch nicht abgelehnt. Die Frage der Akzeptanz oder der Ablehnung in den Beziehungen ist auch geheimnisvoll. Hat sich ein Kind sehr abgelehnt gefühlt, muss das nicht heißen, dass die Eltern es wirklich abgelehnt haben. Möglicherweise konnte die Sprache der Akzeptanz nicht verstanden werden, oder die beiden passten einfach nicht zusammen. Aber es ist ernst zu nehmen, dass es sich abgelehnt gefühlt hat. Und es spielen nicht nur Eltern und Beziehungspersonen eine Rolle, da spielt zum Beispiel auch Körperlichkeit eine Rolle. Kinder, die Schwierigkeiten mit ihrem Körper haben, schwere Krankheiten erlitten haben oder mit sehr beeinträchtigenden Missbildungen leben müssen, fühlen sich oft auch diffus vom Leben abgelehnt. Das ist auch zu beachten, weil ja so leicht eine wenig hilfreiche Schuldzuschreibung an die Eltern, an die Mütter gemacht wird, auch das ist komplexhaft. Es gibt aber eben auch eine Interaktion zwischen zwei Menschen, und das Kind beeinflusst auch, nicht nur die Eltern. Eine solche Interaktion kann habituell glücklicher oder unglücklicher sein, manchmal stimmt einfach die Chemie nicht. Gelegentlich haben Sie ein Kind, das besser eine andere Mutter hätte und umgekehrt.

Diese schwierige bis gescheiterte Individuationsentwicklung bewirkt, dass der Selbstwert sehr gering ist und die Eigenaktivität schwach entwickelt. Das bedeutet weiter, dass die Trennungsaggression nicht eingesetzt, die Selbstbehauptung nicht gewagt werden darf. Kinder, die trotzig sind, die können sich das auch erlauben, die sind in der Regel verlässlich gebunden, deshalb können sie ihre Grenzen auch ausprobieren. Sie können auch ganz ekelhaft sein, weil sie wissen, dass sie sich das leisten können. Es gibt aber Kinder, die ungeheuer brav sind, weil sie unbewusst wissen, dass man sie nur liebt, dass sie nur sicher sind, wenn sie brav sind. Das ist eine der Voraussetzungen zur Entwicklung einer depressiven Struktur.

Es ist etwas ganz Wichtiges, dass Kinder trotzen, aggressiv sein und sich ärgern dürfen, das heißt aber nicht, dass man ihnen jede Aggressionsäußerung durchgehen lassen muss. Und sie sollten erfahren können, dass die Eltern zwar Grenzen setzen, sich aber nicht rächen. Hat nun ein Kind aber schon keine Daseinsberechtigung, weil es einen ursprünglich negativen Mutterkomplex[39] hat, hat es Eltern, die sich rächen müssen, dann kann es sich Ärger und Aggression nicht leisten, oder es wird hyperaggressiv. So oder so liegt ein schwaches Selbstwertgefühl vor, was dann natürlich durch Grandiosität kompensiert werden muss. Vor allem aber wird die ablehnende, verachtende Instanz des Mutter- oder des Elternkomplexes als eigenes Selbst missverstanden. Es bleibt nur die Verachtung für sich selbst.

Diese Menschen haben nicht nur ein Problem mit Aggression, sondern sie haben ein Problem mit Grenzen ganz generell. Sie haben große Schwierigkeiten, Nähe und Distanz auszutarieren. Sie sind oft grenzenlos, überschreiten Grenzen, sie kommen anderen Menschen zu nahe und lösen damit auch wieder Aggression aus. Sie können aber auch sich selber und die anderen schlecht unterscheiden voneinander, sind sich unsicher darüber, was sie selber bewirken und was andere, wo sie effektiv sind, wo die anderen, was Aktion ist und was Reaktion. Sie haben auch Probleme mit der Autonomie, entweder haben sie wenig Autonomiestreben, sind also ganz angepasst, oder sie sind forciert autonom bis hin zu destruktiv.

Ob man zur Erklärung von Ärger und den verschiedenen Formen der daraus resultierenden Aggression von der Entwicklungstheorie oder tiefenpsychologisch von der Komplextheorie ausgeht, es geht immer um die Frage des sich zunehmend selbst bestimmenden, sich abgrenzenden Ich in der Auseinandersetzung mit etwas Bedrohlichem, Hinderndem und dem tiefen Bedürfnis, trotz allem dazu zu gehören. Und alle Erfahrungen, die man mit diesem Thema gemacht hat, und es sind in der Regel viele, sind mit gespeichert. Darf aber Aggression von Anfang der Entwicklung an nicht eingesetzt werden als Trennungsaggression im Dienste einer zunächst minimalen Selbstbestimmung, dann muss man sich mit dem Angreifer oder der Angreiferin identifizieren und wird sehr aggressiv gegen sich selber und gegen außen brav, oder hyperaggressiv gegen die anderen.

Gerechtigkeitsgefühle

Im Zusammenhang mit ärgermotivierter Aggression spielen das Gerechtigkeitsgefühl und die Schuldgefühle zusätzlich noch eine wichtige Rolle. Das Gefühl für Gerechtigkeit ist eigentümlicherweise kein psychologisches Thema, in den psychologischen Lehrbüchern kommt das Thema nicht vor. Das Gefühl für Gerechtigkeit ist Gegenstand der Philosophie.[40] Das Gefühl für Gerechtigkeit spielt im Zusammenhang mit Ärger und Aggression aber eine ganz große Rolle. Es gibt Untersuchungen[41], die zeigen, dass auch, wenn man in irgendeiner Weise den Ärger ausdrücken konnte, sich wehren konnte, nachher die Ungerechtigkeit, die den Ärger ausgelöst hat, auch noch wieder ins Lot kommen muss, sonst fühlt man sich dennoch nicht wohl. Die verletzte Gerechtigkeit muss wieder hergestellt werden. Das ist ein ganz wichtiger Aspekt. Wird die Gerechtigkeit, oder das, was man dafür hält, nicht wieder hergestellt, ist die Gefahr der Eskalation der Aggressionen sehr viel größer.

Gerechtigkeit ist neben Klugheit, Mäßigung und Mut eine der Kardinaltugenden. Gerechtigkeit ist die einzige nur gute Kardinaltugend und daher natürlich absolut verpflichtend. Wir sprechen heute weniger von Gerechtigkeit, eher von Fairness, unser Verhalten soll fair sein. Aristoteles nannte die Gerechtigkeit »die vollkommene Tugend«[42]. Kant verstieg sich zu dem Satz: »Denn wenn die Gerechtigkeit untergeht, so hat es keinen Wert mehr, dass Menschen auf Erden leben.«[43]

Es werden zwei Aspekte der Gerechtigkeit unterschieden: die Legalität und die Egalität. Legalität meint, dass man dem Recht entsprechend handelt. Nun wissen wir aber, dass gesetzliche Vorschriften nicht immer gerecht sind. Da öffnet sich bereits die erste Problematik. Egalität als Gerechtigkeit meint das gerechte Aufteilen, so dass Gleichheit unter Ungleichen entsteht. Beachtet man beide Aspekte, dann kann der Mensch als gerecht gelten, der weder gegen das Gesetz noch gegen die legitimen Interessen eines anderen handelt.

Was unter »gerecht« zu verstehen ist, darüber ist schon sehr viel nachgedacht worden, ohne dass man zu einem endgültigen Schluss gekommen ist. Die Frage nach der Gerechtigkeit bleibt eine offene Frage, das heißt, es ist für die Menschen aller Generationen eine Frage, über die immer wieder neu nachgedacht werden muss. Diese Frage treibt uns ganz konkret um, etwa als die Frage nach der Steuergerechtigkeit. Ist es gerecht, wenn jeder das Seine, jede das Ihre bekommt, oder ist es gerecht, wenn jeder und jede das Gleiche bekommt? Heißt die Antwort, jedem das Seine, jeder das Ihre, wer bestimmt dann, was das ist? Fragen über Fragen. Die Frage nach der Gerechtigkeit findet immer nur eine vorläufige Antwort, auf Korrigierbarkeit angewiesen, und das weniger in der Theorie als im praktischen Handeln.

Aristoteles kommt in der Nikomachischen Ethik zu dem Schluss, gerecht sei, wenn man vom Begehrenswerten nur den ihm zustehenden Teil nehme, vom Unerwünschten aber den ganzen Anteil.[44] So eine Haltung muss man sich allerdings von der Ichstärke auch leisten können! Platon sagt im Kriton[45], die Gerechtigkeit sorge dafür, dass jeder seinen Anteil, seinen Platz, seine Aufgabe bekomme und so die hierarchische Harmonie des Ganzen bewahrt werde.

Solche Sätze muten uns etwas antiquiert an. Ist Gerechtigkeit heute noch ein Thema? Geht es heute nicht viel mehr darum, wer wen geschickter übers Ohr hauen kann? Aber Ärger will auch Gerechtigkeit, und vielleicht wäre es wirklich an der Zeit, uns auf die »altmodischen« Tugenden wieder zu besinnen. Gerechtigkeit oder Fairness ist eine Tugend gegen die Versuchung, das eigene Interesse in den Vordergrund zu stellen. Es ist eine Tugend, die den anderen Menschen als gleichwertig respektiert. Aber wie gelingt es, diese Gleichwertigkeit in praktisches Handeln umzusetzen? Wie schafft man Gleichwertigkeit unter all den Ungleichen? In der Literatur gibt es immer wieder einen konkreten Hinweis zur Prüfung, ob man gerecht handelt: Macht man einen Vertrag mit einem anderen Menschen, soll man sich auch an seine Stelle setzen und sich fragen, ob auch für ihn oder für sie dieser Vertrag attraktiv ist. Das hieße die Egozentrizität aufzugeben. Das Symbol für Gerechtigkeit ist die Waage, und als gerecht erleben wir auch, wenn etwas ausgewogen ist.

Gerechtigkeit ist ein Problem im individuellen Alltagsleben, es ist aber auch ein gesellschaftliches Problem. Was aber nützt Gerechtigkeit, wenn sie nicht durchzusetzen ist? Diesen Gedanken hat Pascal in den Mittelpunkt gestellt: »Die Gerechtigkeit ist ohnmächtig ohne die Macht. Die Macht ist tyrannisch ohne die Gerechtigkeit.«[46] Und: »Die Stärke setzt sich durch, nicht die Gerechten.« Wenn Stärke und Gerechtigkeit vereint wären, dann wäre das im Sinne von Pascal Politik. Und das wird wohl immer noch angestrebt, wenn auch nicht immer mit großem Erfolg.

Soweit der philosophische Exkurs, den man fast beliebig verlängern könnte. Für unser eigenes Leben meinen wir recht genau zu wissen, was in der jeweiligen Situation gerecht wäre. Wir können es zwar schlecht formulieren, aber wir haben es im Gefühl, es müsste irgendwie ausgewogen sein. Versucht man das, was einer oder eine für sich subjektiv als »gerecht« empfindet und vielleicht auch reklamiert, von außen nachzuvollziehen, dann ist das Evidenzerleben bedeutend geringer, es wird dafür kompliziert:

Das Gefühl für Gerechtigkeit ist anders, je nachdem, welche Bedeutung das Ich und welche Bedeutung der/die Andere hat. Hält sich jemand für sehr bedeutsam, die anderen Menschen für nur unvermeidlich, dann ist in diesem System gerecht, dass dieses Ich alles bekommt und die anderen wenn möglich gar nichts. Die anderen halten das natürlich in hohem Maß für ungerecht.

Stehen wir unter dem Eindruck, schon immer zu kurz gekommen zu sein im Leben, kann sich die Idee aufdrängen, dass das Leben jetzt ausgleichende Gerechtigkeit ausüben müsste. Gerechtigkeit hieße dann, dass jetzt alle anderen ruhig zu kurz kommen dürfen, Hauptsache, man selber bekommt endlich, was einem zusteht.

Halten sich Menschen für ganz und gar unwichtig, dann sprechen sie davon, dass es gerecht sei, dass sie übergangen werden; insgeheim aber grämen sie sich über diese Ungerechtigkeit. Das sind extreme Beispiele, aber sie zeigen, dass die Erfahrung von Gerechtigkeit auch von unserem Selbstkonzept abhängig ist.

Ein großes Problem ist die Frage nach gerecht und ungerecht bei der Behandlung von Kindern. Für sie ist Gerechtigkeit besonders wichtig: Alle müssen gleich viel bekommen, müssen gleich behandelt werden. Dahinter steckt die große Angst, zu kurz zu kommen. Kinder wissen sehr wohl, was sie als ungerecht erleben, und Diskussionen um Gerechtigkeit interessieren durchaus.

Das Gefühl der Gerechtigkeit ist ein prosoziales Gefühl. Im Kollektiv wird deutlich, dass etwas ungerecht ist und verändert werden muss, wenn es vielen Menschen sauer aufgestoßen ist und eine kritische Masse der Empörten erreicht ist. Aber das Gefühl für Gerechtigkeit, für das Gerechte ist immer auch gefiltert durch die eigene Geschichte. Wo wir Ungerechtigkeit erfahren haben, da sind wir besonders aufmerksam, auch im Kollektiv.

Wiedergutmachung

Die Idee der Gerechtigkeit ist im Zusammenhang mit Ärger wichtig, weil etwas wieder gut gemacht werden muss, bis es eben wiederum »gerecht« ist. Wenn wir uns ärgern, erleben wir etwas als ungerecht, wenn etwas Ungerechtes geschieht, ärgern wir uns, daher muss, symbolisch gesprochen, die Waage, die im Ungleichgewicht ist, irgendwie wieder ins Gleichgewicht kommen. Es genügt nicht, dass wir nur unseren Ärger ausdrücken, wir müssen auch noch Recht bekommen. Recht ist natürlich sehr relativ, besonders in einer Konfliktsituation.

Es hat sich heute eingebürgert, dass Menschen, die etwas von Konfliktbearbeitung verstehen, am Ende einer Diskussion fragen, was der andere denn jetzt von einem will, damit die Sache wieder in Ordnung ist. Man spricht nicht von Gerechtigkeit, sondern davon, dass man etwas wieder »in Ordnung« bringen will, und damit drückt man aus, dass etwas aus der gewohnten Ordnung gefallen ist. Oft kann man allerdings auf die Frage, was man haben möchte vom anderen Menschen, damit die Sache wieder in Ordnung ist, keine Antwort geben. Manchmal haben wir keine, gelegentlich suchen wir auch keine, denn eigentlich lassen wir den anderen Menschen ganz gern etwas in seinen Schuldgefühlen sitzen und schmoren. Wer fragt, ob er oder sie wieder etwas in Ordnung bringen kann, signalisiert Verständnis dafür, dass etwas geschehen ist, was als Unrecht aufgefasst werden kann, dass man sich schuldig fühlt und dass man bereit ist, Verantwortung für das Unrecht zu übernehmen. Die Frage ist dann, ob wir uns auf dieses Angebot einlassen, oder eben nicht und statt dessen versuchen, möglichst lange von den Schuldgefühlen des anderen Menschen zu profitieren. Gelegentlich meinen wir sogar, das sei gerecht. Das ist es ganz sicher nicht. Man kann einen Menschen, der bereit ist, etwas wieder in Ordnung zu bringen, im Ungewissen lassen, ob sein oder ihr Wiedergutmachungsangebot angenommen wird oder nicht. Man kann ihn oder sie in den Schuldgefühlen sitzen lassen, man kann ihn oder sie für ein Unrecht jahrelang büßen lassen. Es gibt Menschen, die von einem Seitensprung des Partners oder der Partnerin zehn, fünfzehn Jahre profitieren, immer weiter Wiedergutmachung fordern. Es ist natürlich nicht nur das Problem des einen, es ist das Problem der beiden, weil man so etwas ja auch zulassen muss.

Man kann auch weniger persönlich auf Wiedergutmachung aus sein: Sie muss zwar sein, aber man kann eine Weltanschauung haben, die besagt, man müsse sich nicht um Wiedergutmachung kümmern, die Gerechtigkeit werde durch das Leben selber schon wieder hergestellt. Dahinter steckt der Glaube an eine ausgleichende Gerechtigkeit. Dieser erlaubt auch eine kleine Schadenfreude[47]; trifft ein Unglück einen oder eine, der oder die uns geärgert oder ungerecht behandelt hat; dann hat man sich nicht selber rächen müssen, sondern die Rache des Schicksals ist eingetroffen, und man selber hat damit nichts zu tun, so denkt man. Das vermittelt Genugtuung, ohne dass man selber wieder Schuldgefühle haben muss, ja man kann sogar mitfühlend sein. Bei der ausgleichenden Gerechtigkeit, der Gerechtigkeit des Lebens, schiebt man es einfach den Fährnissen des Lebens zu, die Gerechtigkeit wiederherzustellen. Damit verliert man viel an Gestaltungsmöglichkeiten.

Rache

Wiederum anders veranlagte Menschen sinnen, wenn die Gerechtigkeit nicht wiederhergestellt wird, auf Rache. Also nicht die Rache des Schicksals ist hier gefragt, sondern die eigene Rache. Die Sprache kennt keine Verkleinerungsform der Rache, obwohl es schon sehr unterschiedliche Formen der Rache gibt, kleine Formen der Rache, aber dann auch dramatische Formen der Rache wie etwa die Blutrache.

Es gibt kleine Formen der Rache, die manchmal recht kreativ sind und die wir für unser Wohlbefinden brauchen: Sie sind der Versuch, die Gerechtigkeit selber wiederherzustellen. Wenn deutlich wird, dass unsere Mitmenschen die Gerechtigkeit nicht wieder herstellen werden, zumindest nicht in unserem Sinne, dann nimmt man es selber in die Hand und sagt sich dann »Rache ist süß«. Im Ausdenken von Rachephantasien sind Menschen bewusst oder unbewusst sehr kreativ. Es ist sicher nicht die ganz feine Art, mit Problemen umzugehen, indem man sich rächt, aber es ist eine ungeheuer wichtige Möglichkeit, die psychische Balance wieder herzustellen. Mit den kleinen Rachehandlungen wird das Konto wieder ausgeglichen, man kann wieder normal umgehen miteinander. Besser als Rache wäre natürlich der offene Disput. Aber es gibt Situationen, wo es den offenen Disput eben nicht geben kann, es gibt Menschen, die darauf schlecht ansprechbar sind, und für einen guten Disput braucht es zwei Menschen. Ärger ist ja dann besonders ärgerlich, wenn man ihn bei dem Menschen, der ihn ausgelöst hat, nicht anbringen kann. Auch gibt es nicht selten offene Dispute, bei denen das Gefühl der Ungerechtigkeit bleibt oder sogar noch verschärft wird, das Gefühl der Gerechtigkeit nicht wieder hergestellt werden kann. Gelegentlich ist eine kleine Rache der Sache auch angemessener – und meistens auch lustvoller. Rachegedanken und Rachepläne können helfen, eine Eskalation des Konflikts und Resignation zu vermeiden. Denn wenn wir immer wieder erfahren, dass so vieles ungerecht bleibt und nichts daran zu verändern ist, weder durch einen selbst noch durch die anderen, dann bleibt am Schluss Resignation. Und Resignation ist etwas sehr Gefährliches.

Die kleine Rache beim Helfen

Ein Mann konnte sehr erfolgreich alles reparieren, was im Haus so kaputt ging. Die Familie spielte mit: Die Woche durch wurde vieles kaputt gemacht, darüber wurde Buch geführt, damit der Vater am Freitag auch alles kaufen konnte, was er zum Flicken brauchte. Am Samstag hat Vater repariert. Er hat bloß jeweils gerade das nicht repariert, was eigentlich das Wichtigste gewesen wäre. Funktionierte der Boiler nicht, hat er hingebungsvoll Schlösser ausgewechselt und dann bedauernd gesagt, er sei leider nicht mehr dazu gekommen, den Boiler anzusehen. Das ist eine kleine Rache. Die Familie weiß gar nicht, dass der Vater sich eigentlich ärgert, dass er so viel reparieren muss. Im Gegenteil, die Familienmitglieder sind überzeugt davon, ihm einen Gefallen zu tun: Sie geben ihm das Gefühl, ausgefüllt zu sein mit etwas, worauf er sehr stolz ist. Die Familie denkt, sie würde mit diesem »Spiel« zur Lebensqualität des Vaters beitragen und ihm eine bedeutende Daseinsberechtigung verschaffen. Der Vater aber ärgert sich statt dessen insgeheim, es wird ihm zu viel. Er bringt diesen Ärger aber nicht offen zum Ausdruck, oder eben nur so, indem er sich rächt. Außerhalb der Familie kann er deutlich sagen, er räche sich (sein Ausdruck), indem er gerade das nicht repariere, was für die Familie am wichtigsten wäre. »Rache ist süß«, fügte er an.

Rache kann gesehen werden als der Versuch, die Gerechtigkeit selber wiederherzustellen. Man ist dann nicht einfach ausgeliefert, sondern man ist kompetent und sehr oft eben auch kreativ.

Es gibt allerdings auch Formen von Rache, die gar nicht mehr süß sind, auch wenn sie vielleicht vom Rächenden zunächst noch als lustvoll empfunden werden.

Überaktivierung des Gerechtigkeitsgefühls

Aus einer Überaktivierung des Gerechtigkeitsgefühls gehen überwertige Racheideen[48] hervor, was zu einer paranoischen Entwicklung führen kann. Ärgerausdruck ist immer ein Kompromiss zwischen der Phantasie einer Ärgerhandlung und der Resignation, dem Gefühl, darauf verzichten zu müssen. Man handelt dann aggressiv, wenn man denkt, das Handeln sei erfolgversprechend. Man verändert etwas, man streitet, man kämpft, man greift an. Hat man dabei keinen oder wenig Erfolg, dann folgt die Resignation. Beobachtet man Ärgerprozesse, die nicht befriedet werden können, über eine gewisse Zeit genauer, wird deutlich, dass Aggression und Resignation alternieren. Hat man keinen Erfolg, sowohl beim Ausdrücken des Ärgers als auch beim Wiederherstellen der Gerechtigkeit, dann resigniert man vorübergehend.

Resignation bedeutet, dass wir in unserem Selbstwert sehr verunsichert sind, uns nichts mehr zutrauen, uns noch einmal zusätzlich gekränkt und beschämt fühlen. Wir werden also innerlich noch wütender und schmieden eine Racheidee, eine phantasierte aggressive Handlung, die dann in die Tat umgesetzt wird. Haben wir mit der Racheidee wiederum keinen Erfolg, dann werden wir noch resignierter.

Aus dieser tiefer werdenden Resignation heraus kann eine »überwertige« Idee entstehen: Eine sehr imponierende Racheidee muss her, und man rächt sich damit dann nicht mehr einfach als Ich, sondern man rächt sich im Namen der Menschheit. Oder man stellt sich gar, und dann ist man im Größenwahn befangen, an die Stelle eines Gottes oder einer Göttin, die es versäumen, für Gerechtigkeit zu sorgen. Die Absicht ist zunächst einfach: Eine Störung soll beseitigt werden, es soll Wiedergutmachung erfolgen, die Gerechtigkeit soll wieder hergestellt werden. Gelingt das nicht, dann kann eine Dynamik der Eskalation und damit der immer größer werdenden Selbstentfremdung einsetzen. Wir meinen dann, uns nicht mehr für uns selbst zu wehren oder zu rächen, sondern für eine Idee, bis dahin, dass wir uns mit einer rächenden Gottheit identifizieren. Emrich, ein anthropologischer Psychiater und Philosoph, hat in dem Buch »Gewalt, warum?« den überwertigen Charakter beschrieben und darin die Überaktivierung des Gerechtigkeitsgefühls anhand des Michael Kohlhaas von Heinrich von Kleist gezeigt.[49] Emrich zeigt dabei auf, wie eine Reihe von Kränkungen so aufeinander folgen, dass Kohlhaas sich nie erfolgreich zur Wehr setzen kann, und wie schließlich am Ende eine destruktive Größenidee daraus resultiert. Die Eskalation der Gewalt wird dadurch in Gang gesetzt, dass dem Rosshändler Kohlhaas beim Passieren eines Waldes an der Tronkenburg vom Schlossherrn von Tronka für die Pferde, die er in der nächsten Stadt verkaufen will, ein Passierschein abverlangt wird. Für diesen Passierschein ist keine rechtliche Grundlage vorhanden, und deshalb ist er auch nicht da. Und weil es den Passierschein nicht gibt, werden Kohlhaas die Pferde weggenommen. Das ist die erste Kränkung. Das ist ungerecht. Die zweite Kränkung besteht darin, dass die zurückbehaltenen Pferde misshandelt werden, und der Knecht, der bei diesen Pferden geblieben ist, verprügelt und weggejagt wird. Das ist wiederum ungerecht. Die dritte Kränkung besteht darin, dass Kohlhaas einen Prozess gegen Tronka anstrengt, dieser aber niedergeschlagen wird. Hier haben wir es mit einem Problem der Hierarchie zu tun: Menschen, die hierarchisch höher stehen, so Kleist, haben mehr Recht als solche, die hierarchisch niedriger stehen. Das ist ungerecht. Die letzte, wahrscheinlich tiefste, entscheidende Kränkung besteht darin, dass die Frau von Kohlhaas, die Lisbeth, als sie den Versuch macht, dem Tronka eine Bittschrift zu übergeben, niedergeschlagen wird und eine schwere Verletzung erleidet, an der sie stirbt. Das sind die Kränkungen.

Kleist beschreibt nun die Innenerfahrung von Kohlhaas anlässlich dieser Eskalation von Kränkungen. Am Anfang will er der Gewalt weichen und hat ein Gefühl der Ohnmacht. Da heißt es: »Der Rosshändler, der wohl sah, dass er hier der Gewalttätigkeit weichen musste, entschloss sich, die Forderung, weil doch nichts anderes übrig blieb, zu erfüllen.«[50] Oder: »Kohlhaas fluchte über diese schändliche und abgekartete Gewalttätigkeit, verbiss jedoch im Gefühl seiner Ohnmacht seinen Ingrimm.« Da haben wir das Wort Ingrimm noch einmal. »Doch sein Rechtsgefühl, das einer Goldwaage glich, wankte noch. Er war vor der Schranke seiner eigenen Brust noch nicht gewiss, ob wirklich eine Schuld seinen Gegner drücke.« Er versucht, herauszufinden, was es denn mit diesem Unrecht auf sich hat. Er ist wütend, er findet es ungerecht, er sagt sich aber, ich verschlucke meinen Zorn, weil ich keine Wahl habe. Aber er hat eine innere Goldwaage, also ein übersteigertes Gerechtigkeitsgefühl. Er erzählt seiner Frau, was geschehen ist, und indem er ihr erzählt, bringt er die Geschichte in einen Zusammenhang, deutet sie und generalisiert sie. »Hierauf erzählte er Lisbeth, seiner Frau, den ganzen Verlauf und inneren Zusammenhang der Geschichte, erklärte ihr, wie er entschlossen sei, die öffentliche Gerechtigkeit für sich aufzufordern. Sie sagte darauf, dass noch mancher andere Reisende vielleicht minder duldsam als er über jene Burg ziehen würde, dass es ein Werk Gottes wäre, Unordnungen gleich diesen Einhalt zu tun.« Im Gespräch mit seiner Frau wird das Ganze als Unrechtsgeschichte gedeutet, die entschieden geahndet werden muss: Es ist ein Werk Gottes, so findet er, diese Unordnung in Ordnung zu bringen. Das ist nun eben die überwertige Idee. Es ist nicht mehr allein seine Sache, es ist etwas, was er für die anderen macht, vor allem aber ist es ein Werk Gottes. Kleist beschreibt die Wirkung dieser überwertigen Idee: »Mitten durch den Schmerz, die Welt in einer so ungeheuren Unordnung zu erblicken, zuckte in Kohlhaas die innerliche Zufriedenheit empor, seine eigene Brust nunmehr in Ordnung zu sehen.« Das ist die Wirkung einer Größenidee: Ich spüre, dass alles in Unordnung ist, aber ich selbst bin in Ordnung, ich, vielleicht ganz allein nur ich, bin in Ordnung. Und das gibt Befriedigung in diesem ganzen Feld von Benachteiligungen.

Als Frau Lisbeth stirbt, zeigt sie Kohlhaas in der Bibel den Vers: »Liebet eure Feinde, tut wohl denen, die euch hassen«, drückt ihm dann noch mit einem seelenvollen Blick die Hand und stirbt. Kohlhaas denkt nicht daran, diesen Satz zu beherzigen. Er nimmt die Gegenposition ein, der Tod der Frau ist zu viel. Es heißt dann im weiteren, »er übernahm sodann das Geschäft der Rache«. Die Brutalitäten der Gewalthandlungen werden mit großer Liebe zum Detail geschildert. Nur so viel: Die Leichen fallen durch die Fenster und Frauen und Kinder mit. Kohlhaas ist nun keinen Deut besser mehr als alle anderen auch. Er handelt mit äußerster Brutalität, eine Folge der Überwertigkeit seiner Racheidee.

Die Geschichte geht dann weiter: Kohlhaas wird Räuber und Mörder. Der Wendepunkt in diesem destruktiv eskalierenden Leben ist ein Gespräch mit Luther, der dem Rechtsdenker vorhält, es gäbe ja auch noch Gedanken wie Liebe und Versöhnung. Kohlhaas bekommt dann schließlich sein Recht, aber auch sein Gericht, er war ja unterdessen als Räuber und Mörder tätig gewesen, und er wird hingerichtet. Er bekommt sein Recht, aber um welchen Preis!

In dieser Geschichte sieht man sehr gut, wie eine paranoische Entwicklung zustande kommt. Das muss man jetzt gar nicht nur im Sinn des paranoischen Wahns sehen, es ist das eine Entwicklung, die dort stattfindet, wo man den Mitmenschen nur noch schlimmste Absichten unterstellt, und nur noch Ungerechtigkeit am Werk sieht. Grundlage einer solchen Entwicklung ist ein zu sehr ausgeprägtes Gerechtigkeitsgefühl. Es haben nicht alle Leute ein so ausgeprägtes Gerechtigkeitsgefühl, es gibt auch Menschen, die versöhnlicher sind. Das lässt vermuten, dass Kohlhaas schon einer ist, der generell zu kurz gekommen ist, der in seiner Wahrnehmung schon viel Ungerechtes erlebt hat. Auf diesem Hintergrund kommt es zu einer nicht abbrechenden Serie von narzisstischen Kränkungen und Demütigungen mit dem Erleben der eigenen Ohnmacht. All das empfindet er als zutiefst ungerecht. Da es ihm nicht gelingt, Gerechtigkeit herzustellen, folgt die Überaktivierung des Gerechtigkeitsdenkens, und zwar so, dass sein Einzelschicksal mythisch zum allgemeinen Schicksal der zu kurz Gekommenen wird: Er entwickelt ein Sendungsbewusstsein.

Die Gerechtigkeit nicht mehr herstellen zu können, kann Ausgangspunkt für eine sehr gefährliche Eskalation werden, gerade auch, wenn die Kränkungen und Demütigungen eskalieren. Übersteigertes Gerechtigkeitsdenken ist meistens mit übersteigerter Rache verbunden, eskalierende Rache ist außerordentlich gefährlich. Es wird eine gewisse Gerechtigkeit am Schluss der Erzählung wieder hergestellt, aber die Menschen, denen es um die Gerechtigkeit gegangen ist, sind nicht mehr da. Alle haben sie bezahlt. Diesem Gerechtigkeitsfanatismus gegenüber stehen prosoziale Gefühle: Liebe und Versöhnung; in der Version von Kleist vertreten durch Luther.

Schuldgefühle

Haben wir das Gefühl, dass uns Unrecht widerfahren ist, möchten wir den Verursacher oder die Verursacherin von diesem Unrecht dazu bringen, die Sache wieder in Ordnung zu bringen, auszugleichen. Geschieht das nicht sofort, dann versuchen wir, in diesem Menschen Schuldgefühle zu wecken. Aktiv, indem wir nicht nur den Ärger ausdrücken, sondern auch sehr klar die ausgebliebene Fairness reklamieren. Passiv, indem wir uns sichtbar verstimmt geben, »verschnupft« sind, uns mit Unheil verkündender Miene zurückziehen. Der Adressat oder die Adressatin muss sich dann lange fragen, was jetzt wohl »falsch« war, wenn man es nicht vorzieht, die Situation auf sich beruhen zu lassen und zu fliehen. Sind Menschen aber zu Schuldgefühlen begabt, werden sie auf den vorwurfsvollen Rückzug eines Kontrahenten oder einer Kontrahentin mit Schuldgefühlen reagieren und sich dann große Mühe geben, das Ganze irgendwie wieder ins Lot zu bringen.

Normalerweise braucht man unsere Schuldgefühle nicht zu wecken, wir haben sie, wenn uns bewusst wird, dass wir etwas Unrechtes getan haben. Haben wir diese aber nicht, weil wir vielleicht kein Unrechtsbewusstsein haben in dieser Situation oder weil wir grundsätzlich wenig Schuldgefühle kennen, dann sind die Verärgerten sehr darauf aus, Schuldgefühle zu reklamieren. Es ist aber auch nicht sinnvoll, jede Schuldzuschreibung zu übernehmen. Es gibt Menschen, die mit leichter Hand Schuld zuweisen, vor allem, um sich selber nicht mit ihrer Schuld auseinandersetzen zu müssen. Den anderen Menschen schuldig zu sprechen, gibt einem zudem auch ein Gefühl der Überlegenheit, kann also auch wieder den in Frage gestellten Selbstwert regulieren. Auch aus diesem Grunde muss man immer auch einmal zurückfragen, warum man sich jetzt eigentlich schuldig fühlen soll.

Schuldgefühle bewirken, dass wir etwas wieder gutmachen oder uns versöhnen wollen. Das heißt, wir wollen begangenes Unrecht sühnen und so weit wie möglich damit ungeschehen machen. Gelegentlich wollen wir einen beleidigten Menschen versöhnen, aber auch die zerstörte Ordnung wiederherstellen, aus Unrecht wieder Recht machen. Da wir alle wissen, dass Rache etwas allgemein Menschliches ist, will man damit die befürchtete Rache abwenden. Dieses Wiedergutmachen ist nicht einfach selbstlos, obwohl es sicher auch eine prosoziale Haltung ist, es entspringt der Angst vor Rache, man möchte der befürchteten Rache von Menschen und auch von Göttern entrinnen. Die meisten Menschen kennen einen Grundsatz der Ethik, ohne ihn wirklich bewusst zu kennen: »Was du nicht willst, das man dir tu, das füg auch keinem andern zu.« Daran halten sie sich, mit diesem ethischen Satz rechnen sie, auch im schlechteren Fall: Hat man jemandem Unrecht zugefügt, so ist die Möglichkeit, dass wieder Unrecht zurückkommt, recht groß. Macht man einem anderen Menschen Schuldgefühle, wird dieser mit großer Wahrscheinlichkeit ärgerlich reagieren, Schuldgefühle sind ein Angriff auf unser Selbstkonzept.

Schuldgefühle sollen uns im Grunde genommen warnen, uns mitteilen, dass etwas aus der Ordnung gekommen ist, das wieder in die Ordnung gebracht werden muss. Kann es wieder einigermaßen in die Ordnung gebracht werden, besteht die Möglichkeit, dass Sanktionen oder die befürchtete Rache ausbleiben. Es gibt Menschen, die nicht so sehr die Rache der Menschen fürchten, sondern die Rache der Götter: Wenn sie Unrecht getan haben, dann geht es ihnen plötzlich nicht mehr so gut, sind sie ihres Lebens nicht mehr froh. Sie haben dann vor sich selber versagt und nehmen sich das übel.

Warum Schuldgefühle?

Schuldgefühle sind sehr unangenehme, quälende Gefühle, verbunden mit dem Bewusstsein, etwas falsch gemacht zu haben. Die Einsicht in fehlerhaftes Verhalten ist mit Schuldgefühlen verbunden. Warum Schuldgefühle? Es gibt viele Möglichkeiten der Erklärung dafür. Hier nur ein kurzer Abriss: Schuldgefühle sind die Folge des sogenannten Über-Ichs. Wir haben Normen, Verbote, Gebote, Werte im Laufe der Erziehung internalisiert, auch moralische Beurteilungen von uns selbst, und die sind verbunden in einer psychischen Instanz, die wir »Über-Ich« nennen. Handeln wir nicht diesen inneren Normen entsprechend, reagieren wir mit Schuldgefühlen.

Es gibt aber auch so etwas wie ein Gewissen. Und das Gewissen ist nicht einfach das Über-Ich, sondern das Gewissen kann verstanden werden als eine Stimme in uns, die uns sagt, dass etwas nicht richtig war. Vielleicht können wir eine Haltung oder eine Handlung vor unserem Über-Ich noch vertreten, aber tief innen spüren wir, dass es dennoch nicht recht ist und verändert werden muss. Das Gewissen kann auch in Bezug auf sich selber aktiviert sein – man kann sich selber gegenüber ein schlechtes Gewissen haben.

In Bezug auf die Ärger-Agressions-Dynamik ist das Gewissen eng verbunden mit den prosozialen Gefühlen. Wir sind ja nicht nur ärgerlich mit anderen Menschen, wir lieben auch andere Menschen, wir haben auch eine liebevolle, sorgende Haltung ihnen gegenüber, wir sind auch bereit zu teilen, und wir können uns auch empathisch in einen anderen Menschen einfühlen, wir wissen, wie der entsprechende Ärger sich anfühlt, zumindest in etwa. Deshalb sind ja auch unsere aggressiven Handlungen so wirksam. Wir wissen recht genau, was sie in einem anderen Menschen auslösen können. Sich empathisch in einen anderen Menschen einzufühlen, heißt nicht notwendigerweise, dass wir uns liebevoll einfühlen, man kann sich auch sehr empathisch in die schwachen Stellen eines Mitmenschen einfühlen und dann wissen, dass es wehtut, trifft man diesen Menschen dort. Auch das ist Empathie, Empathie in der Wirkung von Aggression. Doris Bischof[51] hat nachgewiesen, dass Kinder ungefähr ab zwanzig bis vierundzwanzig Monaten fähig sind zur Empathie und dass von diesem Moment an die Aggression die Unschuld verloren hat. Vorher schlagen die Kinder einfach drein und wissen nicht, was sie tun. Aber dann wissen sie, wie es eigentlich tut, und damit auch, was sie tun.

Die prosozialen Gefühle, das Gefühl für Gerechtigkeit und der Sinn für Ordnung bewirken, dass wir mit Schuldgefühlen reagieren, wenn wir das Gefühl haben, es sei etwas nicht recht. Eine Ordnung, die immer wieder neu herzustellen ist, ist dann verletzt. Die Schuldgefühle setzen dann einen inneren Prozess des Abwägens in Gang. Was muss jetzt eigentlich auf diese Waage, damit sie wieder ausbalanciert ist? Unsere Schuldgefühle sollen helfen, unsere aggressiven Gefühle zu zivilisieren und Unrecht wieder gut zu machen. Man nimmt an, dass die Aggressiven früher mehr Nachkommen hatten und dass das eigentlich sinnvoll war, weil die aggressiven Menschen sich ja besser durchsetzen, weil sie als die stärkeren gelten. Heute sind aber alle aggressiv, und deshalb macht die Aggressivität keinen unmittelbaren Sinn mehr. Deshalb müssen wir uns mit den Schuldgefühlen so herumschlagen, weil jetzt die soziale Verträglichkeit der Aggression geübt werden muss. Schuldgefühle helfen im Zusammenhang mit Ärger und Aggression – ich spreche hier nur in diesem Zusammenhang von Schuldgefühlen –, das richtige Maß zu finden bei der Selbstbehauptung und bei der notwendigen Abgrenzung. Es ist gar nicht einfach, da das richtige Maß zu finden.

Man kann auch sich selber gegenüber schuldig werden. Menschen, die sich nie wehren, die fast alles mit sich geschehen lassen, entwickeln ein Schuldgefühl sich selber gegenüber, weil sie sich ständig im Stich lassen. Und dieses Schuldgefühl ist sinnvoll. Menschen, die ständig die anderen überrennen, haben leider seltener Schuldgefühle. Hätten sie welche, dann, weil sie zu expansiv sind.

Wie wir ein Schuldgefühl erleben

Wenn wir ein Schuldgefühl haben, dann beschuldigen wir uns; wir sind zerfallen mit uns selbst. Geben wir dieser Anschuldigung Worte, dann führen wir innere Dialoge, die sich sehr gleichen. Es ist meistens ein Wortwechsel zwischen dem Menschen, der getan hat, was nicht getan hätte werden sollen, und dem, der nicht glauben kann, dass das wirklich geschehen ist, und vernichtende Sätze sagt. Der Persönlichkeitsanteil in uns, der dazu steht, es getan zu haben, hat Angst, Bestrafungsangst. Was passiert mir, wenn es rauskommt? Oder sehr viel fundamentaler: Was bin ich eigentlich für ein Mensch, wenn ich immer wieder solche Dinge mache? Also nicht nur Bestrafungsangst, sondern die fundamentalere Angst, die Existenz verwirkt zu haben! Schuldgefühle können sehr tief gehen. Der Persönlichkeitsanteil in uns, der kritisiert, nicht glauben will, der sich ärgert, dass man sich so ungerecht benommen hat, reagiert mit Wut und feindseligen Gefühlen. Wenn wir Schuldgefühle haben, dann tobt in uns ein Kampf zwischen Angst und Ärger und Aggression. Die Dynamik von Ärger und Angst ist also bei den Schuldgefühlen als innerer Konflikt auszumachen.

Das Angehen von Schuldgefühlen bedeutet dementsprechend, dass man sich mit sich selber versöhnen muss. Die Angststimme und die Ärgerstimme müssen solange miteinander reden, bis eine Aktionsstimme daraus wird. Und die Aktion heißt dann »wieder gutmachen«. Und was kann man wieder gutmachen? Versöhnen, die gestörte Ordnung wiederherstellen usw. Nun ist es aber nicht so einfach, diese Angst- und Ärger- oder auch die Aggressionsstimme zu hören; Schuldgefühle haben etwas mit unserem Schatten zu tun. Sie entsprechen nicht dem Idealbild, das wir uns von uns gemacht haben, und deshalb neigen wir dazu, diese Schuldgefühle zu verdrängen. Schuldgefühle haben immer etwas damit zu tun, dass wir Seiten haben, die wir nicht akzeptieren wollen oder können. Was man tun müsste, ist klar. Die erste Frage wäre: Was habe ich getan, was ist unrecht? Die zweite Frage wäre: Kann ich mich auch verstehen? Gibt es mildernde Umstände, Empathie mit mir selber? Dann liebevoll: Was muss verändert werden? Oder im Zusammenhang mit Schuldgefühlen: Was muss in die Verantwortung genommen werden? Dass etwas in die Verantwortung genommen werden muss, ist der Sinn der Schuldgefühle, das ist Wiedergutmachung, das heißt, die Waage wieder in einen ausbalancierten Zustand bringen. Und dann wäre man auch wieder mit sich versöhnt.

Der aggressive Umgang mit Schuldgefühlen

Wollen wir Schuldgefühle nicht wahrhaben, dann setzen wir auch hier Abwehr- oder Bewältigungsmechanismen ein, und damit ist auch der Weg frei für die Eskalation von Ärger und Aggression aus Schuldgefühlen heraus.

Es gibt einen aggressiven, einen depressiven und einen konfrontativen Umgang mit Schuldgefühlen. Der aggressive, feindselige Angriff aus Schuldgefühlen heraus ist bekannt. Das Motto heißt: Angriff ist die beste Verteidigung. Diese Haltung war lange geschlechtsspezifisch festgelegt: Machte eine Frau vor etwa zwanzig Jahren einem Mann Schuldgefühle, griff er an und setzte sie umgehend in ein noch größeres Unrecht. Die Schuldgefühle waren dann wieder bei ihr. Das geschieht heute nicht mehr notwendigerweise: Zum einen Teil haben es die Männer gelernt, dass das nicht die feine Art ist, zum anderen haben die Frauen gelernt, es auch so zu machen.

Was geschieht bei diesem Prozess? Man bekommt einen Vorwurf, bei den verbalen Aggressionen wird ja meistens ausgedrückt, warum man ein Schuldgefühl haben muss. Etwa: »Du bist immer (!) inkonsequent, und ich muss die Folgen davon tragen«, »Du bist immer nur der gute Dessertvater, und ich kann den ganzen Mist aufräumen«, »Du nimmst dir Freiheiten heraus, die ich mir nie herausnehmen könnte. Ich könnte sie mir auch herausnehmen, aber wenn du sie dir herausnimmst, kann ich sie für mich gar nicht herausnehmen« usw.

Wollen wir uns nicht mit der Schuld auseinander setzen, oder können wir es nicht ertragen, dass wir Schuld auf uns geladen haben, projizieren wir das Vergehen und die Schuld: Nicht ich habe Unrecht, sondern du, oder zumindest du auch.

Wahrscheinlich sind uns allen die Auseinandersetzungen bekannt, bei denen es heißt: »Du machst immer...«, und dann sagt der andere: »Du aber auch ...«, und das noch viel gekonnter. Oder: »Du bist nicht fair«, »Glaubst du denn, dass du fair bist?« Richtig besehen, erinnert es an Auseinandersetzungen im Kindergarten. So unproduktiv streiten wir uns, wenn wir die Schuldgefühle einander zuschieben. Dabei ist dann niemand mehr im Recht, nichts ist in der Ordnung, und vor allem kann man nicht produktiv mit diesen Schuldgefühlen umgehen, sie sind ja überall und doch nirgends, und Gerechtigkeit gibt es dann auch nicht.

Angriff als beste Verteidigung – ein Beispiel

Ein Psychologiestudent machte ein Praktikum und hatte eine Wut auf die Praktikumsleiterin. Die Wut stammte aus ganz unterschiedlichen Quellen. Er musste mit einer Testbatterie testen, also verschiedene Tests machen, und er führte einige der Tests einfach nicht durch. Daraufhin wurde er von der Praktikumsleiterin zur Rede gestellt. Er fand diese sehr von oben herab, abkanzelnd, vorwurfsvoll. Sie aus ihrer Sicht wollte wissen, warum er seinen Auftrag nicht so durchgeführt habe, wie sie es bestimmt hatte. Eigentlich eine ganz normale Reaktion von ihr. Den Ton, in dem so etwas gefragt wird, kann man natürlich nicht mehr rekonstruieren. Der Student gab keine Begründung, sondern sagte »ganz cool«, es verwundere ihn, dass an einem solchen Ort mit einer so antiquierten Testbatterie gearbeitet werde. Die Praktikumsleiterin, tiefenpsychologisch geschult, konfrontierte ihn mit seiner Aggression. Darauf reagierte er äußerst empört und behauptete, er sei überhaupt nicht aggressiv, aber sie sei doch »sauaggressiv«. Die Praktikumsleiterin schlug vor, hier die Diskussion abzubrechen. Der Student erzählt diese Geschichte als Beispiel dafür, wie schlecht es einem ergehen könne auf der Welt.

Das ist ein Beispiel für die Abwehr von Schuldgefühlen durch einen Angriff. Es darf bezweifelt werden, dass das wirklich die beste Verteidigung ist. Dieser Mensch vertraut aber auch darauf, dass er stärker ist als die anderen Menschen, und es ihm allemal noch gelingt, jemand anderen ins Unrecht zu setzen. Er wird kritisiert, dass er nicht die ganze Testbatterie gemacht hat, sie wird kritisiert, dass sie so antiquierte Tests in ihrer Testbatterie hat, was natürlich noch nachzuprüfen wäre. Die Frage ist, ob sich das gleichermaßen abgespielt hätte, wäre die Praktikumsleiterin ein Praktikumsleiter gewesen, ob der Student diese Strategie auch einem Mann gegenüber gewählt hätte. Leider ist es in vielen Familien so, dass sehr oft die Mütter ins Unrecht gesetzt werden und sich auch durchaus ins Unrecht setzen lassen, dazu gehören ja zwei, weil sie ja dann wenigstens noch grandiose Opfer sind. Für die heranwachsenden Söhne ist es ganz übel, wenn sich die Mütter ins Unrecht setzen lassen, denn das wird zu einem Modell: Bei auftretenden berechtigten Schuldgefühlen kann man diese abwehren, indem man eine Frau angreift.

Unter einem tiefenpsychologischen Blickwinkel wird deutlich, dass dieser Student keine Veränderung in seinem Selbstbild zulassen kann, er muss das perfekte Bild von sich selber aufrecht erhalten. Dahinter steckt natürlich große Angst. Er kann nicht zugeben, einen Fehler gemacht zu haben, nicht einmal in einem Praktikum, in dem man natürlich Fehler machen darf. Aber er kann nicht dazu stehen, das heißt natürlich auch, dass er nichts lernen kann. Er muss das gute Bild von sich selber aufrecht erhalten um den Preis, dass er jemand anderen entwertet. Dahinter steckt die Angst, bedeutungslos zu sein, wenn er nicht gewinnt. Wenn unqualifizierte Angriffe kommen, besonders auch als Verteidigung, ist es wichtig zu wissen, dass dahinter eine große Angst stecken könnte. Entweder ist man perfekt, oder man ist gar nichts. Hinter solchen Angriffen kann ein großer Druck stehen, oft ein Perfektionsdruck. Diese Angst vor der Vernichtung, die sich darin zeigt, wird nun pervertiert in den Wunsch, letztlich den anderen Menschen zu vernichten. Lässt dieser Mensch sich aber nicht vernichten, lässt er oder sie sich nicht entwerten, dann eskaliert der Konflikt, oder aber man beendet das Gespräch, wie es die Praktikumsleiterin tat – nichts wird wieder gut gemacht – im Gegenteil.

Solche Ängste vor Vernichtung verweisen auf eine tief greifende Störung im Bereich des Selbstwertgefühls, verbunden mit wenig prosozialen Gefühlen. Man könnte sich vorstellen, dass ein solcher Mensch in einer Umgebung aufgewachsen ist, in der man wirklich keine Fehler machen durfte, wo ein Fehler mit hartem Liebesverlust bestraft wurde, wo es deshalb auch nicht möglich war, Fehler zu korrigieren und wo Schuldgefühle zu den täglichen Begleitern gehörten, so dass man sie weit wegweisen musste.

Nun reagieren aber viele Menschen auch ohne tief greifende Störungen im Bereich des Selbstwertgefühls auf eine kritische Frage mit einem solchen Angriff. Ein solches Verhalten kann man auch gelernt haben: Man hat einfach gelernt, dass eben Angriff die beste Verteidigung ist, dass man damit Menschen zum Schweigen bringt, man hat gelernt, dass Gewinnen allemal besser ist als Verlieren, Dominieren besser als Unterliegen. Das ist ganz wichtig im Zusammenhang mit Aggression: Es geht dabei zu oft um Dominanz und Unterwerfung. Auch wenn das Dominanzstreben von aggressivem Verhalten unterschieden werden muss, wie es vor allem empirisch arbeitende Kollegen und Kolleginnen fordern[52], geht es bei vielen aggressiven Handlungen letztlich doch um Dominanz und Unterwerfung. Das ist ein antiquiertes Verhalten und Denken. Es geht ja heute nicht mehr darum, dass nur der Stärkste sich am meisten fortpflanzen soll. Heute müsste man eine neue Form des Miteinanders lernen – eine neue Form der Kooperation, für die der konstruktive Umgang mit Ärger und Aggression geradezu konstitutiv ist.

Der depressive Umgang mit Schuldgefühlen

Dabei weist man nicht offen dem anderen Menschen die Schuld zu, sondern man nimmt diese ganz und gar auf sich, auch dann, wenn ein anderer Mensch ganz klar provoziert hat. Mit einer depressiven Struktur ist man immer an allem schuld. Aber nicht in dem Sinn, dass man weiß, was wie in die Verantwortung genommen werden muss, dass man etwas in Ordnung bringen muss und will. Die Schuldgefühle ersticken einen, solche Menschen fühlen sich so schuldig, dass sie gar nichts mehr unternehmen können. Sie sind schuldige Opfer, so sehr bestimmt von Schuldgefühlen, dass es auch wiederum eine gewissen Großartigkeit hat. Man ist identifiziert mit einem Angreiferanteil oder einem Angreiferinnenanteil, der oder die schuldig spricht. Die ganze Aggression, die man bräuchte, um etwas in die Verantwortung zu nehmen, wird gegen sich selbst gewendet, möglicherweise insgeheim auch projiziert. Menschen, die von sich selber sagen, sie seien so ungeheuer schuldig, provozieren in den anderen Menschen sehr viel Ärger und sehr viel Aggression. Dieser Angreifer- oder Angreiferinnenanteil, den sie gegen sich wenden, kann also auch insgeheim auf die anderen projiziert werden. Als Projektionsempfänger fühlt man sich dann leicht als böser Mensch, der es jetzt schon wieder geschafft hat, in diesem Menschen Schuldgefühle zu wecken. Diese Schuldgefühle werden ja auch sichtbar, sie können etwa in einer leidenden Miene demonstriert werden, und man sollte Mitleid haben, aber im Grunde genommen wird man einfach ungeheuer aggressiv.

Geht man depressiv mit Schuldgefühlen um, fühlt man sich als Opfer, fühlt sich unfähig und ist natürlich äußerst unglücklich dabei. Unterschwellig werden die anderen, wird die Welt dafür verantwortlich gemacht.

Grundsätzlich gilt sowohl beim aggressiven als auch beim depressiven Umgang mit den Schuldgefühlen, dass man sich bei beiden Formen selber nicht ernst nimmt. Entweder weist man die Schuld ganz ab, oder man nimmt sie ganz und gar an. Der aggressiv Abwehrende hält sich für ganz und gar im Recht, den Mitmenschen für ganz und gar im Unrecht. Der depressiv Abwehrende fühlt sich im Unrecht und zudem wertlos. Bei beiden Formen übernimmt man nicht die Verantwortung für sich selber. Der eine manipuliert über verschobene, verschriebene Schuldgefühle, die andere über unterschwellige Schuldgefühle. Beide entwerten sich selber, beide trauen sich im Grunde genommen nichts zu. Beide vertrauen dann nicht darauf, dass eine Wiedergutmachung möglich ist. Wirft uns jemand vor, schuld zu sein, muss man sich aber zumindest überlegen, ob das so sein könnte.

Aggressiver und depressiver Umgang mit Schuldgefühlen steht im Kontext von Dominanz und Unterwerfung. Wer dominiert, verdrängt die Angst und weckt Angst. Menschen, die einen ständig angreifen, weil sie selber etwas falsch gemacht haben, wecken Angst; man muss in ihrer Gegenwart immer auf der Hut sein, darauf achten, dass keine unstatthafte Grenzüberschreitung stattfindet. Menschen, die depressiv abwehren, verdrängen die Aggression, haben dafür Angst und wecken Aggression. Wehren wir Schuldgefühle aggressiv ab, führt das letztlich zu Gewalt und zu Krieg. Die depressive Abwehr führt letztlich zu Selbstverlust und zu Krankheit, zu einem unlebendigen Leben; man lebt, als wäre man schon ein wenig tot. Beide Formen der Abwehr führen zum Tod oder zu Unlebendigkeit.

Aus diesem Grunde ist es sehr wichtig, sich darüber bewusst zu werden, wie wir mit Schuldgefühlen umgehen. Können wir dazu stehen? Fragen wir uns, was wir in die Verantwortung nehmen müssen? Oder können wir das nicht? Müssen wir die Schuldgefühle projizieren, die anderen für die Alleinschuldigen halten und diese aggressiv angehen? Oder sehen wir uns einfach als die Opfer? Dahinter kann sich aber eine schwere Problematik verbergen: Man ist eben »immer« und an »allem« schuld, man ist ein grandioses Opfer. Dabei kann man sich auch noch edel vorkommen, nimmt man doch so viele Schuldgefühle auf sich und beschuldigt nicht ständig die anderen Menschen, wie das doch der Großteil der Menschheit tut. Diese Form der Grandiosität führt entweder zur Unlebendigkeit oder zu eskalierenden Aggressionen, man kann, man müsste sie schnellstens opfern.

Der konfrontierende Umgang mit Ärger und Schuldgefühlen

Die Abwehr der Schuldgefühle bringt wenig, also muss man lernen, sie zu akzeptieren und sich und andere damit zu konfrontieren. Man muss lernen zu streiten, sich auseinander zu setzen. Was wir brauchen, ist eine Streitkultur. Gerade wenn Schuldgefühle da sind, wenn Schuldgefühle einander zugeschoben werden, wenn neuer Ärger aus den zugewiesenen Schuldgefühlen entsteht, dann ist es wichtig, dass diese Gefühle gezeigt werden und der Konflikt ausgetragen wird.

Es wäre ideal, könnte man die Wut und den Ärger so zeigen, dass dadurch nicht wieder allzu viel Ärger provoziert würde; einiger Ärger wird dadurch aber immer provoziert werden. Es muss aber eine Grundregel sein, dass alle Streitpartner Wut und Verletzung zeigen dürfen. Dazu gehört auch das Ausdrücken der Schuldgefühle. Man wird unter Umständen sagen: »Ich ärgere mich grauenhaft über deine Reaktion, ich habe aber auch Schuldgefühle, weil ich schon wieder das und das gemacht habe.«

Schuldgefühle weisen uns darauf hin, dass wir das Thema, das Schuldgefühle auslöst, in die Verantwortung nehmen müssen. Geht es um eine Auseinandersetzung, dann muss man sich fragen, wie man aufeinander einwirkt, dass es eine Eskalation des Ärgers, von aggressiven oder sogar destruktiven Handlungen gibt. Das muss herausgearbeitet werden.

Streiten

Beim offenen, wenig kontrollierten Streiten gewinnt man das Rohmaterial für die fällige Auseinandersetzung. Da wird deutlich, was denn jetzt in dieser Beziehung ansteht: in Bezug auf Abgrenzung, in Bezug auf Selbstwertbereinigung, aber auch in Bezug auf Ängste und auf Veränderungswünsche. Drücken wir offen den Ärger aus, dann sagen wir auch eher, welche Befürchtungen mit dem Ärger verbunden sind oder hinter dem Ärger stehen. Wir sagen aber auch, gelegentlich auch in etwas überzogener Weise, was wir verändert haben wollen, wie wir den anderen Menschen verändert haben möchten. Im offenen Ausdrücken des Ärgers und im Streiten liegt ein großes Potential an Veränderungsmöglichkeiten und an Erfahrung von Nähe. Passive Aggression gibt Distanz, aber keine Distanz, von der aus man sich miteinander auseinander setzt, sondern es gibt einfach Distanz, man weiß auch nicht, was im passiv Aggressiven vorgeht und phantasiert allenfalls etwas, es bleibt aber unheimlich. Sagt aber jemand zum Beispiel: »Ich würde dich jetzt schon am liebsten treffen, wo es dich wirklich trifft, aber ich habe Angst vor deiner Rache«, dann ermöglicht diese Art von Ärgerausdruck bei aller Grenzsetzung, bei aller Eigenbetonung dennoch auch Nähe. Gestehen wir einander unseren Ärger und unsere Ängste, kommen wir uns meistens auch nah.

Es wäre dabei wünschenswert zu lernen, Ich-Botschaften zu geben, etwa »Ich ärgere mich« und nicht »Du ärgerst mich«; »Ich gehe an die Decke« und nicht »Du machst, dass ich an die Decke gehe.« In diesen Ich-

Botschaften steckt noch Ichaktivität: Solange ich an die Decke gehe, mache ich das wenigstens noch selber, ich gestehe nicht einem anderen Menschen zu, mich dermaßen zu beeinflussen, dass ich an die Decke gehe. Diese Ich-Botschaften sind nicht nur vom Ausdruck des Erlebens her richtiger, sie zeigen, dass das Ich auch beteiligt ist am ganzen Konflikt und nicht nur das Du, sondern sie unterstützen auch die Ich-Kompetenz. Wir haben allerdings auch schon längst gelernt, Ich-Botschaften zu geben, die absolut als Du-Botschaften verstanden werden. Es gibt keine Technik, die nicht auch ihre Fallen hätte.

Eine weitere Regel: Streiten heißt nicht, den anderen fertig zu machen, zu besiegen, man muss das uns so geläufige Muster von Dominanz und Unterwerfung vermeiden. Streiten heißt, sich miteinander auseinander zu setzen. Die Auseinandersetzung ist das wichtige: Man steht sich gegenüber, formuliert, was in einem vorgeht, was einem wichtig ist, wo man sich verletzt fühlt. Das Gegenüber hört jeweils zu. Es wäre besser, gut zuzuhören als schon die Munition für die Verteidigung zu sammeln. Es ist auch sinnvoll, gelegentlich zusammenzufassen, was man verstanden hat, denn oft ist das, was gehört wird, nicht das, was gesagt worden ist. Beim Streiten muss man sich so lange auseinander setzen, bis man den Eindruck hat, verstanden worden zu sein. Gelegentlich ist es sinnvoll, dass Menschen, die schlecht streiten können, einmal öffentlich streiten, nicht gerade mit Anwältinnen und Anwälten, aber vielleicht mit psychologischen Anwältinnen und Anwälten. Dann wird sichtbar, ob man aggressiv oder depressiv mit Schuldgefühlen umgeht, wo alte Verletzungen und Gewohnheiten sind, die eine fruchtbare Auseinandersetzung immer wieder stören, uns immer wieder in alte Muster fallen lassen. Haben wir in einer aktuellen Situation einen Konflikt miteinander, werden oft alte Verletzungen wieder angesprochen, und diese geben dann einer aktuellen Situation ein Gewicht, das schwer zu ertragen ist und aus der aktuellen Situation auch nicht erklärt werden kann. Da sagt dann ein Partner oder eine Partnerin zu Recht, man reagiere auf dieses Unrecht, als hätte man dieses Unrecht schon vierzig Jahre lang angetan. Eine solche Komplexreaktion verzerrt die augenblickliche Konfliktsituation, gibt ihr einen problematischen, lebensgeschichtlichen Überhang, aber natürlich reagieren wir alle in solchen Situationen mit der ganzen Lebensgeschichte, die wir haben. Wissen wir allerdings darum, dann können wir uns davon auch etwas distanzieren.

Aus diesem Grunde eine weitere Regel: Beim Streiten muss man von der aktuellen Problematik und dem aktuellen Gefühl ausgehen. Sobald uns etwas emotional sehr betrifft, werden unsere Komplexe aktiviert, und wir werden grundsätzlich. Wir sagen dann etwa: »Ich finde, du bist immer sehr aggressiv«, eine pervertierte Ich-Botschaft. Ich spreche zwar von mir, bewerte aber das Verhalten meines Mitmenschen. Dann auch noch »immer«. Ausdrücke wie »immer« und »nie« weisen auf Komplexe hin. Es geht beim Streiten aber zunächst nicht um etwas Generelles, sondern um etwas Aktuelles. Nur machen wir gerne etwas Aktuelles zu etwas Generellem, der Streit scheint uns dann berechtigter zu sein, aber wir verhindern damit, dass wir ein aktuelles Problem aktuell lösen können.

Wenn wir miteinander streiten, dann müssen das Jetzt-Sequenzen sein, also Streit darüber, was uns jetzt ärgert. Es ist unfruchtbar, wenn Menschen darüber streiten wollen, was der Partner oder die Partnerin ihnen vor achtundzwanzig Jahren angetan hat – es sei denn, es sei eine traumatische Erfahrung, die erst jetzt aufgearbeitet werden kann. Es gibt aber Menschen, die einfach nicht vergessen können oder auch nicht vergessen wollen. Sie leiden dann an den Kränkungen durch die Jahre, die sie nicht vergessen können, sie können sie aber auch nicht wirklich angehen, besonders auch deshalb nicht, weil sie ihren Teil der Verantwortung nicht auf sich nehmen können.

Beim Streiten ist immer auch zu fragen, worum es eigentlich geht. Sehr oft hat man eine Auseinandersetzung, die im Grunde genommen eine Deckauseinandersetzung ist, es wird gar nicht das wirkliche Problem behandelt, das wäre offensichtlich zu gefährlich. Deckauseinandersetzungen bringen außer zunehmender verbaler Kompetenz im Schlagabtausch wenig. Der wirkliche, präzis zu beschreibende, aktuelle Ärger muss zum Thema gemacht werden.

Bei Menschen, die wenig kontrolliert streiten, sind Abmachungen sinnvoll, was zu geschehen hat, wenn eines der beiden handgreiflich werden sollte oder zu einem verbalen destruktiven Rundumschlag ansetzt. Gewalt ist ein großes Thema, und Gewalt geschieht zwischen Menschen, bei denen man es nicht vermuten würde. Neigt eines der beiden zu Gewalttätigkeit, ist es sinnvoll, klare Absprachen für diesen Fall zu treffen, etwa: Der Gewalttätige verlässt augenblicklich das Zimmer.

Zum guten Streiten gehört weiter, dass wir akzeptieren, dass der Partner oder die Partnerin auch anders ist und die ganze Sache anders sieht. Es gibt Menschen, die streiten wollen, bis der Partner oder die Partnerin von ihrer eigenen Sicht überzeugt ist. Das ist vollkommen unsinnig, denn Menschen sind verschieden und erleben unterschiedlich. Gerade der Streit zeigt uns, wenn wir wirklich hinsehen, wo unsere Unterschiede sind. Man muss sich dann entscheiden, ob man angesichts dieser Unterschiede weiter miteinander in Beziehung stehen will, oder ob die Unterschiede so gravierend sind, dass man nichts mehr miteinander zu tun haben möchte. Will man weiter etwas miteinander zu tun haben, dann ist die Diskrepanz zwischen den Streitenden beiden bewusst, aber auch aufgehoben in der Idee, dass einem die

Beziehung wichtiger ist als die Unterschiede oder dass man diese Unterschiede sogar nützen kann für die Beziehung. Dass der Partner oder die Partnerin anders ist oder etwas anders sieht, heißt auch nicht, dass er oder sie Unrecht hat. Haben Menschen immer wieder das Gefühl, in ihren Beziehungen Recht zu haben, dann macht das hellhörig. Können Unterschiede stehen gelassen werden, so dass beide auf ihre Weise Recht haben, oder zumindest zu ihrem Recht kommen, nämlich dem Recht, etwas dem eigenen Wesen gemäß zu erleben.

Dass das unterschiedliche Erleben und damit auch die anderen Standpunkte fruchtbar sein können, sieht man besser an den Streitbeziehungen innerhalb des Berufes. Sie können mit jemandem zusammenarbeiten müssen, vielleicht auch in einem Gremium, mit dem oder mit der Sie sich ständig streiten, immer wieder muss man klären, wie denn etwas nun wirklich gemeint ist, und man muss fast pausenlos Grenzbereinigungen vornehmen. Sie sind aber beide davon überzeugt, dass die Sache weitergehen muss. Das können kräfteraubende, lästige und dennoch fruchtbare Situationen sein, auch für die Sache an sich, vorausgesetzt allerdings, dass es nicht zu persönlich wird.

Wie aus einem Ärger ein Streit wird

Ein Beispiel

Ein Paar, beide etwa um die vierzig, teilen sich gerecht in Erwerbs-, Erziehungs- und Hausarbeit. Der Mann erledigt auch die unangenehmen Sachen im Haushalt. Die Frau kann auch eine Steuererklärung ausfüllen. Sie sind stolz darauf, dass sie in einer fairen Weise die gemeinsame Verantwortung für die Familie wahrnehmen.

Der Mann ärgert sich aber darüber, dass, wenn es seine Aufgabe war zu kochen, seine Frau regelmäßig später als ausgemacht nach Hause kommt. Das ist ein Konflikt, über den immer wieder gesprochen wird. Sie hat gute Ausreden: noch ein verspäteter, wichtiger Telefonanruf, oder es ist ihr gerade noch etwas Wichtiges eingefallen, als sie schon unter der Türe war ... Er hört: Alles ist wichtiger, als die Abmachung mit ihm einzuhalten. Sie versteht den Ärger ihres Mannes, verspricht Besserung, aber es ändert sich nichts. Es stellt sich die Frage, ob sie wirklich so wenig organisiert ist, oder ob es sich um eine passive Aggression handelt. Immer zu spät zum Abendessen zu kommen, wäre eine interessante passive Aggression, weil man sich damit auch selber ein wenig bestraft. Mehr aber bestraft man damit den Menschen, der gekocht hat.

Der Mann entwickelt eine Ärgerphantasie. Er möchte ihr gerne Gift ins Essen mischen, ein Gift, das allerdings erst wirksam wird, wenn das Essen aufgewärmt werden muss. Dieses Gift soll ernsthafte Bauchbeschwerden und lang anhaltenden Durchfall verursachen. Er hat aber auch eine weitere Phantasie: »Manchmal denke ich, ich lass sie gar nicht mehr aus dem Haus, und ich steh mit dem Teppichklopfer hinter der Tür.« Jetzt also nicht das übliche Witz-Bild: Mann kommt zu spät nach Hause, Frau wartet mit erhobenem Wallholz hinter der Tür, sondern er steht so hinter der Tür, dass seine Frau nicht hinauskann.

Im Alltagsleben kontrolliert er seinen Ärger wirkungsvoll. Er ist zwar jeweils sehr vorwurfsvoll, wenn sie nach Hause kommt, sagt aber, es mache ihn ganz traurig, wenn sie so schlechtes Essen essen müsse. Sie erwidert darauf, das sei ihre Sache. Dann zieht er sich zurück, beachtet sie nicht mehr, spricht auch nicht mehr.

Da ist ein Konflikt benannt, und man kann jetzt versuchen, zu streiten. Beide fragen sich, wer an dieser »blöden Eskalation« schuld sei. Für ihn ist es klar: die Frau. Käme sie zur richtigen Zeit, gäbe es kein Problem. Sie findet, er sei schuld daran, dass aus diesem banalen

Vorkommnis so eine Geschichte gemacht werde, dass die ganze Stimmung verdorben sei. Angesichts von seinem stummen Vorwurf, seiner Verstimmung («er ist dann so gallig«) hat sie Lust wegzugehen. Wenn sich das nicht verändert, erwägt sie eine Wohnsituation, die getrennter ist. Die Schuld wird hin- und hergeschoben.

Ich frage die Frau danach, was in ihr vorgeht, wenn er sie »vorwurfsvoll nicht beachtet«. Eine interessante Formulierung der Frau: Wie kann man jemanden vorwurfsvoll nicht beachten? Wehrt man Schuldgefühle passiv ab, dann kann man in der Tat jemanden vorwurfsvoll nicht beachten, man kann sogar vorwurfsvoll nicht in einem Raum sein, als Vorwurf ist man dennoch anwesend.

Die beiden wollen sich nun offen miteinander auseinander setzen, es soll einen schönen, produktiven Streit geben.

Sie: »Du beachtest mich nicht, und dann werde ich wahnsinnig wütend. Ich bekomme dann meinen destruktiven Stil bis dahin, dass ich gehen und nicht zurückkommen will. Und dann wirst du handgreiflich.«

Er: »Sprich nicht von Handgreiflichkeiten, das kommt erst viel später. Ich kann deinen unzufriedenen Gesichtsausdruck auch nicht ertragen. Ich denke, jetzt habe ich schon wieder alles falsch gemacht.«

Sie: »Und dann stellt es mir ab.«

Er: »Nein, es hat dir schon viel früher abgestellt. Du würdest gescheiter sagen, was dir nicht passt, als so ein Gesicht machen.«

Sie: »Aber das passt dir auch nicht, wenn ich es sage.«

Er: »Stimmt, ich kann es einfach nicht recht machen.«

Sie: »Ja, ja ich weiß. Dann hast du Schuldgefühle, bist du und muffig und wahnsinnig wütend, aber zeigst es nicht. Und dann muss ich aktiv sein, und dann habe ich eben meinen destruktiven Stil drauf und sag dann, ich geh.«

Er: »Da bin ich ohnmächtig, verzweifelt, da brauche ich Gewalt. Da werde ich handgreiflich. Ich will dir eigentlich nicht wehtun. Aber du hast mir vorher dann schon so wehgetan, dass es nicht mehr darauf ankommt.«

Sie: »Ich bin verletzt. Es ist eine Pleite, dass ich mich so benehme. Ich habe auch Schuldgefühle, aber ich will mich auch rächen. Ich lege dir jeden Artikel über männliche Gewalt auf den Schreibtisch. Hast du das eigentlich gemerkt?«

Er: »Ja, ja, das ist die feine weibliche Art, sich zu rächen, aber es macht mir auch Schuldgefühle. Ich will doch nicht einer diesen brutalen Männer sein. Ich greife dann immer die Frauen an.«

Sie: »Ich weiß dann nie, ob ich es bin oder nicht. Wenn ich sage, ›greif mich nicht an‹, dann sagst du, ›ich habe von den Frauen geredet‹. Wenn ich nichts sage, dann sagst du, ›ich habe dich gemeint‹. Ich sage ihm dann ins Gesicht, ›du brutaler Kerl, du Idiot‹, und in der Phantasie lasse ich mich von einem ganz feingliedrigen Mann abholen. Soll er doch platzen.«

Er: »Ich sperre sie in der Phantasie ein, bis sie bettelt und verspricht, nie wegzugehen.«

Das ist ein wörtliches Protokoll von einem Ausschnitt aus dem Streit. Daran kann man sehen, wie die beiden aufeinander einwirken. Sie drückt die Unzufriedenheit ohne Worte aus. Sie kommt einfach zu spät nach Hause. Und er versteht das als Signal, dass er es ihr nicht recht macht, das heißt, er müsste es eigentlich recht machen, und als Folge wendet er sich dann ab. Beide gehen passiv mit Ärger, Aggressionen und mit Schuldgefühlen um. Als Folge davon steht der Gedanke der Trennung im Raum. Das ist ein ganz wichtiger Punkt: Im Zusammenhang mit Aggression steht fast immer die Trennung auch im Raum. Deshalb ist es so schwierig, über Aggression zu sprechen, weil wir befürchten, dass das in eine Trennung münden könnte. Um Trennung, Grenzsetzung und Veränderung von Grenzen geht es natürlich, aber nicht unbedingt um eine endgültige Trennung. Aber die Angst vor Trennung ist mit der Aggression verkoppelt.

Dieses Paar hat deutlich eine Trennungsproblematik: Sie sagt in ihrer Wut, sie gehe. Sie ist bis jetzt aber noch nie gegangen, die beiden sind schon mindestens sechzehn Jahre beisammen, und sie werden wohl noch weitere sechzehn Jahre beisammen sein. Sie geht nicht, aber sie droht zu gehen. Ihre Schuldgefühle wehrt sie ab durch eine feine Rache und durch eine gewisse Selbstidealisierung, sie findet es gut von sich, dass sie diesen »unmöglichen Kerl« erträgt. Er reagiert auf die in ihm aufkommende Trennungsangst mit brachialer Gewalt; seine Angst ist offenbar so panisch, dass er sich nicht anders zu helfen weiß als mit brachialer Gewalt. Das weckt in ihm dann wieder Schuldgefühle. Er will ja nicht ein Mann sein, der Gewalt anwendet. Diese Schuldgefühle wehrt er wiederum ab, indem er einen anonymen Angriff auf die Frauen startet. Am praktischen Beispiel wird sichtbar: Es gibt eben nicht nur aggressives Abwehren der Schuldgefühle auf der einen Seite, depressives auf der anderen, sondern wir können ohne weiteres beide Formen haben. Jetzt sind »die Frauen« schuld, und seine Frau weiß nicht, ob sie sich getroffen fühlen soll oder nicht. Sie ist aber getroffen und auch hilflos, wehrt sich mit einer globalen Entwertung und ist nun erst recht bereit, ihn gegen einen anderen Mann, einen »feingliedrigeren«, einzutauschen.

Beide spüren, dass ihnen die Beziehung sehr viel bedeutet und dass anderes Verhalten angesagt ist. Die beiden nehmen sich vor, ab jetzt alles ganz anders zu machen. Sie haben auch die Absicht, etwas wieder gutzumachen, und es ist gar nicht so einfach zu wissen, wo anzusetzen. »Alles ganz anders machen« ist zwar ein häufiger Vorsatz, der allerdings das Scheitern schon in sich trägt. Dieser Vorsatz sagt mehr darüber aus, wie sehr gewisse Paare sich überfordern. Bei einem Streit, bei dem es auch um eine Wiedergutmachung geht, muss man sich pragmatisch und bescheiden fragen, was in die Verantwortung genommen werden muss und kann. Dabei müssen oft beide etwas opfern. Die beiden einigen sich: Ihre Drohung wegzugehen, die sie bis jetzt nie wahrgemacht hat, muss ersatzlos gestrichen werden. Und bei ihm muss die Brachialgewalt ersatzlos gestrichen werden. Es wird ausgemacht, dass er auf ihre Drohung wegzugehen, laut rufen soll: »Verboten!« Ist er in Gefahr, brachiale Gewalt einzusetzen, ruft sie: »Staubsaugen!« Diese Codewörter sind aus dem Gespräch erwachsen. So sagte er, er würde seine Kräfte jeweils besser fürs Staubsaugen einsetzen, sie sagte, solche leeren Drohungen sollten eigentlich verboten sein.

In die Verantwortung genommen werden muss wirklich problematisches Verhalten. Ich bitte sie, ihr eigenes problematisches Verhalten zu benennen, das ihnen durch den Streit bewusst wurde. Sie: »Ich mag so einen stummen Vorwurf, wie er es offenbar von mir erlebt, auch nicht.« Er: »Ich mag auch nicht, wenn jemand sich so arrogant abwendet, wenn er verletzt ist.« Es gelingt jetzt den beiden, sich in die Position des Partners oder der Partnerin hineinzuversetzen und auszudrücken, dass sie aus dieser Perspektive ihr eigenes Verhalten auch nicht akzeptieren könnten. Damit wird klar, was im Moment in die Verantwortung genommen werden muss: der stumme Vorwurf und dieses arrogante Sich-Abwenden. Es kommt nichts Weltbewegendes heraus bei einem solchen Streit, aber etwas, das klar zu verändern ist, was in alltägliches Handeln überführt werden und die Paardynamik durchaus verändern kann. Wichtig ist auch noch, dass man sich irgendwann auch versöhnt. Man kann sich natürlich auch ohne Versöhnung streiten. Reklamiert man aber eine faire Streitkultur, und ich bin sicher, dass wir die brauchen, anstelle der »Fertig-mach-Kultur«, die wir schon haben, dann braucht man auch eine Versöhnungskultur. Ich empfehle immer allen Menschen, die streiten wollen, sich zuerst zu überlegen, wie sie sich dann wieder versöhnen. Es gibt Menschen, die den Champagner kalt stellen, bevor sie zu streiten beginnen, andere haben schon jede Menge Pralinen in der Nähe: für die Versöhnung.

Streiten können nur Menschen mit ähnlicher Stärke und einem ähnlich hohen Status. Hat jemand einen sehr viel höheren Status und der andere oder die andere hat einen sehr viel niedrigeren Status, dann wird Streiten sehr bald in Dominieren und Unterwerfen übergehen. Wer den höheren Status hat, beansprucht oft für sich die besseren Argumente, auch wenn das nicht stimmt.

Um streiten zu lernen, müssten wir uns klar darüber sein, dass die Menschen zwar nicht gleich, aber dass sie gleichwertig sind. Streitkultur steht in einem großen sozialpolitischen Zusammenhang. Das heißt nun aber nicht, dass wir warten müssten, bis die Gleichwertigkeit aller Menschen auf dieser Welt anerkannt ist. Darauf können wir noch lange warten. Wir könnten sie in unserem jeweiligen Wirkungskreis, im kleinen Rahmen proklamieren und entsprechend handeln, und falls die Globalisierung wirklich so eine dynamisierende Kraft ist, wie es zu sein scheint, kann vielleicht auch eine solche Entscheidung etwas globalisiert werden. Das ist zumindest eine Hoffnung.

Die Macht der Worte

Streitereien bedienen sich normalerweise der Sprache. Aggressionsäußerungen sind sehr häufig verbal, für ihre Feinheiten müssen wir sensibilisiert werden. Meistens wird die verbale Aggression als weniger gefährlich eingeschätzt als die brachiale. Setzt man die verbale Aggression gegen einen brachialen Kampf, so scheint dieser sehr viel gefährlicher zu sein. Wir reagieren außerordentlich stark, wenn jemand unsere körperliche Integrität durch einen Angriff verletzt. Ich will in keiner Weise die brachiale Gewalt verharmlosen, es geht dabei natürlich auch um das nackte Leben, und deshalb reagieren wir so stark, denn wir haben ja nur dieses eine Leben. Dennoch müssen wir die verbale Aggression in ihrer Destruktivität auch mehr verdächtigen, sie mehr aus der scheinbaren Harmlosigkeit herausholen.

Verbale Aggressionen können mehr oder weniger offen und direkt oder auch mehr verdeckt geäußert werden. Sie sind allgegenwärtig und keineswegs eine moderne Errungenschaft.

Sobald es Menschen gibt, droht ihnen Jahwe: »Von allen Bäumen des Gartens darfst du nach Belieben essen; aber vom Baum der Erkenntnis des Guten und des Bösen darfst du nicht essen; denn sobald du davon issest, musst du des Todes sterben.«[53] Das ist die erste in der Bibel überlieferte verbale Aggression. Bald darauf verflucht Jahwe die Schlange. Das Drohen und Verfluchen steht am Anfang, erst ziemlich viel später findet die brachiale Gewalt zwischen Kain und Abel statt. So ist es übrigens auch bei den Menschen: Vor der brachialen Gewalt liegt sehr oft eine verbale Drohung und vielleicht auch schon verbale Gewalt. Umfassend und unterhaltsam informiert Kiener[54] über diese Form von Gewalt in seinem Buch »Das Wort als Waffe«.

Verbale Geschliffenheit

Wir sticheln, wir platzieren aber auch wohlgesetzte, schneidende Worte. In uneindeutigen, schwierigen Situationen, in denen man nicht weiß, ob man verlieren wird, kann es ein wunderbares Dominanzerlebnis sein, gekonnt und messerscharf eine Situation zu analysieren und gleichzeitig zwei, drei Hiebe auszuteilen, deren Schmerzhaftigkeit erst nach und nach ins Bewusstsein des Empfängers oder der Empfängerin dringt. Oder wir machen einen Kontrahenten oder eine Kontrahentin mit einer schnellen, von Widersprüchen strotzenden Rede ratlos. Das ist verbale Geschliffenheit, die wir nicht wirklich verurteilen, sondern eher genießen. Wortmächtige Leute haben Macht, und Macht kann man immer konstruktiv oder destruktiv gebrauchen.

Aber auch Fragen können aggressiv wirken. Es gibt Situationen, da wirken anscheinend harmlose Fragen wie ein Verhör. Fragen können unsere Grenzen durchaus übertreten. Es ist unterdessen Allgemeingut geworden, dass wir nicht mehr einfach auf Fragen antworten. Aber als gute Schulkinder haben wir einmal gelernt, auf eine Frage, wenn immer möglich, eine Antwort zu geben. Keine Antwort zu geben, ist nicht anständig, aber sinnvoll in gewissen Situationen. Wird eine Frage gestellt, die man als eindringend, als die Persönlichkeitsgrenze überschreitend empfindet, braucht sie nicht beantwortet zu werden. Es ist sinnvoll, zurückzufragen, warum diese Frage gestellt worden ist. Eine Möglichkeit, auf den Ärger, den die Grenzüberschreitung auslöst, zu reagieren. Diese Reaktion löst dann wohl auch wieder etwas Ärger aus. Man kann auch sachlicher zum Ausdruck bringen, dass man diese Frage nicht beantworten will. Auch das wird meistens als Zurückweisung empfunden.

Es muss uns klar sein: Fragen zu stellen, wenn sie nicht dazu dienen, ein Gespräch wirklich in Fluss zu halten und nicht wirkliches Interesse an der anderen Person dahinter steht, kann ein Versuch sein, die befragte Person zu dominieren, sie zu jemandem zu machen, der oder die jetzt Auskunft geben muss, über die Wissen, das bei Bedarf dann benützt wird, gesammelt wird. Dies gilt besonders dann, wenn der eine konstant der Fragende, die andere durchgängig die Befragte bleibt, ein Gespräch also nicht symmetrisch ist. Wir werden ärgerlich, wenn wir durch Fragen in eine Ecke gedrängt werden. Das ist auch ein Thema der Psychotherapie: Es wird immer einmal wieder darüber diskutiert, wie viele Fragen Psychotherapeuten und Psychotherapeutinnen eigentlich stellen dürfen, und wo dieses Fragen zu einer Grenzüberschreitung wird. Natürlich ist hier vor allem die Frage zu beantworten, mit welcher Absicht die Fragen gestellt werden. Dennoch meine ich, es schadet nicht, sich gelegentlich ins Gedächtnis zu rufen, dass Fragen auch aggressiv wirken können und ärgern.

Offene verbale Ärgeräußerungen

Ärgern wir uns, so tun wir das meistens verbal kund, etwa durch monologisches Schimpfen. Wir schimpfen für uns allein, in Abwesenheit des Menschen, dem unser Ärger gilt, und oft an Orten, wo man uns nicht hört. Das ist bekanntlich ungefährlich und für die meisten entlastend. Es kann monologisch auch dann sein, wenn der Mensch, dem es gilt, zwar anwesend ist, aber überhaupt nicht reagiert, also einfach zuhört. Monologisches Schimpfen ist ungerichtet, will in der

Regel keine besondere Veränderung, sondern soll vor allem der Empörung Ausdruck verleihen. Es beinhaltet aber meistens auch eine Bewertung des Menschen, der uns geärgert hat. Je nachdem, wie viel Ärger gerade auch sonst noch ansteht, kann das monologische Schimpfen durchaus einen gewissen Zeitraum einnehmen. Es gibt aber auch Menschen, die sich das monologische Schimpfen versagen.

Monologisches Schimpfen gibt eine emotionelle Entlastung und auch eine Selbstvergewisserung; indem wir laut vor uns hinschimpfen, sind wir. Und das monologische Schimpfen aktiviert uns etwas, bringt uns in Schwung. Hat man zudem gelernt, dass so etwas gut tut, dann tut es auch gut; hat man aber gelernt, dass monologisches Schimpfen sich nicht schickt, dann wird man es nicht tun oder eher in einer ritualisierten, kontrollierten Form. Die Entlastung wird man kaum spüren, vielleicht sogar mit Schuldgefühlen reagieren.

Dann gibt es das dialogische Schimpfen, das Streiten. Wirklich dialogisch schimpfen können nur zwei etwa gleich Starke, die etwa einen gleich hohen Status haben. Und zum Streiten wird eine relativ gute Kreativität gebraucht. Ohne gute Kreativität werden nur immer wieder die gleichen Vorwürfe wiederholt, die gleichen Forderungen gestellt. Das ist langweilig, redundant und verursacht neuen Ärger. Man muss lernen, »schön« zu streiten, damit meine ich auch kreativ zu streiten, das, was einem wichtig ist, immer wieder in einer anderen überraschenden Form auszudrücken. So hat man am ehesten Gewähr, dass es wirklich zu einem Dialog kommt und es sich nicht einfach um Monologe zu zweit handelt.

Schimpfwörter gebrauchen

Beim Schimpfen brauchen wir Schimpfwörter. Diese stammen aus der Schmutz- und der Fäkalsprache, aus dem religiösen und aus dem sexuellen Bereich. Allerdings sind diese Schimpfwörter durch den ständigen kollektiven Gebrauch flach geworden und entwertet und eigentlich ihrer Macht beraubt. Neue Wörter, mit denen man über einige Zeit die Menschen noch erschrecken konnte, werden gewöhnlich. So war das Wort »Scheiße« in den fünfziger Jahren wirklich ungehörig, der Gebrauch wurde vor allem bei Frauen geahndet. Heute geht das Wort vielen Menschen leicht von den Lippen, es ist kein Wort mehr, mit dem man Leute erschrecken kann, es war zu oft im Gebrauch, ist abgegriffen.

Wenn wir Personen schelten, gebrauchen wir interessante Ausdrücke: Gelegentlich sprechen wir von Flaschen, der Mensch wird also beim Schimpfen zu einem Gebrauchsgegenstand. Das kommt auch im dialogischen Streiten vor, dass man dem anderen Menschen sagt, er oder sie sei einfach eine Flasche, eine Niete, eine langweilige Schlafmütze. Menschen werden aber nicht nur verdinglicht, sondern auch in das Tierreich befördert: Hornochse, Esel, Kuh, Kalb usw. sind geläufige Ausdrücke. Oder sie werden in der Nähe von Ausscheidungen und Sexualität angesiedelt: Arschloch, ein dummer Seckel (Schweizerisch vulgär für Penis).

Wenn wir schimpfen und fluchen, brauchen wir Wörter aus dem Tabubereich. Der Tabubereich ist ja normalerweise verdrängt. Lockern wir unsere Kontrolle, dann ist mit der Rückkehr des Verdrängten zu rechnen. Sind wir ärgerlich, dann ist unsere Kontrolle gelockert. Deshalb sagen wir ja auch im Ärger gelegentlich Wahrheiten, die wir für uns behalten würden, wären wir nicht ärgerlich. Aber steckt vielleicht noch mehr als die Rückkehr des Verdrängten dahinter, etwas Geheimnisvolleres? Die Ausdrücke stammen aus dem Tabu-Bereich. Der Tabu-Bereich wird in der Ethnologie als der gefährliche Bereich angesehen, der ausgestattet ist mit Mana-Kraft. Berührt man diesen Bereich, kommt man mit einer großen magischen Kraft in Berührung, die gefährlich ist. Benützen wir diese Ausdrücke aus dem Tabubereich, wollen wir uns wohl heimlich mit deren Mana aufladen, gefährlich werden soll es dann für die anderen. Unbewusst wollen wir so etwas wie Wortmagie betreiben und hoffen insgeheim, dass unsere Wörter einen großen Einfluss haben. Das Fluchen ist nahe beim Verfluchen anzusiedeln, und Verfluchen hat zu tun mit Verwünschen. Verwünschen wiederum meint, dass man eine feindselige oder rachsüchtige Vorstellung, die man hat, mit Wünschen auf Erfüllung verbindet. Gingen diese Wünsche in Erfüllung, dann wäre der andere Mensch verwünscht.

Statt dass man einem Menschen einen Segenswunsch mitgibt, was wir ja auch sehr oft tun, hörbar im Gruße der Berner, wenn sie sagen »Behüt di Gott«, verwünschen wir ihn oder sie. Es ist weitgehend vergessen, dass wir einander mit unseren Grüßen noch Segenswünsche mit auf den Weg geben. Wir benützen diese nur noch formelhaft. Statt eines Segenswunsches kann man nun auch einen Fluch mitgeben.

Das hat nun nicht mehr einfach nur mit Alltagsrealität zu tun, sondern mit einer, wenn auch weitgehend vergessenen Einbindung in etwas Übergreifendes, mit dem Glauben an Segen und Fluch, und, wenn wir das tun, mit einer Identifikation mit einer magisch-omnipotenten Macht. Jahwe flucht und verflucht. In den Märchen verfluchen die Feen. Im Märchen vom Dornröschen ist die dreizehnte Fee so wütend darüber, dass man sie nicht eingeladen hat – eine ganz einfache Kränkung bei nicht sehr hoher Frustrationstoleranz –, dass sie das Kind verflucht: Es soll an seinem 15. Geburtstag sterben. Zum Glück hat die zwölfte Fee ihren Wunsch noch nicht angebracht und kann daher den Fluch abmildern: Nicht der Tod soll Dornröschen ereilen, sondern ein hundertjähriger Schlaf. Ganz außer Kraft setzen kann sie den Fluch nicht, er scheint stärker zu sein als ihr guten Wunsch.

Der Teufel flucht und verflucht auch. Man wird ja in den Ärgerphantasien der anderen Menschen auch selber oft zum Teufel gewünscht. Man selber wünscht den einen oder die andere auch zum Teufel. Auch das ist ein abgewirtschafteter Begriff. Sagen wir »Zum Teufel mit dir«, so löst das nur mehr wenig aus. Wir verbinden keine Furcht erregende Vorstellung mehr damit. Wir gebrauchen Begriffe, die unsere Vorstellungen und unsere Alltagserfahrungen gar nicht mehr abdecken. Wir werden aber weiter diese alten Schimpfwörter brauchen, und wahrscheinlich geht es beim Fluchen darum, dass wir uns in eine omnipotente Grandiosität flüchten. Menschen werden dann besonders grandios, wenn ihr Selbstwertgefühl aus dem Gleichgewicht geraten ist.

Wer des Fluchens und Schimpfens mächtig ist, weiß, dass es dann einsetzt, wenn die normale Selbstregulierung nicht mehr funktioniert, wir uns nicht mehr anders beruhigen können. Das Selbstwertgefühl ist aus dem Gleichgewicht geraten. Das Fluchen soll dieses Selbstwertgefühl wiederum regulieren. Es ist ein Handeln aus Grandiosität in zweifacher Form, zum einen, wie schon erwähnt: Wir wünschen und verwünschen wie ein Gott, eine Fee, ein böser Dämon, mit denen wir uns unbewusst identifizieren. Dadurch mobilisieren wir letzte Kraftreserven in unserer Psyche. Das gibt uns Kraftzuwachs und vermeintlich magische Kräfte. Zum anderen fluchen wir, indem wir den Namen Gottes missbrauchen, damit schmähen wir den Gott, verhöhnen den Gott. Das heißt aber im Grunde genommen, wir machen den Gott oder eine sakrale Instanz dafür verantwortlich, dass es besser sein sollte auf dieser Welt, und wenn es so nicht geht, dann wird er oder sie eben verhöhnt. Und dieses Sich-Erheben über die höchste Macht reguliert unseren Selbstwert auch für eine kurze Zeit.

So ist wohl ein Teil der Wortmagie zu erklären; wir fluchen nicht einfach so vor uns hin. Verfluchen wir einen anderen Menschen wirklich, dann sind wir nicht mehr mit unserem Ich identisch. Wir sind grandios, fühlen uns omnipotent, sind insgeheim identifiziert mit Vorstellungen, die weit über unser Ich hinausgehen.

Es gibt auch in unserer so aufgeklärten Zeit gefürchtete, daher auch sehr wirksame Flüche, etwa Flüche der Sterbenden. Von diesen möchten wir in Ruhe und in Frieden noch einmal gesagt bekommen, dass das, was war, gut oder wenigstens in Ordnung war. Der Fluch eines sterbenden Menschen trifft sehr, von dem möchte man gesegnet werden, auch wenn wir uns das kaum eingestehen würden. Als ganz besonders belastend wird der Fluch der Mutter erlebt. In Therapien ist das immer wieder einmal ein Thema. Man kann sich die Kränkung und die Belastung auch gut vorstellen, denn bei sterbenden oder toten Menschen kann man nichts mehr wieder gutmachen. Unsere ärgerlichen, mit Schuldgefühlen belasteten Interaktionen stehen normalerweise in einer Beziehungsgeschichte, in der es Ärger und Liebe gibt, in einer Geschichte, in der immer auch wieder einmal etwas geklärt werden kann, in der man sich auch wiederum gut versteht. Bei Ärger und Aggression auf dem Totenbett, am meisten aber bei einem Fluch, wird ein Vorwurf festgeschrieben und kann – zumindest in dieser Beziehung – nicht mehr verändert werden. So etwas prägt sich dem Lebensgefühl in einer bedrückenden Weise ein.

Beschämen

Beim Fluchen und beim Schimpfen beschämen wir die anderen Menschen oft – sie geraten durch unser Schimpfen in eine unterlegene Position. Beim Schimpfen oder Fluchen stellen wir andere Menschen aber auch bloß. Auch das wirkt sehr aggressiv. Bloßstellen, das heißt die Blöße zu suchen. Und das kann man auch ohne jedes Schimpfen. Das ist in unserer Gesellschaft gang und gäbe: Bei Politikern und Politikerinnen, bei den Bekannten und den Berühmten wird eine Blöße gesucht und ans Licht gezerrt. Das wird von den Betroffenen als außerordentlich aggressiv empfunden. Es ist selbstverständlich ein Überschreiten der Intimsphäre, der privaten Grenze. Wer aber bloßstellt, bezeichnet sich selbst keinesfalls als besonders aggressiv, sondern meint, er oder sie handle im »öffentlichen Interesse«. Befriedigt wird dabei eher die Neugier. Natürlich interessieren sich Menschen für den Schatten der anderen, vor allem auch, um den eigenen Schatten nicht sehen zu müssen. Diese Schattenthemen, Themen, die durchaus eine Rolle spielen in unserem Leben, zu denen wir aber nicht stehen können, weil sie mit unserem Selbstbild nicht übereinstimmen, kreisen oft um Sexualität, um einen ausschweifenden Lebensstil, um ungeheuren Reichtum, um Unkontrolliertheit usw. Selbstverständlich interessiert das die Leserschaft. Dass damit auch Aggression verbunden ist, wird uns in letzter Zeit immer deutlicher. Aber wessen Aggressivität? Die Leserschaft würde es nicht lesen, würden es die Journalisten und Journalistinnen nicht schreiben, diese würden es aber nicht schreiben, wenn es niemand lesen würde. Im Zusammenhang mit Aggression ist sehr oft niemand verantwortlich. Es geschieht einfach. Und Ärger? Gab es da irgendwann irgend einen Ärger? Oder hat sich diese Form von Aggression einfach verselbständigt?

Bloßstellen kann man Menschen auch, indem man Geheimnisse, die sie einem anvertraut haben, weitergibt, oder wenn Gespräche, von denen man annahm, sie hätten im geschützten Rahmen stattgefunden, aus diesem Rahmen heraus in einen anderen Rahmen gestellt werden, auch das eine Grenzüberschreitung, auf die die Betroffenen mit Ärger reagieren.

Man kann einen Menschen mit Ausdrücken, die nicht aggressiv sind, lächerlich machen und sich damit sehr aggressiv verhalten. Das geschieht gelegentlich in einer Gruppe, wenn zwei oder drei sich entschließen, sich über jemanden lustig zu machen. Der Mensch, der lächerlich gemacht wird, ärgert sich – es ist ein frontaler, unberechtigter Angriff auf das Selbstwertgefühl –, er schämt sich, würde am liebsten in den Boden versinken oder entwickelt Rachegefühle, Ressentiments und darf das alles nicht zeigen, sonst wird er oder sie noch mehr lächerlich gemacht.

Beim Schimpfen, beim Anklagen, beim Beschämen, beim Lächerlichmachen, beim Anprangern geht es um einen Machtkampf. Man idealisiert sich selber, den anderen entwertet man. Diese Selbstidealisierung kann soweit gehen, dass wir uns mit einer göttlichen Macht oder Übermacht identifizieren. Das heißt aber im Grunde genommen, dass es uns unendlich oft im Leben um die Dominanz über den anderen geht. Leider ist es so, dass viele Menschen ein gutes Selbstwertgefühl daraus beziehen, dass sie einen anderen erniedrigen können. Man könnte auch sehr viel aktiver ein gutes Selbstwertgefühl erzielen, indem man eben das tut, was in der eigenen Kraft steht, das tut, woran man Freude hat, das tut, was einen wirklich ausfüllt. Das gibt in der Regel ein gutes Selbstwertgefühl. Das ist aber viel mühsamer, als sich mit Menschen zu umgeben, die man entwerten kann.

Nicht alle diese verbalen Aggressionen kommen aus einem aktuellen Ärger. Einige kommen aus einer habituellen Ärgerhaltung: Weil so vieles nicht so geht, wie man es will, ist man permanent ärgerlich und begeht feindselige Akte, um das eigene Selbstwertgefühl zu stabilisieren, um sich mächtiger zu fühlen.

Indirekte verbale Ärgeräußerungen

Das Gerücht

Wie setzt man ein Gerücht in die Welt? Man formuliert im Zusammenhang mit einem Menschen, mit dem oder der man eine Rechnung offen hat, eine schlimme, potentiell schädigende Vermutung und bringt die einfach einmal unter die Leute, durchaus mit der Betonung darauf, dass man sich über den Sachverhalt auch nicht ganz sicher ist, diesen nur vom Hörensagen kennt oder bloß etwas vermutet. Wer ein Gerücht in die Welt setzt, nimmt sich selten vor, wirklich ein Gerücht in die Welt zu setzen.

Stellen Sie sich einmal vor, Sie haben ein Gerücht über Ihren Nachbarn in die Welt gesetzt. Wahrscheinlich haben Sie sich nicht bewusst vorgenommen, ein Gerücht in die Welt zu setzen, aber sie haben einen alten Ärger mit ihm, der nicht zu bereinigen ist. In einem Gespräch müssen Sie nun auch einmal etwas Interessanes beitragen, Klatsch ist eigentlich immer interessant, und da fällt Ihnen ein, dass Ihr Nachbar in letzter Zeit immer nachts mit dem Auto erst um eins oder um zwei nach Hause kommt, und sie fragen sich laut, was wohl dahinter stecken könnte. Das Thema interessiert, der Nachbar ist bekannt. Ein anderer oder eine andere hat eine weiterführende Idee: Könnte es da in der Ehe kriseln? Das bringt Sie wiederum darauf, dass die beiden beim Einkaufen nicht mehr das Bild der Harmonie abgeben, das sie früher abgegeben haben. Sie formulieren das, nicht ohne zu betonen, dass es

Ihnen fern liegt, etwas Böses zu sagen, und man solle das doch bloß nicht weitererzählen, es sind alles Vermutungen ... Aber eigentlich ist es eine Verleumdung.

Erzählen wir einem Menschen oder vor allem mehreren Menschen etwas unter dem Siegel der Verschwiegenheit, so ist die Wahrscheinlichkeit, dass es weiter erzählt wird, sehr groß. Es gibt Menschen, die vom Gesetz her zum Schweigen verpflichtet sind. Und es gibt Menschen, denen man wirklich etwas anvertrauen kann, denen man sagen kann, das wäre eine persönliche Information und dürfe nicht weiter erzählt werden. Aber grundsätzlich muss man doch davon ausgehen, dass, was man gesagt hat, auch weitergeht, besonders, wenn es interessant ist und von der möglichen Schwäche oder vom Schatten eines anderen Menschen die Rede war. Damit ein Gerücht in die Welt gesetzt wird, muss es für die Zuhörenden und für den Erzählenden wichtig sein. Das hängt wieder mit dem Selbstwertgefühl zusammen: An sich ist es ein verständliches Bedürfnis, dass man in einer Gruppe sich auch einmal darstellen, etwas Interessantes beitragen will. Das ist von unseren »Gesellschaftsspielen« her auch gefordert. Man könnte aber auch von sich selber etwas Interessantes sagen und vielleicht auch etwas von sich preisgeben; gerade davor hütet man sich aber, man spricht über andere, eigentlich über den Schatten von anderen Menschen. Dazu kommt: Hat man eine Rechnung offen, wird man eher ein Gerücht in die Welt stellen. Kommt dieses Gerücht jemandem zu Ohren, der mit dem entsprechenden Menschen wiederum eine Rechnung offen hat, ihn oder sie zum Beispiel beneidet, ohne diesen Neid produktiv zu nützen, dann wird dieses Gerücht sehr begierig aufgenommen werden. Menschen, die habituell solche Gerüchte in die Welt setzen, machen das nur im Beisein von Menschen, von denen sie wissen, dass die eine Rechnung offen haben, denn dann können sie sicher sein, dass das Gerücht weiter ausgesponnen und erzählt wird.

Nun sind die Gerüchte und die Entwicklung der Gerüchte außerordentlich gut erforscht, zum ersten Mal von Allport und Postman 1965 [55]. Man weiß, dass sich ein Gerücht auf dem Weg sehr schnell verändert. Das wird heute auch als Gesellschaftsspiel gespielt: Der erste oder die erste gibt hinter vorgehaltener Hand eine Information zum Besten, diese wandert von einem Menschen zum anderen, und der oder die letzte sagt, was bei ihm oder bei ihr angekommen ist. Die Information am Schluss hat mit der Information am Anfang meistens nur noch wenig gemeinsam. Diese verändert sich so sehr, weil jeder und jede auch eine selektive Wahrnehmung hat und auch selektiv Schwerpunkte setzt. Es ist uns nicht alles gleich wichtig. Dabei spielt auch die eigene aktuelle Lebensproblematik eine große Rolle. Menschen, die sich überlegen, ob sie sich trennen wollen, finden das Thema der Trennung in Informationen häufiger ausgedrückt als Menschen, für die das gerade »kein Thema« ist. Weiter werden die Einzelheiten, die die Aussage relativieren würden, immer mehr verflacht oder einfach weggelassen, weil man eine eindeutige Aussage vorzieht. Am Schluss würde das Gerücht heißen: »Herr X kommt jede Nacht um zwei nach Hause, weil er eine Freundin hat.« Und dann weiß man auch schon, wie das alles weitergehen soll. Und Herr X wird sich dann wundern, wird er auf die bevorstehende Trennung angesprochen, weil er eine Stelle angetreten hat, bei der er bis Mitternacht arbeiten muss, aber nicht die Absicht hat, sich von seiner Frau zu trennen. Es ist aber denkbar, dass er sich nicht nur wundert, sondern dass er sehr ärgerlich und wütend wird, besonders, wenn dann jemand noch anfügt: »Wo Rauch ist, ist auch Feuer.« Er fühlt sich verleumdet – was kann er dagegen tun?

Es ist fast aussichtslos, gegen Gerüchte anzugehen. Geht man gegen sie an, werden sie noch bedeutsamer.

Das Ausstreuen von Gerüchten wird als ausgesprochen feindselig erlebt, als anonymer Angriff auf das Privatleben. Eine wichtige Grenze ist überschritten worden, meistens sind die Gerüchte auch ruf- und selbstwertschädigend. Zudem weiß man nicht, woher sie kommen, es ist kein Urheber, keine Urheberin auszumachen. Sogar die Menschen, die das Gerücht ausgestreut haben, wissen es oft nicht mehr. Es wissen es nur die, die sehr bewusst ein Gerücht ausstreuen, um jemandem wirklich zu schaden, wie es leider in der Politik immer häufiger der Fall ist.

Aber den Menschen, den es trifft, den trifft es schwer. Es ist nicht nur eine Kränkung, ein Gerücht kann ausgesprochen schädigend, es kann eine Art Rufmord sein. Auch wenn es das nicht ist, es verletzt das Gerechtigkeitsgefühl. Es verletzt aber auch das Recht auf eine Intimsphäre: Was geht es eigentlich die Nachbarn an, wann wir nach Hause kommen, und wie kommen sie dazu, solche Schlüsse und dann auch noch solche negativen Schlüsse zu ziehen? Aber wem kann man das wie sagen? Das Opfer eines Gerüchts fühlt sich ohnmächtig, ausgeliefert, ärgert sich, hat seinerseits Ärgerphantasien aber oft auch Gefühle der Resignation, weil das Gefühl vorherrscht, doch nichts dagegen unternehmen zu können. Es gibt allerdings auch einige wenige unter uns Menschen, die auf so etwas kreativ antworten. Die gehen auf diese Leute zu und fragen schlicht und einfach: »Haben Sie sich schon entschieden, ob meine Frau oder ich im Haus wohnen bleiben?« Der Kreativität sind da keine Grenzen gesetzt, aber um so zu reagieren, braucht man ein stabiles Selbstwertgefühl und eine gewisse Gelassenheit angesichts der Gemeinheiten.

Der Klatsch

Die mildere Form des Gerüchts ist der Klatsch. Sie kennen den Klatsch über abwesende Personen: Fakten, Halbwahrheiten, üble Nachrede bunt gemischt. Was geschieht da? Zum einen ist Wissen Macht, wir fühlen uns auch mächtig und besitzend, wenn wir etwas über andere Menschen wissen. Und dann delegieren wir einfach Schattenthemen von uns an andere, über die wir dann sprechen. Dieser Klatsch kommt vor allem dann zustande, wenn man den Ärger und die Aggression in der aktuellen Beziehung ausspart. In vielen Gesprächen spüren wir, dass wir uns ärgern, diesen Ärger aber nicht ausdrücken, um nicht einen Konflikt heraufzubeschwören. Daraus entwickelt sich ein Beziehungsstil: Man schimpft dann zwar, aber immer über die, die gerade nicht anwesend sind. Das heißt, dass man die Aggression in der aktuellen Beziehung ausspart, das heißt aber auch, dass man diese aktuelle Beziehung nicht lebendig sein lässt und die Aggression statt dessen an andere Menschen delegiert und sie dort abhandelt – ohne Folgen für die eigenen Beziehung.

Es kann also zu einer generalisierten Haltung, es kann zu einem Lebensstil werden, den Schatten, das Aufregende außen zu sehen, die Seiten, die man an sich oder in einer Beziehung nicht gut akzeptieren kann, zu projizieren und dort aggressiv zu entlarven und zu besprechen. Ist das zu einem Lebensstil geworden, dann beschäftigt man sich überhaupt nicht mehr mit dem eigenen Ärger und der eigenen Aggression, man beschäftigt sich mit dem Ärger und der Aggression der anderen. Und vor allem kommt man sich dabei ungeheuer gut vor, denn eigentlich fühlt man sich als ein Hüter oder eine Hüterin der Moral. Hüter und Hüterinnen der Moral haben aber in der Regel einen ganz, ganz dicken Schatten, der mit viel Aggression verbunden ist.

Die verbale Aggression ist hintergründig und bedarf

durchaus der Aufmerksamkeit. Es ist nicht einfach so, dass man sich darauf berufen kann, dass Worte, einmal ausgesprochen, nicht mehr vorhanden sind; sie wirken weiter, und die psychischen Wunden können genau so schmerzen wie es körperliche Wunden tun. Worte können wirklich schneiden. Dafür müssen wir die Verantwortung übernehmen.

Unversöhnlichkeit

Bei den meisten Ärgeräußerungen geht es auch darum, das eigene Gefühl der Ohnmacht in ein Gefühl von Macht oder zumindest von Effektivität zu wandeln. Machtstreben, Kontrolle, Manifestation von Omnipotenz und Grandiosität finden wir dort, wo eine große Unsicherheit im Selbstwertgefühl kompensiert werden muss. Wir werden also im Zusammenhang mit Ärger und Wut unser Augenmerk noch mehr auf die Selbstwertthematik richten. Es gibt auch den Ausdruck der »narzisstischen Wut«[56]. Die narzisstische Wut und ihre Funktion kann man an den Unversöhnlichen studieren. Aktive, konstruktive Auseinandersetzung mit Ärger erfolgt über das Streiten. Gutes Streiten mündet in ein Versöhnen, und Versöhnen heißt nicht, dass einfach der eine oder die andere nachgibt, sondern alle Beteiligten kommen etwas zu ihrem Recht und spüren, dass mit der Verletzung verantwortlich umgegangen worden ist. Habermas[57] ist die Idee der »unversehrten Intersubjektivität« sehr wichtig. Er meint damit, dass unsere Probleme wesentlich besser gelöst werden könnten, würden symmetrische Verhältnisse zwischen den Menschen bestehen, wären also alle gleich viel wert und hätten dementsprechend auch ein gleiches Recht, das man reziprok sich gegenseitig zugestehen würde. Das wäre im Zusammenhang mit dem Versöhnen etwas sehr Wichtiges.

Je identischer Menschen sind, je echter, je authentischer, je mehr bei sich selber, je einverstandener auch mit sich selbst, nicht im Sinn von Selbstgefälligkeit, sondern im Sinne des sich selber Akzeptierens, im Wissen um eigene Kanten und Ecken, auch im Wissen darum, dass man sich immer noch verändern wird, je kohärenter also der Ichkomplex, um so besser können sie sich auch versöhnen. Mit einem gesunden Narzissmus ist man versöhnter mit sich selbst und kann sich auch besser versöhnen mit anderen. Solche Menschen können sich schon grundsätzlich leichter mit Kränkungen einverstanden erklären und gehen bereits davon aus, dass es im Laufe eines Lebens einfach Kränkungen gibt. Sie können auch sehen und damit einverstanden sein, dass sie selber auch etwas zu diesen Kränkungen beitragen. Damit ist der Weg zu einer unversehrten Intersubjektivität eigentlich offen. Man kann herausfinden, was an einem selber liegt, was am anderen liegt und was man verändern, was man wieder gutmachen, was man bestehen lassen kann, wie Gerechtigkeit in etwa wieder hergestellt werden kann. Je weniger kohärent der Ichkomplex, je problematischer das Selbstwertgefühl ist, um so weniger versöhnt man mit sich ist, um so weniger wird man sich um eine unversehrte Intersubjektivität kümmern. Man wird den anderen Menschen dominieren wollen, um selber nicht unterzugehen.

Dann gibt es Menschen, die den Unterschied zwischen den Menschen nicht gelten lassen können oder wollen. Der andere oder die andere soll sich angleichen. Auch das ist keine freie, reziproke Anerkennung, sondern der andere Mensch soll allein die Angleichungsleistung bringen, tut er das nicht, so ist das ein Unrecht und man bleibt »zu Recht« unversöhnlich. Andere, die Unrecht auf Jahrzehnte hinaus aufrechnen können, sind solche, die narzisstisch bedürftig sind. Es sind Menschen, die ein sehr großes Bedürfnis haben, beachtet, gesehen, geliebt zu werden. Natürlich ist dieses Bedürfnis menschlich; werden wir aber einmal einen halben Tag nicht beachtet, nicht gesehen, nicht geliebt, dann wird das in der Regel nichts ausmachen; erst wenn dieser Zustand lange anhält, wird man auf Abhilfe sinnen. Menschen mit einer ausgeprägten narzisstischen Problematik achten ständig darauf, ob sie beachtet, gesehen, geliebt werden. Sie sind überempfindlich gegenüber der Einschätzung ihrer Person durch die anderen. Sie sind aber abhängig von dieser äußeren Aufwertung oder zumindest großen Wertschätzung, weil sie sich selber insgeheim nicht beachtet, nicht gesehen, nicht geliebt fühlen und sich selber dieses Gefühl des Einverstandensein mit sich selber auch nicht geben können. Bekommen sie die Anerkennung von außen nicht oder nicht in der Form, die sie sich vorgestellt haben, dann fühlen sie sich leer, unzufrieden und werden aggressiv.

Menschen mit einer ausgeprägten narzisstischen Problematik erhoffen sich von einer Beziehung sehr viel: dass sie genau das bekommen, was sie sich selber nicht geben können. Sie können dann sehr unversöhnlich sein, wenn sie Angst haben, dass diese Beziehung in die Brüche geht oder wenn immer unabweisbarer wird, dass diese Beziehung nie das bringen wird, was sie eigentlich bringen sollte. In ihrem Gefühl des Bedrohtseins werden sie noch unversöhnlicher, und mit ihrer Unversöhnlichkeit wollen sie die gute Atmosphäre wieder herbeizwingen. Von außen gesehen ist es vollkommen klar, dass das nicht funktionieren kann, es ist ein Schrei nach Nähe, der sich in dieser Unversöhnlichkeit zeigt. Denn dahinter steckt eine große Angst, verlassen zu werden, verlassen zu sein.

Die narzisstische Persönlichkeitsstörung

»Narzissmus« ist noch immer ein diagnostischer Alleskleber, da alles, was stört, auch etwas mit unserem Selbstkonzept zu tun hat und mehr oder weniger narzisstisch ist. Trotzdem will ich versuchen, die so genannte narzisstische Störung zu beschreiben. Ein wichtiger Aspekt ist, wie schon angedeutet, dass die Selbstakzeptanz, die Selbstachtung, das Interesse für sich selber nicht einfach vorhanden ist. Wenn man nicht interessant ist, muss man sich interessant machen. Ein solches Defizit wird durch eine gewisse Großartigkeit in der Haltung oder in der Erwartung, in der Phantasie, kompensiert. Erfolgen Einbrüche in diesen Selbstwert, etwa durch Verluste oder Kränkungen, kann der Selbstwert nicht mehr selber reguliert werden,[58] sondern diese Regulierung wird von außen, von den anderen Menschen erwartet; und erfolgt sie nicht, antwortet man mit Wut. Nun kann niemand die ganze Selbstakzeptanz, Selbstachtung und das Interesse für sich und für die Welt nur aus sich selbst generieren, sie entstehen in einem interaktiven Prozess zwischen dem Ich und den anderen. Aber es ist natürlich ein Unterschied, ob man darauf angewiesen ist, dass andere Menschen einen sehen, oder ob man absolut darauf angewiesen ist. Das heißt also, eine narzisstische Störung ist eine Störung im Bereich des Selbstwertgefühls, es ist eine Störung im Bereich des Identitätserlebens und des Selbstkonzepts, in dem Sinne, dass aus der normalen Interaktion mit anderen Menschen zu wenig Bestätigung des Selbstwerts und der Identität kommt oder aufgenommen werden kann. Meistens sind quälende Neidgefühle auszumachen[59]. Es fehlt diesen Menschen in der Regel die Einfühlung in andere, es fehlt Humor, es fehlt Weisheit, es fehlt die kreative Distanz zu sich selber. Man ist die ganze Zeit zu sehr mit sich selber beschäftigt. Humor und Weisheit aber brauchen eine gewisse Distanz zu sich selbst; aus der Distanz kann man auch einmal über sich lachen. Aber gerade das kann man nicht, wenn man gar nicht weiß, wer man eigentlich ist. Beziehungen sind dann oft nicht tragfähig, in der Sprache der Bindungstheorie spricht man von unsicher oder vermeidend Gebundenen, das heißt, es sind Menschen, die einer Beziehung nicht trauen. Und wenn man sagt, es sind unsicher Gebundene, dann weiß man daraufhin auch, dass das eine sehr frühe Störung ist, denn Säuglinge binden sich sofort nach der Geburt an eine Beziehungsperson. Wenn da die Interaktion zwischen Bindungsperson und Kind schlecht ist, weil man da zu wenig gesehen wird, einem da zu wenig Interesse und Wärme entgegengebracht werden, oder brechen Beziehungen immer wieder ab, dann kann sich keine sichere Bindung entwickeln. Aber auch wenn Eltern einem keinen Raum lassen und man ständig fliehen muss, kann man sich nicht sicher binden.

Das Beschwerdebild einer narzisstischen Störung ist weit gefächert. Im Vordergrund steht eine tiefe, anhaltende Verunsicherung im Gefühl des Selbstwerts. Jeder Mensch erlebt immer einmal eine Verunsicherung im Bereich des Selbstwerts, hat aber auch Verhaltensweisen und Ressourcen, auf die er zurückgreifen kann und die den Selbstwert wieder regulieren. Bei einer narzisstischen Störung wirkt die Verunsicherung mehr und regulierende Möglichkeiten gibt es weniger. In diesem Zusammenhang wird immer wieder von Gefühlen von Leere und Depression gesprochen. Ich bin der Ansicht, dass diese Leere viel mit verdrängter Wut zu tun hat, mit dem Mangel an Interesse an sich und an der Welt und der daraus sich ergebenden Eintönigkeit in der Beziehung.

Psychodynamisch spricht man in schweren Fällen von einer frühkindlichen Fixierung im Größenselbst, das heißt diese Menschen haben ein sie überforderndes Selbstkonzept, sie müssen sehr besonders sein, ganz wunderbar, daher rührt eine gewisse Großartigkeit, die sich auch in der Größe des Leidens ausdrücken kann. Dieses Selbstkonzept bringt es mit sich, dass das Leben sie ständig enttäuscht, weil ihre Größe eben nicht gesehen wird. Es gibt aber immer wieder einmal – auch in der Politik gibt es das – Menschen, die von sich dermaßen überzeugt sind, ohne allzu viel zu können und zu wissen, dass man sich einfach von ihnen blenden und verführen lässt, zum Beispiel Hitler. Aber normalerweise ist es so, dass narzisstische Menschen sich selbst als sehr beeindruckend sehen und darunter leiden, dass die Welt ihre Größe einfach nicht so richtig wahrnimmt. Infolgedessen sind sie dann immer enttäuscht. Wir sprechen dann etwa von den Prinzessinnen und den Prinzen auf der Erbse. Aber auch die Königin im Schneewittchen ist ein Modell für die Identifikation mit einer Größenidee: Sie ist die Schönste, sie muss aber auch die absolut Schönste bleiben, und als sie nicht mehr die Schönste ist, zerreißt es sie fast vor Wut und Neid. Die Königin im Schneewittchen illustriert eine schwere narzisstische Störung. Ihre zwingende Grandiosität bringt eine große Kränkbarkeit mit sich, und aufgrund der Kränkung wird sie neidisch und fast besinnungslos vor narzisstischer Wut.

Narzisstische Wut oder Trennungsangst

In der Jungschen Psychologie bringt man diese Störungen mit einem ursprünglich negativen Mutterkomplex[60] in Verbindung; »ursprünglich« deshalb, weil die Prägesituation beschrieben wird und die möglichen Entwicklungen offen gelassen werden. Dieser ursprünglich negative Mutterkomplex bewirkt, dass man sich als schlechter Mensch in einer schlechten Welt fühlt und die Überzeugung hat, keine Daseinsberechtigung zu haben, sondern ständig um diese kämpfen zu müssen. Ein ursprünglich negativer Mutterkomplex entsteht vor allem dann, wenn im Mutterraum zu Beginn des Lebens Liebe, Geborgenheit, Nahrung, Schutz, Interesse und Beachtung und damit auch zufrieden stellende Kommunikation nicht in ausreichendem Maße gewährleistet waren. Das kann damit zusammenhängen, dass Beziehungspersonen und das Kind nicht zusammenpassen, es kann damit zusammenhängen, dass die Eltern selber unter einem ursprünglich negativen Mutterkomplex leiden, der bei der Geburt eines Kindes besonders reaktiviert wird. Ein ursprünglich negativer Mutterkomplex kann aber auch im Zusammenhang mit schwierigen körperlichen Problemen zu Beginn des Lebens entstehen.

Balint spricht in diesem Zusammenhang von einer Grundstörung. Er sieht die Beziehung zwischen Eltern und Kind als Interdependenz, beide haben etwas von der Beziehung, beide genießen die Beziehung.[61] Passt das Kind nicht mit den Eltern zusammen, kann es dadurch das Gefühl bekommen, grundsätzlich nicht in Ordnung zu sein. Dieses Lebensgefühl, grundsätzlich nicht in Ordnung zu sein, begleitet einen solchen Menschen und bringt als eine Reaktion die narzisstische Wut hervor, die der Situation unangemessen, also maßlos ist und sich oft auch in Rachegedanken äußert. Die narzisstische Wut kann sich aber auch in Wutphantasien äußern, die zurückgehalten werden, oder aber auch in unverhüllten Angriffen. Da kann jemand plötzlich das ganze Mobiliar eines Zimmers zertrümmern.

Die narzisstische Wut wird von Bowlby[62] mit Trennungsangst und Trennungserfahrungen in Verbindung gebracht. Für ihn sind die narzisstische Wut und die Unversöhnlichkeit Schreie nach Nähe. Bowlby ist einer der ersten Bindungstheoretiker; er hat in den sechziger und siebziger Jahren vor allem die Folgen von Trennungen untersucht. Dabei stellte er fest, dass bei Kindern, die von den Eltern getrennt waren, zum Beispiel in Ferienlagern oder in Erholungsstätten, wesentlich mehr aggressive Spielinhalte auszumachen waren als bei Kindern, die bei ihren Eltern blieben. Kamen die Kinder wieder zu ihren Eltern zurück, war innerhalb von sechs Monaten alles wieder in Ordnung; sie unterschieden sich in ihrem Spiel nicht mehr von den Kindern, die zu Hause geblieben waren. Von diesen Ergebnissen ausgehend hat Bowlby eine sehr interessante Theorie der Wut aufgestellt: Wut steht im Zusammenhang mit Trennung und hat zwei Funktionen: Das Ausdrücken der Wut soll die Trennung rückgängig machen und den Menschen daran hindern, sich in Zukunft wieder zu trennen. Die erste Funktion der Wut wäre also die, das aktuelle Hindernis zu beseitigen, eine ganz normale Funktion von Ärger und Wut. Die zweite Funktion: Wut soll die Bindung in der Zukunft garantieren. Wut steht also im Dienste der Bindung oder im Dienste der Abwehr von Trennungen. Dauert eine Trennung aber an, zum Beispiel beim Verlust eines Menschen, an den man gebunden ist, also bei Tod usw., dann verliert die Wut ihre Funktion, sie wird dysfunktional, sie richtet sich gegen den Abwesenden oder gegen den Verstorbenen, aber auch gegen Mitmenschen, die diese Trennung eigentlich hätten verhindern müssen. Mit der Wut verbunden, so Bowlby, ist aber immer noch die Hoffnung auf Wiedergewinnung der Bindung, die verloren gegangen ist. Was Bowlby hier von Kindern sagt, kann man auch bei Erwachsenen feststellen. Auch bei Erwachsenen spielt im Trauerprozess die Wut eine große Rolle. Natürlich ist es in erster Linie die Wut über die aufgezwungene Trennung. Das Fortdauern der Wut weist aber darauf hin, dass mit ihr darüber hinaus noch etwas intendiert ist, und es könnte sein, dass auch mit der Wut der Erwachsenen die verborgene, illusionäre Hoffnung auf Wiederkehr des verstorbenen Menschen verbunden ist. Vor allem aber verhindert die Wut im Trauerprozess die Depression. Die dysfunktionale Wut ist allerdings auch dann auszumachen, wenn der Partner oder die Partnerin sich bereits entschlossen hat, sich zu trennen.

Aufgrund der Ideen von Bowlby wird noch einmal deutlich: Wut hat eben nicht nur etwas mit Trennen und Abgrenzen zu tun, sondern auch damit, Abgrenzungen und Trennungen zu überwinden. In beiden Fällen hat Wut etwas mit Bindung zu tun: bei der Abgrenzung im Sinne der Voraussetzung von Bindung, bei der Wut über eine Trennung im direkten Versuch, Bindung wieder herzustellen. Die dysfunktionale Wut hingegen leistet das gerade nicht; man ist anhaltend wütend auf einen anderen Menschen, der oder die allenfalls schon auf dem Absprung ist, und dadurch wird die Bindung geschwächt und nicht gestärkt. Infolgedessen wird man sich gegenseitig immer mehr entfremden, man wird immer ärgerlicher, man muss zu irgend welchen zusätzlichen Mitteln greifen, man wird unversöhnlich und rächt sich, bis dahin, dass sich eine richtige Rachsucht entwickelt.

Auch heutige Bindungstheoretiker und Bindungstheoretikerinnen zeigen in Experimenten auf, dass sich sicher gebundene Kindern von der Beziehungsperson leichter vorübergehend trennen können und bei deren Rückkehr auch selber bestimmen, wie lange sie in den Arme genommen werden wollen, damit sie wieder ruhig sind.[63]

Bei erwachsenen Menschen, die unsicher gebunden sind, wird nun durch Trennungen sehr viel mehr Wut ausgelöst als bei sicher Gebundenen. Dabei kann es sich um reale Trennungen oder drohende Trennungen handeln. Droht ein Mensch immer wieder damit, dass er oder sie sich jetzt dann trennen wird, so wird das von unsicher Gebundenen erlebt, als ginge dieser Mensch auch tatsächlich, die Wut wird immer größer und kann sich bis zu einem mörderischen Hass entwickeln. Eigentlich ginge es darum, die Verlassenheitsangst wahrzunehmen, aber diese wird verdrängt; nur noch die ungeheure Wut ist da.

Folgt man Bowlby, dann geht es bei der narzisstischen Wut vor allem um die Abwehr von Verlustangst und Trennungsangst bei Menschen mit einer unsicheren Bindung. Zur Erklärung einer narzisstischen Störung hatten wir auch die Idee der Fixierung in der Grandiosität oder die Hypothese einer Grundstörung, die Hypothese von einem ursprünglich negativen Mutterkomplex, und die Idee von einer unsicheren, vermeidenden oder ambivalenten Bindung und der daraus folgenden Trennungsangst und Trennungswut.

Obwohl hier ganz verschiedene theoretische Systeme zur Erklärung der narzisstischen Störung beigezogen sind, kann man sie sowohl theoretisch als auch therapeutisch gut miteinander vernetzen. Bei einem ursprünglich negativen Mutterkomplex mit dem vorherrschenden Gefühl, eigentlich keine Daseinsberechtigung zu haben und viel tun zu müssen, um sich eine solche zu erarbeiten, kann man natürlich auch von einer Grundstörung sprechen, und damit zusammenhängend sind Bindungen nicht sicher, sondern von Misstrauen geprägt und verbunden mit der Angst, auch noch zu verlieren, was man hat, also verbunden mit einer ausgeprägten potentiellen Verlassenheitsangst. Diese wiederum wird oft mit Grandiosität maskiert.

Nehmen wir diese Erklärungen ernst, dann bedeutet das für die Therapie, dass die so genannte narzisstische Wut nicht ausagiert werden muss. Menschen mit einer narzisstischen Wut haben in der Regel große Angst davor, was geschehen könnte, würden sie einmal diese Wut ausdrücken, und diese Angst teilt sich auch den Therapeuten und Therapeutinnen mit. Der zu erwartende narzisstische Wutausbruch steht gelegentlich wie eine drohende Wolke über therapeutischen Beziehungen. Ebenso die Überzeugung, diese Wut müsse ausagiert werden, soll eine Besserung eintreten. Es ist sonderbar, dass gerade in diesem Zusammenhang die Idee der Katharsis beinahe unreflektiert übernommen wird, ohne an die Folgen zu denken, an die Scham. Wer so einen richtig narzisstischen Wutanfall hat, schämt sich hinterher, und die Schamgefühle beeinträchtigen wiederum das Selbstwertgefühl, das gibt neuen Ärger, und die Bindung ist wahrscheinlich auch nicht besser geworden durch das Ausdrücken der Wut – das Ausagieren bringt also nichts. Ist dieses Bedürfnis dennoch vorhanden, könnte man sich eine kreative Therapie vorstellen, etwa die narzisstische Wut in mehreren aufeinander folgenden Bildern darzustellen. Dann wäre die Wut ausgedrückt, ohne dass die »Fassung« verloren geht, denn die Bilder geben der vielleicht mörderischen Emotion eine Form.[64] Es geht weniger darum, wie man mit der narzisstischen Wut umgeht, als wie man dahinter kommt, was sie meint und was sie will. Nimmt man alle diese Theorien ernst, und man könnte noch viele beifügen, dann wird deutlich, dass man die Verlassenheitsangst und die Trennungsangst zulassen und angehen muss und ebenso die Vernichtungsangst und die Angst, dass man niemandem trauen kann. Äußert sich ein Ansatz von einem narzisstischen Wutausbruch in der Therapie, dann muss die Trennungsthematik oder die Verlassenheitsthematik aufgenommen werden, auf die hin dieser Ausbruch erfolgte. Etwa: »Das muss ein sehr unangenehmes Lebensfühl sein, wenn man sich auf niemanden verlassen kann.« Damit ist auch die Enttäuschung am Therapeuten oder an der Therapeutin aufgenommen, die wohl den Wutausbruch ausgelöst hat, und gleichzeitig weist man auch darauf hin, dass es sich hier um ein Lebensthema handelt, das sich in der therapeutischen Beziehung auch zeigt. Es wird mit einer solchen Intervention nicht nur Verständnis signalisiert, sondern auch auf andere als die Wutgefühle hingewiesen.

Das heißt, man muss die Angst hinter der Wut verstehen, auch wenn ein Wutausbruch stattfindet. Diese Wutausbrüche, wenn sie sich denn ereignen, können sehr heftig sein. Sie sind aber lebensgeschichtlich und nicht persönlich zu verstehen, auch wenn der Therapeut oder die Therapeutin gelegentlich ein bisschen mitzittert. Es ist wichtig, sich davon nicht zerstören zu lassen in dem Sinne, dass man diesen Wutausbruch auf sich selber bezieht oder denkt, die Therapie zeige überhaupt keine Wirkung. Wenn man sich nicht davon zerstören lässt, dann kann langsam Vertrauen in die Beziehung gewonnen werden, eine sicherere Bindung kann erlernt werden.

Man braucht nun aber nicht davon auszugehen, dass so viele Menschen durch ihre Eltern so grundsätzlich verlassen worden sind. Das Thema der Verlassenheit und der Einsamkeit des Menschen ist ein archetypisches Thema, ein typisch menschliches Thema, und deshalb ist das Zusammengehörigkeitsgefühl für den Menschen auch so wichtig. Natürlich gibt es Kinder, denen man nicht erlaubt hat, sich ihrem Wesen gemäß sicher zu binden. Es ist aber auch zu beachten: Niemand ist durch und durch narzisstisch gestört, und es ist auch niemand durch und durch narzisstisch ungestört; wir alle haben psychische Bereiche, in denen diese narzisstischen Störungen auszumachen sind, und andere Bereiche, in denen sie nicht zu finden sind. Die Frage ist nur, wie viele Bereiche davon betroffen sind. Es gibt bei jedem Menschen Themen, die Verlassenheitsangst und Verlassenheitswut auslösen; das sind narzisstische Inseln, da sind wir dann eben verletzlich, verletzbar und in Gefahr, andere zu verletzen. Wenn uns eine Wut überkommt, die wir als fundamental, radikal oder »archaisch« empfinden, müsste man sich nach der Angst verlassen zu werden fragen und warum Verlassenwerden mit Vernichtetwerden gekoppelt wird. Das muss nicht notwendigerweise zusammen gesehen werden.

Nun gibt es auch Gründe für narzisstische Wut, Unversöhnlichkeit und eine gesteigerte Feindseligkeitsbereitschaft, die man eher in der Umwelt und in der äußeren Lebenssituation sehen kann. Man hat festgestellt[65], dass Menschen, die in der Kindheit lang andauernden Behauptungssituationen ausgesetzt waren, die sich zum Beispiel gegen starke Geschwister behaupten mussten, und das in einem System, wo es fast ausschließlich um Unterordnen oder Gewinnen ging, wo also auch sehr viel Rivalität herrschte, sich rasch beeinträchtigt fühlten und sich nicht leicht versöhnten. Langandauernde Erfahrungen von Hunger, Kälte und physischer Bedrohung machen grundsätzlich auch aggressiver. Dann aber auch eine feindselige Nachbarschaft, ein schlechter Ruf, ungerecht Behandeltwerden. Randgruppen sind in der Regel aggressiver, und sie wecken auch unsere Aggression, das gilt nun natürlich nicht nur für die Kindheit und die Jugend, sondern auch für das Erwachsenenalter.

Vom konstruktiven Umgang mit Ärger und Aggression

Nachdem bisher viele Anlässe und Äußerungen von Ärger und Aggression aufgezeigt worden sind, können wir zusammenfassend fragen, wie man konstruktiv mit Ärger und Aggression umgehen könnte. Jeder Aspekt von Ärger und Aggression zeigt einen Sinn und birgt auch einen Hinweis darauf, wie man konstruktiver damit umgehen kann.

Der Umgang mit Ärger und Aggression hängt auch deutlich mit dem gesellschaftlichen Umfeld zusammen: Es wäre einfacher, mit Ärger und Aggression konstruktiv umzugehen, würde man in der Gesellschaft das Prinzip der unversehrten Intersubjektivität achten, würden wir uns verpflichtend darauf einigen, dass Menschen grundsätzlich gleichwertig sind. Damit müsste auch das selbstverständliche Denken in Aggressor- und Opferrollen aufhören. Da, wo wir uns selber in solchen Rollen befinden, müssten wir immer wieder versuchen, statt dessen in die Rolle eines Gestalters oder einer Gestalterin zu gehen.[66]

Den Sinn der Ärgers anerkennen

Was die Selbsterhaltung und die Selbstentfaltung, und zwar körperlich, psychisch und sozial, stört oder beeinträchtigt, also minimiert, das löst unter anderem Ärger und Wut aus, besonders dann, wenn man die Störung oder die Beeinträchtigung als böswillig oder mutwillig erkennt, und auch dann, wenn die Beziehung zu dem Menschen, der oder die den Ärger auslöst, oder die betreffende Situation uns besonders wichtig sind. Unser Ärger ist größer, wenn eine Situation wenig beeinflussbar ist, wir uns ausgeliefert fühlen. Es ärgern uns natürlich nicht nur die Menschen, sondern auch Situationen können ärgern. Eine große Ärgerquelle zum Beispiel ist Lärm oder eine Beleidigung unseres ästhetischen Empfindens, etwa wenn an der Stelle einer wunderbaren Meersicht plötzlich ein hässliches Haus steht.

Der Ärger energetisiert uns und macht uns mehr oder weniger dringlich darauf aufmerksam, dass etwas in unserer Selbstentfaltung oder in unserer Selbsterhaltung in Beziehung zu anderen Menschen und zur Welt nicht mehr stimmt, dass wir unsere Grenzen neu definieren oder anderes mit ihnen umgehen müssen. Das bedeutet aber auch, dass der Ärger unabdingbar zum Menschsein gehört, bei dem es immer um Selbstbehauptung und um ein Aufgehobensein in einem Wir geht.

Wenn wir uns ärgern, dann sind Fragen der Selbsterhaltung, der Grenzen, des Angenommenseins von anderen Menschen, der Bindung, des gegenseitigen Respekts und der Gerechtigkeit angesprochen; all diese Themen können und müssen neu bedacht, eine neue Einstellung zwischen dem Ich und dem uns ärgernden Anderen muss gefunden werden, im Idealfall eine Einstellung, die beiden gerecht wird, was aber nicht immer möglich ist. Diese Einstellungsveränderungen aufgrund von Ärger vollziehen wir oft auch von uns fast unbemerkt:

Verlangt ein anderer Mensch immer zu viel von Ihnen, werden Sie sich eines Tages ärgern, dann nämlich, wenn Ihr Einsatz und das, was Sie dafür bekommen, nicht mehr in einem guten Verhältnis stehen, und Sie sich fragen: »Warum eigentlich immer ich?« Der Ärger hilft, dass Sie sich besser von den Wünschen eines anderen Menschen abgrenzen können. Damit werden Sie sich selbst besser gerecht, der Mensch, der es gewohnt ist, dass Sie seine oder ihre Wünsche erfüllen, wird seinerseits ärgerlich werden, und, erkennt er den Sinn des Ärgers, auch bei sich eine neue Grenzsetzung vornehmen, allerdings eine ihn einschränkende.

So ist der Ärger eigentlich immer der Anreiz zur Reflexion bestehender Beziehungen und bestehender Gewohnheiten, auch der eigenen, ein Anreiz etwa, was nicht in Ordnung ist, wieder in Ordnung zu bringen, Konflikte anzusprechen und Konflikte zu bereinigen, das heißt auch, sich selber und Beziehungen neu zu definieren, Nähe und Distanz neu zu bestimmen.

Nicht zu vergessen: Ärger belebt. Wenn Ärger und Aggression gehemmt werden, nehmen wir uns ein Stück Lebendigkeit weg. Deshalb ist es auch sehr wichtig, dass wir uns nicht erlauben, nur zu nörgeln. Wenn wir nörgeln, dann sind wir zwar etwas verärgert, aber wir lassen den Ärger nicht wirklich zu, und infolgedessen werden wir auch nichts verändern, wir sind nur immer etwas ärgerlich verstimmt. Nörgeln ist destruktiv und blockiert uns. Wir müssen lernen, uns entweder mit einer Sache einverstanden zu erklären, oder kundig unzufrieden zu sein, so dass wir den Ärger wirklich nützen können, um Situationen zu verändern.

Will man konstruktiv mit Ärger und Aggression umgehen, so gilt es, nicht nur das Lästige am Ärger zu sehen, auch wenn er sehr lästig sein kann, nicht nur das Destruktive zu sehen, das mit ihm in Zusammenhang stehen kann, sondern den Impuls, mit sich und mit den anderen neu und verantwortlich umzugehen. Dass bei destruktivem Umgang mit Ärger sehr viele Probleme enstehen können ist der Grund, weshalb wir aufgerufen sind, konstruktiv mit dieser Emotion, die im Zusammenleben so zentral wichtig ist, umzugehen.

Ärger und Aggression enttarnen

Wir haben viele Formen von Ärger gesehen, die wir im Alltag gar nicht als Ärger wahrnehmen und die dennoch Ärgererfahrungen und Ärgeräußerungen sind und viele unangenehme Reaktionen und Interaktionen, vor allem auch Eskalationen von Ärger und Aggression mit sich bringen.

Ich erinnere noch einmal an die passive Aggression. Menschen, die passiv aggressiv sind, halten nicht sich selbst sondern die anderen für aggressiv; ihr Verhalten beziehungsweise Nichtverhalten wirkt aber sehr feindselig.

Enttarnt werden muss auch die verbale Aggression. Wer von sich überzeugt ist, verbal nicht aggressiv zu sein, möge doch einmal zwei Stunden lang alle seine Gespräche auf Band aufnehmen und dann – am besten mit anderen Menschen zusammen – diese prüfen. Sie werden erstaunt sein über den feindseligen Ton, der gelegentlich zu hören ist, über die gekonnten Sticheleien, über schneidende Analysen usw. Sie werden eine wichtige Ergänzung Ihres Selbstbildes erleben.

Enttarnt werden muss auch die Autoaggression. Autoaggression ist nicht edel; alle Vorwürfe gegen sich selber zu wenden, ist nicht edel, sondern ungesund. Sie müssen aufhören, sich selber fertig zu machen, auch wenn es gelegentlich einfach sein mag, weil Sie dann keine konstruktive Leistung bringen müssen, nach dem Motto: lieber ein grandioses Opfer, als etwas gestalten!

Wird der Vorgang des Enttarnens ernsthaft und mit einiger Ausdauer durchgeführt, wird man bestürzt und traurig werden über die eigene Destruktivität. Die Trauer über die eigene Destruktivität motiviert zur Veränderung und ermöglicht es uns, diese nicht einfach bei den anderen Menschen zu sehen, sie also zu projizieren. Man muss betroffen sein, man muss selber spüren, wie destruktiv man ohne große Absicht sein kann. Erschrecken wir nicht über unsere eigene Destruktivität, dann hassen wir die Destruktivität irgendwo draußen.

Die Verantwortung für das Selbstwertgefühl

Ärger und daraus sich entwickelnde Feindseligkeit stehen in engem Zusammenhang mit unserem Selbstwertgefühl und unserer Identität. Viel Ärger entsteht dadurch, dass ein Angriff auf unsere Identität erfolgt, dass wir uns als Personen nicht respektiert fühlen. Können wir Verantwortung für unser Selbstwertgefühl und unsere Identitätsentwicklung übernehmen? Was kann ein Mensch dafür, wenn er oder sie nicht mit den Eltern zusammenpasst? Was kann ein Mensch dafür, wenn er oder sie Eltern hatte, die sich einfach nicht für das Kind interessierten? Nichts – werden wir sagen. Und dennoch kann man auch an einer narzisstischen Störung arbeiten. Auch wenn wir eine umfassendere narzisstische Störung haben, haben wir Inseln, wo wir nicht narzisstisch gestört sind, das sind die Ressourcen, da kann man arbeiten.

Wir kommen auch nicht umhin, uns klar zu werden darüber, dass wir ein Recht auf einen Platz in der Welt haben, wenn wir schon einmal geboren sind, dass wir uns allerdings auch nachträglich damit einverstanden erklären müssen, dass wir auf dieser Welt sind, und dass es an uns liegt, uns über unsere Selbsterhaltung und Selbstentfaltung Gedanken zu machen. Das heißt dann auch Grenzen zu setzen, Grenzen auch bei uns zu akzeptieren, auszuhalten, dass wir selbst nicht grenzenlos sind.

Das Selbstwertthema ist auch ein Entwicklungsthema: Lasse ich die Entwicklungen zu, die in meinem Leben liegen? Selbstwertgefühl und das Gefühl einer sicheren, flexiblen Identität sind weiter auch eine Folge der Selbstakzeptanz und der Selbsterhaltung. Können wir uns anerkennen? Können wir das tun, was uns fördert? Selbstwertgefühl heißt auch, seinen Selbstwert korrigieren lassen. Kann ich mich in meinem Selbstbild auch einmal in Frage stellen? Können Ideen von anderen mich in diesem Zusammenhang beeinträchtigen oder können sie mich weiterbringen?

Je sicherer unser Selbstwertgefühl, um so leichter fällt es uns, unsere Abwehrkonzepte zu überprüfen. Projizieren wir unseren Ärger und unsere Aggression weniger, werden wir uns weniger ärgern, erleben wir die Welt als weniger feindselig, uns selber mit dem eigenen Ärger aber als energiereicher.

Wir können die Identifikation mit dem Angreifer oder der Angreiferin aufgeben, versöhnter mit uns selbst leben.

Wir haben weiter festgestellt, dass beim Umgang mit Ärger und Aggression unsere Komplexe eine große Rolle spielen. Auch an den Komplexen kann man arbeiten, das sind Störenfriede, aber auch Entwicklungsanreize. Der Umgang mit den Schuldgefühlen, die Auseinandersetzung mit Gerechtigkeit, das sind alles Themen im Umkreis von Ärger und Aggression, Themen, die natürlich nicht abschließend behandelt werden können, so wie auch der Ärger nicht aus der Welt zu schaffen ist.

Ein nächster Bereich ist die Entwicklung von den prosozialen Gefühlen, die Entwicklung von Fürsorge für den anderen Menschen. Dies beginnt damit, dass man feststellt, dass man den anderen Menschen meistens gar nicht schaden möchte.

Ein wichtiger Aspekt im Umgang mit Ärger ist weiter das Wahrnehmen der Angstgefühle. Was machen wir mit den Angstgefühlen? Mit Angst geht man grundsätzlich anders um als mit der Aggression. Können wir die Angst aushalten, können wir sie mit jemand teilen? Können wir überhaupt herausfinden, was der Auftrag dieser Angst ist? Können wir ein Gefühl entwickeln für unsere Trennungsängste?

Dann: die Ärgerphantasien. Werden wir uns unserer Ärgerphantasien bewusst, werden wir uns bewusst darüber, was uns wie ärgert und wie unsere Aggressionen gebaut sind! In der Ärgerphantasie merken wir auch, was wir projizieren. Wird erst sichtbar, was wir meinen, dass die anderen mit uns zu tun gedenken, dann haben wir schon sehr viel über unsere eigenen Aggressionsabsichten herausgefunden.

Es gibt also viele Ansatzpunkte, um mit Ärger konstruktiv umzugehen, noch bevor man einen offenen Konflikt wagt. Sind wir ärgerbewusst, wird uns vieles sehr viel weniger ärgern; und dort, wo wir uns ärgern, werden wir den Ärger effektiver ausdrücken, einen Konflikt wagen oder entschlossener eine Grenzbereinigung vornehmen. Beim konstruktiven Umgang mit Ärger und Aggression geht es nicht einfach nur darum, gut und schön streiten zu lernen, das auch, sondern auch darum, das problematische Gefühl des Ärgers als ein ganz wichtiges Gefühl kennen zu lernen, das Beziehungen zu sich und zu den anderen weitgehend reguliert, und zu lernen, effektiver und menschlicher mit diesem Gefühl umzugehen.

Was aber, wenn sich der andere Mensch einem schönen Streit entzieht oder nur Recht haben will? Was mit unserem Ärger über Institutionen, denen gegenüber wir uns machtlos fühlen? Was mit unserem Ärger gegenüber dem Betonklotz, der gerade die schönste Aussicht am lauschigen Ufer verdirbt und mein Empfinden für Ästhetik empfindlich beleidigt? Sollen wir uns damit zufrieden geben, dass unser Blutdruck etwas in die Höhe schnellt und wenigstens der Adrenalinstoß uns belebt?

Der Umgang mit dem Ärger ist dort am produktivsten, wo er zwischen zwei Menschen wirklich ausgetragen werden kann, wo die Parteien sich auch auf eine faire Auseinandersetzung einlassen können, wo man den Ärger als Korrektiv einer Beziehung verstehen kann. Gelingt das nicht, ist die Auseinandersetzung wirklich nicht möglich, sind wir allein mit unserem Ärger, unseren Ärgerphantasien, unserem verletzten Selbstwertgefühl. Gelegentlich ist es auch unsere Mutlosigkeit, die uns suggeriert, dass eine Auseinandersetzung nicht möglich ist. Dann müssen wir mit uns selbst abmachen, was eigentlich in die Beziehung gehören würde, aber auch Konsequenzen für die Beziehung ziehen, neue Grenzziehungen vornehmen, oder die Provokationen als solche enttarnen und uns nicht mehr ärgern darüber. Gelegentlich zeigt uns aber ein Ärger auch deutlich, dass etwas anderes im Leben jetzt Priorität bekommen sollte. Ärgert man sich über jeden Schriftverkehr, der mit einem bestimmten Amt zusammenhängt, dann ist es Zeit, sich von diesem Amt zu trennen.

Praktisch: konstruktiver Umgang mit Ärger und Aggression

Was kann nun aber als konstruktiver Umgang mit Ärger und Aggression gelten? Es ist ausgesprochen schwierig, das festzustellen, ist die Wirkung doch individuell und situativ jeweils neu zu bewerten. Steinert[67] hat den Versuch gemacht, den konstruktiven Umgang mit Aggression zu beschreiben, indem er ihn abhebt von der pathologisch gesteigerten und von der pathologisch gehemmten Aggressionsbereitschaft. Daran wird sichtbar, dass es keine einfachen Rezepte für den konstruktiven Umgang mit Ärger und Aggression gibt und dass auch nicht einfach zu bewerten ist, was denn jetzt konstruktiv wäre.

Steinert gibt Beispiele für gesunde Verarbeitung von Ärger, und ich werde einige hier anfügen. Gesunde Verarbeitung von Frustration liegt dann vor, wenn man trotz der Frustration noch Zugang zu vielen Handlungsmöglichkeiten hat und unterem anderem auch fähig ist, die Frustration zu verbalisieren.

Als gesunde Aggression bezeichnet Steinert weiter, die eigenen Interessen im sozial akzeptierten Rahmen gekonnt durchzusetzen und Schuldgefühle als Zeichen dafür zu nehmen, dass es vielleicht doch nicht ganz so gekonnt war. Bei der pathologisch gesteigerten Aggressionsbereitschaft würde man die eigenen Interessen in einer sozial inakzeptablen Weise durchsetzen, und die Schuldgefühle würden fehlen. Bei gehemmter Aggression wäre ein Harmoniezwang da mit übertriebenen Schuldgefühlen.

Weiter fügt er an, man brauche, um konstruktiv mit Ärger umzugehen, die Identifikation mit Vorbildern, die sozial verträgliche Aggressionsäußerungen zeigen und die vor allem zeigen, wie man offen Konflikte austrägt. Könne man sich mit Menschen identifizieren, die offen Konflikte austragen, würde das helfen, konstruktiv mit Aggression umzugehen. Pathologisch aggressiv wäre die Verherrlichung von Brutalität und Sadismus, gehemmt aggressiv bedeutete mangelnde Durchsetzungsfähigkeit.

Für gesund hält Steinert es auch, wenn man aggressiv mit einem anderen Menschen anbandelt, dann aber diesen aggressiven Kontakt in einen nicht aggressiven verwandeln kann. Also jemanden anpflaumen und dann in eine ganz interessante Diskussion übergehen.

Im Rahmen der Rivalität hält er es für konstruktiv, Rivalität und Konkurrenz auszutragen bei gleichzeitiger Respektierung des Rivalen oder der Rivalin. Pathologisch gesteigert wäre dann das ständige Rivalisieren, das ständige Provozieren unnötiger Konflikte und dadurch das Verhindern von befriedigenden zwischenmenschlichen Beziehungen. Die gehemmte Aggressionsbereitschaft würde sich im Vermeiden von Rivalität und damit dem Rückzug aus vielen Lebensbereichen zeigen. Steinert meint weiter, dass bei gesunder Verarbeitung von Ärger und Aggressivität nur selten die Verschiebung der Aggression auf andere Menschen erfolgen würde. Ich denke, da irrt er. Ich sehe die konstruktive, gesunde Verarbeitung nicht ganz so ideal. Mir scheint es wichtiger, zu argwöhnen, dass wir ab und zu unsere Aggressionen auf andere verschieben, also sie nicht dort austragen, wo sie hingehören, denn dann könnte man das Verhalten auch wieder korrigieren.

Man muss mit Steinert nicht einverstanden sein; ich halte es aber für wichtig, dass jemand überhaupt formuliert, was man unter konstruktivem aggressivem Verhalten verstehen könnte.

Geschlechtsspezifische Unterschiede

Ärger und Aggression ereignen sich zwischen Individuen, die in einer Gesellschaft leben und auch Teil dieser Gesellschaft sind. Gesellschaftliche Regeln und Vorstellungen, wie Ärger und Aggression gelebt werden dürfen, aber auch gesellschaftliche Verdrängungen des Themas beeinflussen die Art, wie die einzelnen Individuen mit diesem Thema umgehen.

Es stellt sich immer wieder die Frage, ob es geschlechtsspezifische Unterschiede im Umgang mit Ärger und Aggression gibt. Die eine Frage in diesem Zusammenhang ist die Frage nach der Wirkung der Hormone auf diesen Bereich. Allan Mazur[68], ein amerikanischer Forscher, hat dazu viele Untersuchungen gemacht. Er kritisiert auch viele bestehende Forschungen als nicht überzeugend, weil man die Wirkung der Hormone nicht isoliert studieren könne. Hormone wirken immer in einem ganzen Menschen, der auch Teil der Gesellschaft ist. Die Frage, ob die Biologie oder die Sozialisierung Unterschiede bewirken, ist eine wichtige Frage, die man nicht getrennt voneinander sehen kann. Menschen stehen auch unter dem Einfluss von vielen verschiedenen Emotionen, und man weiß, dass hier Wechselwirkungen vorliegen: Nicht nur beeinflussen Hormone Emotionen, sondern Emotionen beeinflussen auch Hormone.

Mazur beanstandete auch, dass das, was als aggressives Verhalten definiert wird, besser als Dominanzstreben verstanden und von aggressivem Verhalten unterschieden werden sollte. Er stellte fest, dass Testosteron

Dominanz fördert, nicht aber unbedingt Aggression. Nun wissen wir aber auch, dass es in Konfliktsituationen mit einem dominanteren Partner schwierig ist, den Konflikt wirklich offen auszutragen. Weil letztlich der dominantere Partner dann dominiert und damit das Recht auf unversehrte Intersubjektivität verletzt, wird sein Verhalten dann doch als aggressiv eingestuft werden. Es ist Mazur wichtig zu betonen, dass, auch wenn das Testosteron, also das männliche Hormon, das Dominanzstreben erhöhe, das keinesfalls eine Legitimation für männliche Gewalt sei.

Untersuchungen über die geschlechtsspezifischen Unterschiede sind fast alle etwas tendenziell eingefärbt: Entweder wollen sie die Gewalt erklären, sie legitimieren oder sie zumindest etwas entschuldigen. Auf der Seite der Frauen befassen sich diese Untersuchungen z. B. mit der »Launenhaftigkeit« der Frauen; auch in der Wissenschaft scheint man vom Geschlechterkampf nicht absehen zu können. Mazur deckt den mehr oder weniger verborgenen Geschlechterkampf in der Forschung auf.

Genetisch bewirkt der Einfluss der Androgene und des Testosteron auf den Fötus, dass dieser männliche sekundäre Geschlechtsmerkmale bekommt. Bekommen werdende Mütter aus irgendeinem Grund während der Schwangerschaft Androgene, ist es möglich, dass weibliche Föten dann männliche Geschlechtsmerkmale bekommen. Mazur referiert Forschungen, bei denen den Rhesusaffen während der Schwangerschaft Testosteron gespritzt wird. In der Folge benimmt sich der weibliche Nachwuchs so, wie sich normalerweise der männliche Nachwuchs benimmt. Mazur spricht in diesem Zusammenhang aber nicht von Aggression, sondern von Dominanzverhalten.

Er referiert weiter Untersuchungen, bei denen man bei Gewinnern von wichtigen Tennisspielen den Testosteronspiegel gemessen hat: Gewinner hatten einen erhöhten, die Verlierer einen gesunkenen Testosteronspiegel. Die Spieler aber, die eh schon einen erhöhten Testosteronspiegel hatten, gewannen auch eher. Für Mazur ist das ein klarer Hinweis darauf, dass männliche Hormone das Dominanzstreben verstärken, was aber bei Menschen nicht unbedingt mit Aggression einhergehen müsste.

Wie ist es bei den Frauen? Rossi und Rossi[69] haben festgestellt, dass die Frauen in der Regel eine gute Stimmung haben in der ovulatorischen Phase des Menstruationszyklus, also etwa in der Mittelphase, und eine relativ schlechte Stimmung eine Woche oder ein paar Tage vor der Menstruation. Frauen, die die Pille nahmen, hatten diese Fluktuation nicht, so dass sie davon ausgegangen sind, dass es wirklich die Hormonschwankungen sind, die diese Stimmungsschwankungen ausmachten. Bei Untersuchungen in Gefängnissen stellte man anschließend fest, dass die aggressiven Akte in der prämenstruellen und menstruellen Phase signifikant mehr waren als in anderen Phasen. Es wurde weiter festgestellt, dass bei Frauen Kriminalität aber auch Suizidversuche sehr viel öfter in der prämenstruellen und menstruellen Phase beobachtet wurden. Mazur gibt zu bedenken, dass diese Forschungen nicht sehr aussagekräftig sein müssen, da bekanntlich der Stress das Timing der Menstruation verändern kann. Eine Frau kann von einer Sekunde auf die andere die Menstruation bekommen, wenn sie einem großen Stress ausgesetzt ist. Die Frage wäre also: Ist zuerst der kriminelle Akt, oder ist zuerst die Menstruation? Mazur leugnet nicht den Einfluss der Hormone auf Ärger und Aggression, zeigt aber auf, dass es unmöglich ist, den Einfluss von Hormonen isoliert zu erforschen und dass daher jedes Forschungsergebnis auch wieder in Frage gestellt werden kann.

Wenn es vielleicht doch nicht die Hormone sind, die einen Einfluss haben auf Aggression und Gewalt, ist es dann die Sozialisation? Das ist bestimmt kein Entweder-Oder. Kruse[70] referiert Untersuchungen, die nahe legen, dass Toleranz gegenüber der Aggression der Kinder, eine negative Einstellung der Mutter dem Kind gegenüber und eine machtorientierte Erziehung, die mit Bestrafung operiert, die Aggressionsbereitschaft der Kinder erhöht. Wenn dann zusätzlich noch erlebt wird, dass Aggression ein gutes Mittel ist, sich durchzusetzen, ein aggressiver Interaktionsstil in der Familie gepflegt wird und man auch an einem aggressiven Modell lernt, wird Aggressivität zu einem Lebensstil, was aber nicht aussagt, dass diese Kinder gewalttätig werden, und es sagt in Bezug auf Ärger lediglich aus, dass diese Kinder auf Frustration oder auf Beleidigung bereit sind, aggressiv zu reagieren.

Leonard Eron[71] hält die Sozialisation bei der Entwicklung von Aggression und Gewalt für sehr bedeutsam. Er hat den Vorschlag gemacht, man müsste alle Kinder so erziehen, wie Mädchen erzogen worden sind, nicht wie sie jetzt erzogen werden, sondern wie sie einst erzogen worden sind. Also man müsste allen Kindern Ermunterung für sozial kooperatives Verhalten geben, die prosozialen Fähigkeiten schulen und die Empathie belohnen. Damit, meinte er, könnte man das Gewaltproblem in den Griff bekommen. Man weiß, dass Mädchen sehr viel mehr für sozial positives Verhalten gelobt werden, weniger für wildes, mutiges Verhalten, und dass die Jungen sehr viel mehr für wildes, mutiges Verhalten gelobt werden. Die Forderung von Eron müsste zumindest diskutiert werden.

Nun ist es aber nicht so, dass Mädchen einfach zu sozial positivem, kooperativen oder zu empathischem Verhalten ermutigt würden, sondern es gibt sehr viele verschiedene geschlechtsspezifische Interaktionen, die im Moment untersucht werden. Es gibt verschiedene neuere Untersuchungen von Fibush[72] darüber, wie Eltern über eine wichtige Erfahrung mit zwei- bis dreijährigen Kindern sprechen. Er hat eigentlich Narrativs, Erzählungen, auf geschlechtsspezifische Unterschiede hin untersucht und festgestellt, dass bei der gleichen Geschichte, die erzählt worden ist, also bei dem gleichen Missgeschick etwa, Mütter und Väter gleichermaßen bei den Töchtern eher die Traurigkeit angesprochen und sie dann getröstet haben, und bei den Söhnen Furcht und Ärger, und Ärger als adäquate Reaktion bezeichneten.

Das heißt ja nun wieder, das Mädchen soll traurig werden und wird dann getröstet, und der Bub ist ärgerlich und hat ein Recht dazu. Wenn Sie das ins Erwachsenenleben hinein verlängern, dann haben wir wieder eines dieser Vorurteile, die traurige Frau, die getröstet werden muss, und der ärgerliche Mann, der ein Recht darauf hat, ärgerlich zu sein und aus dem Ärger heraus aggressiv zu reagieren. Man würde es heute als Vorurteil bezeichnen, vielleicht aber ist es doch keines. Diese Forschungen von Fisbush und anderen sind auch deshalb sehr interessant, weil sie Geschichten untersuchen, wie sie in den Familien tatsächlich häufig erzählt werden.

Vorurteile und ihre Folgen

In Bezug auf geschlechtsspezifische Aggression gibt es viele Vorurteile, etwa: Frauen sind friedfertiger, sie reagieren leichter mit Trauer, und aus der Trauer heraus kann man eher konstruktiv werden. Ein etwas inaktives Bild der Frau, etwas langweilig, aber doch letztlich konstruktiv, und die Männer sind eben ärgerlicher und aggressiver und reißen immer etwas vom Zaun. Das wäre das Vorurteil.

Die Alltagserfahrung ist die, dass Frauen durchaus auch aggressiv sind und dass die Männer auch aggressiv sind, vielleicht noch etwas aggressiver oder anders aggressiv, und dass die Männer leider immer noch leicht zur Gewalt greifen. Gewalt ist oft männliche Gewalt, und sie muss auch dort behandelt werden. Aber die Illusion von der friedfertigen Frau muss man opfern. Diese Rollenvorstellung, dass die Frau friedfertig sein soll, ist ein perfides Bild. Ist die Frau so viel friedlicher als der Mann, dann ist alles, was aggressiv ist – Selbstbehauptung, Selbsterhaltung, Überschreitung von Grenzen – unweiblich. Man nennt eine Frau zänkisch, wenn sie auf ihrem Recht besteht. Ich sage nicht, dass es nicht zänkische Frauen und Männer gibt, aber die Frage ist immer, wann und für wen man diesen Begriff gebraucht.

Werden Frauen als friedfertig apostrophiert, dann muss die Aggression abgewehrt werden, und das bedeutet, dass man Angst hat vor der Aggression der Frauen, sonst müsste sie nicht gesellschaftlich abgewehrt werden. Die Angst der Männer ist die Angst, sich nicht behaupten zu können, wenn die Frau auch aggressiv ist, denn eigentlich haben sie ja schon mit der Aggression der friedfertigen Frau genug zu tun. Aber die Frauen selber haben auch Angst, denn letztlich möchten sie doch lieber selbstlos sein und sich nicht so sehr selber behaupten. Deshalb wird dann die Aggression verteufelt. Frauen können von sich selber sagen: »Wenn ich meine Aggression leben würde, das gäbe Mord und Totschlag.« Das heißt, sie haben ungeheuer viel Angst vor ihren Aggressionen, halten sie für ungeheuer zerstörerisch, obwohl sie es in den allerwenigsten Fällen sind. Das heißt also, sie identifizieren sich mit einem Angreifer, hier mit dem Kollektiv, das sagt, eigentlich hast du friedfertig zu sein.

Schon relativ lange ist Selbstbehauptung und Selbstentfaltung auch für Frauen ein Thema, sie sind Anforderungen der Entwicklung und der Individuation, bei beiden Geschlechtern. Aber Selbstbehauptung wird von vielen Frauen bereits als aggressiv empfunden, sie können Hingabe und Selbstbehauptung, zwei wesentliche

Haltungen, die für eine Liebesbeziehung wichtig sind, nicht miteinander vereinbaren. Aber eine Hingabe, die nicht auch gepaart ist mit Selbstbehauptung, ist eine Preisgabe, nicht Hingabe. Die Angst der Frauen, sie könnten unweiblich werden, wenn sie sich mehr behaupten, ist sozial bedingt.

Die Frage ist natürlich, wie viele Frauen dieses Rollenstereotyp wirklich noch erfüllen wollen, wie viele nicht. Und die andere Frage, ob sich etwas verändert. Zu dieser Frage gibt es Untersuchungen: Eine finnische Befragung[73], die 1980 gemacht wurde, wurde 1990 wiederholt. Es ging dabei um eine Selbst- und eine Fremdeinschätzung der Aggression von Mädchen im Vergleich zu den Knaben. 1980 bezeichneten sich die adoleszenten Mädchen selber als weniger aggressiv als Knaben, und so wurden sie auch von außen beurteilt. 1990 existierte diese Differenz nicht mehr.

Geschlechtsspezifische Unterschiede anhand von Ärgergeschichten

Nun gibt es auch andere Wege, um geschlechtsspezifische Unterschiede im Zusammenhang mit Ärger und Aggression herauszufinden. Einen Weg hat Sabrina Sanfilippo[74] in einer Lizenziats-Arbeit beschritten: Sie führte mit fünf Frauen und fünf Männern halbstrukturierte Interviews durch. Jede dieser Personen wurde gebeten, drei Ereignisse zu erzählen, die sie ärgerlich gemacht oder Wut ausgelöst hatten. Die fünfzehn Geschichten wurden daraufhin analysiert, wo die Unterschiede zwischen Frauen und Männern im Zusammenhang mit Ärger und Wut liegen und ob es geschlechtsspezifische Unterschiede gibt. Die Auswahl der Menschen war weitgehend zufällig; hat man allerdings die Absicht, eine Lizenziatsarbeit zu schreiben, wird man Menschen auswählen, von denen gute Geschichten zu erwarten sind und die auch zu ihrem Ärger stehen können. Es sind Menschen um dreißig, sie gehen alle einer Erwerbsarbeit nach. Mir scheint es wichtig zu sein, dass die Versuchspersonen alle etwa im gleichen Alter sind, da geschlechtsspezifische Unterschiede auch generationenspezifisch sein können. Unterschiede, die vor dreißig Jahren noch »normal« waren, sind es heute hoffentlich nicht mehr.

In dieser Untersuchung werden anhand von Geschichten Vorurteile geprüft. Das erste Vorurteil: Frauen sind eher passiv aggressiv, reagieren mit verdeckter oder verschobener Aggression, Männer reagieren eher mit offener Aggression. Dieses Vorurteil stimmt nicht. Die Ergebnisse von Sanfilippo stimmen in diesem Zusammenhang mit Ergebnissen anderen Untersuchungen überein: In Bezug auf die Aggressionsform treten zwar individuelle Unterschiede auf, jeder und jede hat eine spezifische Art zu reagieren, aber es gibt keine geschlechtsspezifischen Gemeinsamkeiten. Männer reagieren nicht einfach offen aggressiv, Frauen reagieren nicht einfach passiv aggressiv; alle Formen kommen bei Männern und Frauen vor. Es gibt aber bei den einzelnen Menschen Vorlieben für eine bestimmte Aggressionsform.

Einen Unterschied gibt es indessen: Die Probandinnen gleichen sich darin, dass sie keine körperlichen Ausdrucksformen von Wut einsetzen. Die Männer tun das.

Auch bei der Frage, in welchen sozialen Situationen Ärger auftritt, gibt es deutliche geschlechtsspezifische Unterschiede. Zur Auswahl standen: enge Beziehungen, Arbeitsbereich, zufällige Beziehungen und anonyme soziale Situationen. Bei den Frauen dominiert der Privatbereich, der Bereich der engen Beziehungen als Stätte, bei der Ärger ausgelöst und Aggressionen ausgetragen werden, erst zuletzt auch in anonymen Situationen. Bei den Männern treten Ärger und Aggression in allen in der

Untersuchung zur Auswahl stehenden sozialen Situationen auf, der enge Beziehungsbereich spielt dabei keine besondere Rolle. Das ist ein wichtiger Unterschied, zeigt er doch, dass für die Frauen die enge Beziehung sehr wichtig ist, fast der einzige Ort, an dem Konflikte entstehen, die auch angesprochen werden.

Diese Konflikte sind verbunden mit Angst vor Liebesverlust. Diese Angst löst auch besonders heftige Aggressionen aus. Diese Aggression wird aber immerhin ausgetragen, also die offene Konfliktaustragung erfolgt eigentlich nur mit dem Partner. Sanfilippo versteht das so, dass in der engen Beziehung Nähe und Vertrauen so groß sind, dass die Frau es wagen kann, den Konflikt auszutragen. Es ist aber vorstellbar, und das könnte man mit einer größeren Untersuchung verifizieren oder falsifizieren, dass die Frauen in einer grossen Spannung stehen zwischen dem Ansprechenmüssen von Konflikten, weil die Beziehung so wichtig ist, bei gleichzeitiger Angst vor Liebesverlust, wenn sie den Konflikt ansprechen. In den untersuchten Geschichten spricht jeweils die Frau den Konflikt an, nicht der Mann, und die Auseinandersetzung erhält dadurch eine produktive und die Beziehung stabilisierende Qualität.

In der Paarbeziehung, also im privaten Bereich, werden von den Frauen die Aggressionen offen gezeigt, im öffentlichen Bereich kommen sie offenbar nicht vor, und damit wären wir wieder bei einem weibliche Rollenstereotyp: Die Frau ist in der Öffentlichkeit nicht aggressiv, denn eine Frau, die in der Öffentlichkeit aggressiv reagiert, wird eher diskriminiert. Reagiert hingegen ein Mann in der Öffentlichkeit aggressiv, wird das akzeptiert und für männlich befunden.

Geschlechtsspezifisch wiederum sind die Reaktionen der Probandinnen auf die Folgen ihres Ärgers: Sie reagieren sehr viel stärker als die Männer mit einem Gefühl der Ohnmacht. Sabrina Sanfilippo hat nicht untersucht, ob dieses Gefühl der Ohnmacht auch damit zusammenhängen könnte, dass Frauen anders mit Ärgerphantasien umgehen als Männer. Männer scheinen ihre Ärgerphantasien einfach hinzunehmen, sie haben eine Ärgerphantasie, und die ist in Ordnung. Frauen – das sind natürlich alles statistische Aussagen – scheinen, wenn sie eine Ärgerphantasie haben, viel länger über die Auswirkungen der allfälligen Verwirklichung dieser Ärgerphantasie nachzudenken[75], zu überlegen, mit welchen Sanktionen sie zu rechnen haben, welche Ängste die Reaktionen bei ihnen wiederum auslöst, welche Schuldgefühle, bis hin zu der Frage, wie sehr sie den sie ärgernden Menschen gefährden könnten. Das kann man in einem größeren Zusammenhang verstehen. Gilligan[76], und ihr sind viele weitere Autorinnen gefolgt, hat geschlechtsspezifische Unterschiede bei der moralischen Entwicklung von Mädchen und Knaben herausgearbeitet. Ein Fazit davon: Frauen leben und treffen ihre Entscheidungen mehr in einem Beziehungskontext, haben deshalb auch eine Fürsorgemoral oder eine Beziehungsmoral, während Männer mehr von Regeln geleitet sind. Das stimmt tendenziell, aber sicher nicht absolut. Leben Frauen wirklich mehr in einem Beziehungskontext, werden sie auch eher versuchen, empathisch herauszufinden, was die Aggression bewirkt, allerdings auch im schlechten Sinn, sie können über Empathie auch herausfinden, was wirklich wehtut. Wird die Ärgerphantasie in einen Beziehungskontext hineingestellt, wie es bei Frauen der Fall zu sein scheint, ist es verständlich, dass sie gelegentlich nicht so schnell reagieren können, dass dabei Schuldgefühle auftauchen und die Aggression gegen sich selber gewendet werden kann.

Dass Frauen auf Auseinandersetzungen eher mit dem Gefühl der Ohnmacht reagieren, steht auch damit noch im Zusammenhang, dass sie oft ärgerlich sind über die fehlende Zuwendung des Partners[77]; sie hoffen, mehr Zuwendung zu bekommen, oder wenigstens gehört zu werden oder ernst genommen zu werden, wenn sie den

Ärger formulieren. Nach der Untersuchung von Sanfilippo ist das eher selten der Fall. Die Partner wenden sich während eines Streites ab, vielleicht auch von der Heftigkeit der Reaktion abgeschreckt, sie reagieren mit einer passiven Aggression. Den Frauen bleibt das Gefühl der Ohnmacht.

In den Konflikten der männlichen Probanden spielte die Machtproblematik eine zentrale Rolle, nicht die Beziehungsproblematik. Asymmetrische Beziehungen haben dementsprechend ein großes Konfliktpotential in sich und lösen heftige Ängste und Aggressionen aus. Der Grund liegt in den wenig bearbeiteten Vaterkomplexen oder in den wenig bearbeiteten ödipalen Komplexen. Männer äußern ihre Aggressionen teilweise auch mit körperlichen Ausdrucksformen, das entspricht wohl immer noch kulturellen männlichen Geschlechtsrollenmustern. Männer scheinen davor Angst zu haben, als unmännlich zu gelten, und infolgedessen werden sie unter Umständen Aggression brachial ausleben. Im Gegensatz zu den Probandinnen entladen sie ihre Wut nicht nur in privaten Räumen, sondern auch in der Öffentlichkeit. Deshalb sieht man ja auch die männliche Aggressivität so viel besser. Überspitzt formuliert heißt das, dass bei den Männern Kontrollverlust als Machtdemonstration gesehen wird, da sind keine Schulgefühle angebracht, bei der Frau wäre es eine Ohnmachtsdemonstration und natürlich mit Schuldgefühlen verbunden. Die Reaktionen der männlichen Probanden in der vorliegenden Untersuchung sind viel weniger von Ohnmachtsgefühlen geprägt als die der Probandinnen. Die Handlungen, die sie aus Ärger heraus begehen, verändern wesentlich mehr auf der praktischen Ebene als bei den Frauen. Ein Beispiel aus der Untersuchung: Ein Mann schließt eine ganze Schulklasse ein und erreicht damit natürlich viel Veränderung. Es ist weniger empathisch, was die Männer machen, aber recht wirkungsvoll.

Wir ärgern uns am meisten in Beziehungen, die für uns wichtig sind. Insofern ist die Frau auch ein Opfer davon, dass Beziehungen ihr so wichtig sind, da hat sie dann auch ihren Hauptärger, den sie gar nicht so gut an den Mann bringen kann. Die Fürsorgemoral kann zudem auch die Selbstbehauptung unterminieren. Es wäre natürlich wünschenswert, dass der Mann auch lernte, etwas kontextabhängiger zu leben und zu denken. Es gibt eine feministische These, die besagt, Frauen hätten ihre Empathie entwickelt, weil sie schon immer die Unterlegenen, schon immer die Abhängigen waren, kein eigenes Geld hatten usw. Ist man aber unterlegen, dann muss man herausfinden, wie es den Überlegenen geht, was zu erwarten ist und wie diese allenfalls beeinflusst werden können, damit man die eigene Lebenssituation verbessert. Dafür entwickelt man Empathie. Weniger freundlich formuliert: Empathie kann als eine Anpassungsleistung von unterdrückten Gruppen gesehen werden.

Nichtsdestotrotz: Aggression würde sehr viel weniger in Gewalt ausarten, wenn Empathie und das Denken im Beziehungskontext von beiden Geschlechtern gelernt würden. Abgesehen davon könnten Frauen neben ihren empathischen Fähigkeiten noch besser lernen, sich klar abzugrenzen, auch wenn es zunächst schmerzen mag.

Konstruktiv mit Aggressionen umgehen können weder Frauen noch Männer, so die Schlussfolgerung von Sabrina Sanfillippo. Die Autorin meint, Frauen würden möglicherweise etwas angemessener reagieren, weil sie kontextbezogener denken und handeln und weniger zur Gewalt greifen.

Aggressionstheorien und Gewalt

Beschäftigt man sich mit Ärger und Aggression, müssen sie auch in die gängigen Aggressionstheorien hineingestellt und auch – zumindest anklangmäßig – in Zusammenhang mit der Debatte um die Gewalt gebracht werden. Beide beeinflussen ebenfalls unseren alltäglichen Umgang mit Ärger und Aggression.

Es ist schwierig, Gewalt zu definieren. Simone Weil bezeichnete Gewalt als die Fähigkeit, einen Menschen in einen Leichnam zu verwandeln. Das muss auch symbolisch verstanden werden: einem Menschen Eigenaktivität und/oder Unversehrtheit abzusprechen. Man unterscheidet heute auch zwischen brachialer Gewalt und struktureller Gewalt, aber auch »symbolischer Gewalt«. Mit symbolischer Gewalt wird gesagt, dass Zuschauer und Zuschauerinnen von Gewaltakten am Fernsehen als symbolische Gewalttäter und Gewalttäterinnen anzusehen sind. Das ist eine Diskussion, die von den Franzosen jetzt gerade in Gang gesetzt worden ist. Der Ausdruck symbolisch ist eigenwillig gewählt, die Gedanken, die damit verbunden sind, allerdings sehr wichtig.

Aggressionstheorien

Es gibt verschiedene Aggressionstheorien, ich werde nur einige hier nennen.[78] Das eine sind die Triebtheorien, das sind die pessimistischen Theorien. Die Menschen haben einen Aggressionstrieb, und infolgedessen müssen sie einfach von Zeit zu Zeit aggressiv sein. Dann gibt es die lerntheoretischen Überlegungen, die vertreten, dass Aggression gelernt ist. Diese sind wesentlich optimistischer. Was gelernt wird, kann man auch verlernen. Zwischen diesen beiden Theorien steht die Frustrations-Aggressions-Theorie, die besagt, dass wir aggressiv werden, weil wir frustriert werden. Aggressoren und Aggressorinnen frustrieren wieder andere Menschen, die dann ihrerseits wieder aggressiv werden. Frustrationen sind aber keine Notwendigkeit, man kann darauf achten, dass weniger Frustrationen sich ereignen.

Dann gibt es eine neue Theorie, die vor allem von der empirischen Säuglingsforschung vorgetragen wird: Aggression wird gesehen als ein Motivationssystem.[79] Motivationssysteme werden verstanden als fundamentale Notwendigkeiten der menschlichen Existenz, und sie sind von der Geburt an ein Leben lang zu beobachten, sie organisieren menschliches Erleben und Verhalten, sind also archetypisch.[80] Es gibt zwei Motivationssysteme, die mit Ärger und Aggression zu tun haben. Das eine ist ein Bedürfnis nach Selbstbehauptung, »assertion« und Exploration. Das zweite Motivationssystem ist das Bedürfnis, aversiv zu reagieren, wenn die eigenen Interessen durchkreuzt werden, durch Widerspruch, Angriff oder Rückzug. Ärger und Aggression wären also in zwei Motivationssystemen auszumachen: als Selbstbehauptung und auch als Selbstaktualisierung.

Dann gibt es eine Ärger-Aggressions-Theorie, die unter anderen[81] auch ich vertrete und die von Emotionen ausgeht: Die Emotion Ärger kann sich in Aggressionen ausdrücken, muss aber nicht. Aggression muss auch nicht ärgerbedingt sein, aber sie lässt sich als natürlicher Ausdruck der Emotion Ärger verstehen. Diese Theorie kann alle anderen Theorien in sich vereinen, außer der Triebtheorie.

Freud[82] hat dem Lebenstrieb den Todestrieb gegenübergestellt, und dieser Todestrieb wurde immer wieder umgedeutet, wurde auch kritisiert, vor allem auch deshalb, weil Freud ursprünglich selber sehr klar definiert hatte, was ein Trieb ist. Ein Trieb hat, gemäß Freud, eine körperliche Quelle, einen Drang, ein Ziel und ein Objekt. Und diese körperliche Quelle ist für den Todestrieb nicht auszumachen. Deshalb wurde immer wieder darüber diskutiert, ob es denn so etwas wie einen Todestrieb geben könne.

Eine andere Triebtheorie stammt von Lorenz[83]. Lorenz hat vom Aggressionstrieb gesprochen, der für das Überleben sehr sinnvoll ist. Er postuliert, es gebe nicht genug sinnvolle Entladungen für unseren Aggressionstrieb. Ein Trieb füllt sich ja immer wieder auf, und deshalb müsse man die Aggressionsenergie auf Ersatzhandlungen umleiten wie Wettstreit, sportliches Rivalisieren, wissenschaftliches Rivalisieren, künstlerisches Rivalisieren.

Die Kritik an den Triebtheorien ist grundsätzlich die, dass nach ihnen eine periodische Triebbefriedigung nötig ist und dadurch die Vorstellung gefestigt wird, es gebe eine ständig fließende Aggressionsenergie, auch ohne jede Interaktion mit anderen Menschen oder mit der Welt, und diese Energie müsse verbraucht werden. Diese Sichtweise entschuldigt aggressives und destruktives Verhalten. Wenn wir ständig Aggressionen produzieren, dann müssen sie von Zeit zu Zeit auch »befriedigt« werden. Gerade dieses Phänomen spricht aber auch gegen die Annahme eines Triebes: Ist ein Trieb befriedigt, etwa der Sexualtrieb, dann stellt sich eine Ruhephase ein, nicht aber bei der Aggression!

Diese beiden Triebtheorien sind relativ gefährlich, weil sie aggressives Verhalten und männliche Dominanz und Gewalt entschuldigen. Sie sind auch pessimistisch, denn sie sagen, so ist es einfach. Bei Freud selbst ist es nicht ganz so pessimistisch, denn immerhin hat er dem Todestrieb den Eros entgegengesetzt und gehofft, dass irgendwann der Eros die Oberhand gewinnt.

Zu den Aggressions-Frustrations-Theorien

Dollard, Doob, Miller, Mowrer und Sears haben 1939 die Frustrations-Aggressions-Theorie beschrieben[84]. Es ist eine Theorie, die eine weite Verbreitung auch jenseits des Fachpublikums gefunden hat. Aggression ist ja ein Thema, das alle Menschen beschäftigt. Die These besagt: Aggression ist immer eine Folge von Frustration, Frustration führt immer zu Aggression. Die Untersuchungen von Dollard hatten einen hohen empirischen Wert, unzählige Untersuchungen zu diesem Thema erschienen in der Folge. Die Theorie ließ sich aber nicht halten, weil nicht auf jede Aggression eine Frustration folgt und nicht jede Frustration Aggression weckt. Man kann auf eine Frustration konstruktiv, ja sogar kreativ reagieren: Man wird nicht aggressiv, sondern erfindungsreich auf eine Frustration hin. Erfolgt auf eine Frustration unmittelbar eine aggressive Handlung, hält man das heute eher für eine Reaktion, die auf einen Komplex hinweist. Die Forscher haben natürlich die Kritik mitbekommen, und aus der Frustrations-Aggressions-Hypothese wurde dann die Frustrationserregungs-Hypothese. Diese ist aber schon sehr viel weniger allgemein aufgenommen worden. Sie besagt: Wenn wir frustriert werden, gibt das eine im Körper messbare Erregung, und daraus kann Ärger oder Wut werden, aber auch Trauer oder Angst. Das Verhalten ist offen.

Damit ist auch eine Verbindung zu den Lerntheorien hergestellt. Hat man gelernt, auf Erregung mit Aggression zu reagieren, und das haben leider sehr viele gelernt, dann folgt auf Erregung auch Aggression. Diese Verbindung zur Lerntheorie hat Bandura[85] hergestellt. An der

Lerntheorie kommt heute eigentlich niemand vorbei. Aggressives Verhalten wird auch gelernt. Und in einer Gesellschaft, in der so viel Wettkampf herrscht, so viel Kampf auch, wo es so klar ist, dass zu dominieren angestrebt, dominiert zu werden vermieden werden muss, ist es ganz klar, dass man dieses Verhalten lernt. Schon sehr früh wurde postuliert, man könnte mehr Solidariät, man könnte mehr Kooperation lernen. Man könnte. Die Theorien vom Lernen am Modell haben eminent praktische Konsequenzen. Es gibt etwa fünftausend Untersuchungen darüber, ob zum Beispiel Gewalt im Fernsehen die Gewaltbereitschaft der Zuschauer und Zuschauerinnen erhöhe. Diese Forschungen sind sehr widersprüchlich. Die meisten sehen diesen Zusammenhang nicht, bestätigt, meines Erachtens aber vor allem deshalb nicht, weil man keine Unterscheidungen zwischen den einzelnen Zuschauern und Zuschauerinnen macht.

Es gibt neue Forschungen dazu von Kevin Browne[86] von der Universität Birmingham, die diese Unterschiede berücksichtigen; sein Fazit: Menschen ohne Problemhintergrund sind weniger zu beeinflussen durch Gewaltdarstellungen im Fernsehen, bei Menschen mit Problemhintergrund kann die Häufigkeit der Gewalttaten zunehmen. Das sind allerdings Ergebnisse, die auch schon früher einmal diskutiert wurden. Wer an Aggression als Trieb glaubt, glaubt auch daran, dass Gewalt im Fernsehen zu einer Katharsis in der Phantasie führt; was man in der Phantasie erlebt hat, muss man nicht konkret ausführen. Wer nicht an Aggression als Trieb glaubt, nimmt an, dass Gewaltdarstellungen Phantasiematerial für eigene Gewalt bereitstellen. Bedenken wir weiter, dass destruktive Akte um so wahrscheinlicher sind, je schlechter das Selbstwertgefühl ist oder je mehr das Selbstwertgefühl beeinträchtigt wird durch Erfahrungen wie Verlust der Arbeit, Verluste überhaupt, so kann man nicht mehr davon ausgehen, dass es sinnvoll ist, diese Gewaltdarstellungen auszustrahlen. Fast alle

Fernsehstationen haben eine Gesellschaft oder eine Gruppe, die sich fragt, wie viel Gewalt in den Filmen enthalten sein darf. Diese Gruppen müssten in ihrer Arbeit unterstützt werden durch Protestbriefe gegen die vielen Gewaltdarstellungen.

Zu den Motivationstheorien

Aggression als Motivation meint, die Welt zu erkunden und sich in der Welt auch zu behaupten und notfalls durchzusetzen, auch aversiv, wenn die eigenen Absichten durchkreuzt werden. Destruktive Aggressivität scheint, folgt man den Säuglingsforschern, nicht angeboren zu sein.[87] Auch wird die Aggressivität von ihnen nicht mehr als Trieb verstanden. Geht man von der Aggression als einer der Grundmotivationen des Menschen aus, dann muss Destruktivität in ihrer Entwicklung erklärt werden können. Die Motivationstheorien sind leicht zu vereinen mit den Lerntheorien und den Frustrationstheorien sowie der Ärger-Aggressionstheorie.

Zur Ärger-Aggressionstheorie

Diese geht davon aus, dass den Motivationssystemen Emotionen zu Grunde liegen. Die Emotion Ärger geht der Aggression voraus. Früher wurde oft zwischen der emotionalen Komponente, dem Ärger, und der häufig daraus folgenden Handlung, der Aggression, nicht unterschieden. Mit dieser Unterscheidung ist sehr viel gewonnen für den Umgang mit Ärger und Aggression und für die Vermeidung von destruktiver Aggression. Diese Theorie ist mit allen Theorien, außer der Triebtheorie, zu vereinen.

Ein Beitrag zur Gewaltdiskussion

Die Diskussion über die Gewalt hat sehr viele Perspektiven. Ich möchte hier nur einige wenige Aspekte herausgreifen, zum einen, weil Ärger und Aggression natürlich auch in den Kontext von Gewalt eingebettet sind und auch in diesem großen Zusammenhang zu sehen sind, auch wenn es bei Ärger und Aggression noch keineswegs um Gewalt gehen muss. Gewalt stellt sozusagen die radikalste Form des Nichtumgangs mit Ärger und Aggression dar. Zum anderen möchte ich Aspekte der Gewaltdiskussion zur Diskussion stellen, die gerade aus der Perspektive des Studiums des Ärgers in den Vordergrund treten.

Geläufig ist uns, dass Gewalt durch Armut und Perspektivenlosigkeit gefördert wird: Je weniger Ressourcen man hat, um so eher neigt man zu Gewalttaten. Es gibt Untersuchungen, die zeigen, dass die Jugendarbeitslosigkeit in England in den letzten Jahren gesunken ist und infolgedessen auch die Gewaltkriminalität der Achtzehn- bis Einundzwanzigjährigen.[88] Es ist ein direkter Zusammenhang festzustellen: Ist die Jugendarbeitslosigkeit hoch, nimmt auch die Gewaltkriminalität der entsprechenden Altersgruppe zu. Das leuchtet ein; Arbeit ist in unserer Gesellschaft eine wichtige Säule, auf die wir unsere Identität gründen, ohne Arbeit ist es daher viel schwieriger, ein hinreichend gutes Selbstwertgefühl, wie es in diesem Alter anzutreffen ist, aufrecht zu erhalten oder gar zu etablieren.

Was wir auch nicht vergessen dürfen: Gewalt hat ein Geschlecht. Gewalt ist männlich. In der BRD wurden

1996 1,53 Prozent der 14-21-jährigen Männer als Gewalttäter registriert und nur 0,18 Prozent der gleichaltrigen Frauen[89]. Pfeiffer erklärt sich diese Diskrepanz damit, dass die Frauen »offenbar krisenfester« seien, besser mit Enttäuschungen umgehen könnten. Die Männer könnten von den Frauen lernen. Es ist aber nicht zu vergessen, dass Gewalt oft der letzte und schlechteste Ausweg ist. Es nützt nichts, daran vorbeizusehen oder es als »männlich« heimlich zu idealisieren. Die Gewaltproblematik muss angegangen werden, sie muss bei den jugendlichen Männern gebrandmarkt werden.

Die Verstofflichung des Menschen – die Entstofflichung der Dinge

Volkmar Sigusch[90] sieht hinter der aktuellen Gewaltbereitschaft die Tendenz, andere Menschen zu Objekten zu machen, sie zu verstofflichen und die Dinge zu entstofflichen und damit zu vermenschlichen. Man könnte auch sagen, Lebendiges wird tot gestellt und Totes wird verlebendigt. Dass Menschen verstofflicht werden, haben wir beim aggressiven Schimpfen festgestellt. Aber Dinge entstofflicht? Wie sieht das aus? Ein Ausschnitt aus der Stuttgarter Zeitung vom 20. November 1997[91]: »Sandra ist nicht ganz billig im Preis, dafür wunderbar anschmiegsam (das ahnt man auf den ersten Blick) und biegsam an den richtigen Stellen. Dazu dieser aufregende Teint! Tendenz pfirsichfarben. Tara ist preiswerter und auch nicht zu verachten in ihrer Körperfülle, den großzügigen Proportionen. Am günstigsten aber ist Agnes, gertenschlank und von kerzengerader Statur. Günstiger als Nadine jedenfalls, deren wohlgeformte Beine den Blick magisch anziehen.« Ich kann mir vorstellen, welche Phantasien Sie bewegen. Aber da steht weiter: »... wären die nur nicht ›aus Stahlrohr verchromt‹, wie der Prospekt des Einrichtungshauses trocken vermerkt.« Es war nicht von Frauen, sondern von Möbeln die Rede! Der Artikel ist überschrieben mit: »Edle Lockvögel«, von einem Mann geschrieben. Es müssen aber nicht nur die Frauen herhalten, die Männer kommen auch vor: »Ein wahrer Schrank mit voll durchgebildetem Body (›massive Kiefer‹) ist trotz Lausbubennamen Otti. Der formschöne Schuhschrank hört auf den klangvollen Namen Bodo. Peter, das Bett hingegen, wirkt ein wenig in die Breite gegangen.« Aber die Phantasie der Menschen, die diese Objekte so vermenschlicht haben, war eindeutig lebendiger bei den Frauen und ihren Formen.

Das ist ein Alltagsbeispiel dafür, was Sigusch die Entstofflichung der Dinge nennt, oder, wie Totes lebendig gemacht wird.

Die Verstofflichung des Menschen, die Verobjektivierung des Menschen ist bereits seit längerem in unserer Sprache verankert. Etwa in dem Satz: »Die Konzernspitze hat beschlossen«! Wie sieht diese Spitze aus, sind das vielleicht doch auch Menschen? Vieles fällt uns gar nicht mehr auf. Da heißt es zum Beispiel: »Die Strukturen verlangen das«, oder: »Einem Systemimperativ gehorchend werden die Strukturen verändert«, »Die Marktmechanismen zwingen« und »Wir haben neue Machtdispositive«. Was heißt das? Nicht mehr menschliches Vermögen entscheidet über den Gang der Dinge, sondern irgendetwas, das man als objektiv hinstellt. Nun wissen Sie, dass es in fast jeder Verfassung heißt: »Die Würde des Menschen ist unantastbar.« Die Frage ist nur: Wo bleibt diese Würde? Braucht man eigentlich noch die Würde des Menschen oder braucht man den Menschen nur noch als Mitspieler oder Mitspielerin in diesem Szenario von Verdinglichungen? Darüber entscheiden wir Menschen.

Sigusch sieht den individuellen Gewalttäter als Ausdruck dieser gesellschaftlichen Tendenz, die Lebendiges tot stellt und Totes verlebendigt. Das ist eine Art der

Perversion, unter der wir im Moment alle leiden. Vom individuellen Gewalttäter sagt er, dass dieser andere Menschen als belanglos, willenlos, bereits abgestorben, zu Stoff geworden, sieht. Sigusch meint, hier würden die menschenfeindlichen Tendenzen der Gesellschaft, die wir im Alltagsbewusstsein maskieren, im Zivilisationsprozess offensichtlich. Die Abtötung des fremden und des eigenen Lebens, die in unserer Gesellschaft generell stattfinde, würde durch die Gewalttäter aus der Abstraktion gerissen. Ein Mensch ist nur ein Ding, und mit Dingen kann man eigentlich umgehen, wie man will. Der Mensch zählt nur dann und so viel, sofern und inwieweit er benutzbar ist. Wenn Sie das geschlechtsspezifisch lesen und Sie zufällig eine Frau sind, dann würden Sie sagen: »Ja, das haben wir ja schon lange gehabt.« Der Mensch zählt nur dann und so viel, sofern und inwieweit er benutzbar ist. Und wir Frauen haben uns doch eigentlich vorgemacht und auch vorgenommen, dass das für die letzten fünfzig Jahre nicht mehr stimmt. Und jetzt soll es plötzlich für alle Menschen gelten.

Sigusch fügt dann als Beleg weiter an, dass pro Jahr rund fünfhundertausend Frauen verkauft werden für Prostitution. Dann der erschreckende Anstieg des Kinderkonsums in der Pädophilie. Die Diskussion um Missbrauch, um Pädophilie, um Kinderpornographie sollte man von Diskussionen über den sexuellen Trieb abkoppeln und sich statt dessen Gedanken darüber machen, wie sehr wir Menschen die Tendenz haben, Menschen zu Dingen zu machen, und über Dinge kann man ja bekanntlich verfügen.

Es folgt dann eine scharfe Kulturkritik: Unsere Kultur bezeichnet Sigusch als eine Kultur des Lebens im Nichtigsein, eine Kultur des Totlebens und Totsterbens, Totwirtschaftens, Totarbeitens, Totschweigens, Totredens, Totschlagens. Und als Kompensation sieht er den Drang zur Selbstübersteigerung. Denn wenn wir nichts sind oder, mit der Chaostheorie ausgedrückt, nur ein Fraktal, dann muss man sich natürlich irgendwie selber wieder darstellen. Den Höhepunkt dieser Selbstübersteigerung sieht er in der Technik des Klonens.

Dieser Artikel geht weit über das hinaus, was mit der Selbstentfremdung des Menschen in der modernen Gesellschaft immer einmal wieder diskutiert wurde. Der Mensch als ein Ding. Aber ganz so neu ist dieser Gedanke doch auch wieder nicht. Kant hat 1785, etwa vor zweihundert Jahren, schon einmal vor etwas sehr Ähnlichem gewarnt. »In der ganzen Schöpfung kann alles, was man will, und worüber man etwas vermag, auch bloß als Mittel gebraucht werden; nur der Mensch und mit ihm jedes vernünftige Geschöpf, ist Zweck an sich selbst.«[92] In der »Grundlegung der Metaphysik der Sitten« wird diese Aussage ergänzt: »Der Mensch aber ist keine Sache, mithin nicht etwas, das *bloß* als Mittel gebraucht werden kann, sondern muss bei allen seinen Handlungen jederzeit als Zweck an sich selbst betrachtet werden. Also kann ich über den Menschen in meiner Person nicht disponieren, ihn zu verstümmeln, ihn zu verderben oder zu töten.«[93] Und sein praktischer Imperativ, die Forderung, den Willen zu haben, so zu handeln, dass die ganze Welt so handeln könnte und es ein Gesetz würde, heißt: »Handle so, dass du die Menschheit sowohl in deiner Person als in der Person eines jeden anderen jederzeit zugleich als Zweck« – und damit meint er als sinnvoll in sich –, »niemals bloß als Mittel brauchst.« [94] Hier wird Achtung vor dem Menschen gefordert, auch Selbstachtung! Auch sich selber soll man nicht missbrauchen, ein unerwarteter Gedanke, den Kant hier vor mehr als 200 Jahren äußerte, und der auch heute noch höchst aktuell wäre, vielleicht sogar als Ausweg aus der »Verobjektivierung«, die Sigusch zu recht beklagt. Die Gefahr, einen Menschen zu einem Ding zu machen, gibt es offenbar nicht nur heute, sondern die gab es auch schon vor zweihundert Jahren.

Auch das dürfte ein Problem sein, das die Menschheit immer wieder beschäftigt – aber beschäftigen sollte es die Menschen.

Die Nekrophilie

Heute spricht nicht nur Sigusch von Menschen als Objekten, sondern in einer etwas anderen Terminologie auch immer wieder Erich Fromm in seinen Publikationen, ungefähr von 1943 bis 1964. Er spricht in diesem Zusammenhang von Nekrophilie und Biophilie. Nekrophilie ist eigentlich der Ausdruck für eine sexuelle Perversion: der Wunsch, mit einer Leiche sexuellen Verkehr zu haben oder bei einer Leiche zu bleiben. Fromm hat diesen Terminus aus diesem Kontext gelöst und versteht Nekrophilie als Orientierung ohne sexuelle Beimischung, als Liebe zum Toten. Ein Mensch mit nekrophiler Orientierung, so Fromm, fühle sich von allem nicht Lebendigen, von allem Toten angezogen und sei fasziniert von Leichen, Verwesung, Kot und Schmutz. Solche Menschen würden gerne über Krankheiten und Begräbnisse, über Tod und das Tote sprechen. Sie würden in der Vergangenheit und nie in der Zukunft leben. Kalt und auf Distanz bedacht, bekennen sie sich zu Gesetz und Ordnung. Nicht das Lebendige erregt sie, sondern das Tote erregt und befriedigt. Typisch ist dann die Einstellung zur Gewalt. Gewalt beruht für Fromm letzten Endes auf der Fähigkeit zu töten. Der nekrophile Mensch ist in die Gewalt geradezu verliebt, für ihn gibt es nur zwei Geschlechter: die Mächtigen und die Machtlosen, die Töter und die Getöteten. Als Beispiel für den nekrophilen Typen nennt er Hitler.[95]

»Während Leben als strukturiertes, funktionelles Wachstum gekennzeichnet ist, liebt der nekrophile Mensch alles, was nicht wächst, alles, was mechanisch ist. Er wird von dem Verlangen getrieben, Organisches in Anorganisches umzuwandeln (hier haben wir die Idee der Verstofflichung, die heute von Sigusch vertreten wird), das Leben so mechanisch aufzufassen, als ob alle lebendigen Menschen nichts anderes seien als Dinge. Alle Lebensprozesse, alle Gefühle und Gedanken wandelt er in Dinge um. Für ihn zählt nur die Erinnerung und nicht das lebendige Erleben, es zählt das Haben und nicht das Sein.«[96] Seine Erklärung für diese Orientierung: Der Nekrophile hat ungeheure Angst vor dem Leben und vor allem, was ungeordnet und nicht kontrollierbar ist. Und deshalb hat er ein großes Bedürfnis nach Gewissheit. Alles, was lebendig ist, ist aber immer unvorhersagbar. Deshalb ist es am besten, wenn man einfach alles tot macht. Denn das Tote ist eigentlich das einzig Gewisse im Leben. Diese Erklärung könnte auch die Beobachtungen von Sigusch erhellen: Die große Angst vor dem Lebendigen, vor dem Nichtkontrollierbaren und Vorhersagbaren, bewirkt, dass man versucht, alle Dinge so zu kontrollieren, dass sie eigentlich ganz starr werden und wie tot.

Das Gegenteil der nekrophilen Orientierung wäre dann die biophile Orientierung, die Liebe zum Lebendigen. In der biophilen Orientierung hat der Mensch die Tendenz, das Leben zu erhalten, sich gegen den Tod zu wehren und alles, was ist auf der Welt, zu integrieren, miteinander in Beziehung zu bringen und nicht abzugrenzen. Wer das Leben liebt, fühlt sich vom Leben und vom Wachstumsprozess angezogen, will lieber neu schaffen als bewahren, vermag zu staunen, erlebt lieber etwas Neues als die Bestätigung des Alten. Das Abenteuer zu leben ist ihm mehr wert als Sicherheit. Das muss hier genügen, auch wenn Fromm vom biophilen Charakter mindestens so viel zu sagen weiß wie vom nekrophilen. Natürlich hat kein Mensch eine ausschließlich nekrophile oder biophile Orientierung. Der nur Nekrophile wäre krank, der nur Biophile wäre ein Heiliger oder eine Heilige. Beide Orientierungen sieht

Fromm als zum Leben gehörig , bei ihm klingt noch die Gegenüberstellung von Eros und Todestrieb bei Freud an, aber nicht mehr als Trieb.

Fromm bringt die nekrophile und die biophile Orientierung dann auch mit aktuellen Situationen in Verbindung: Die Nekrophilie wäre daran erkennbar, welche Rolle das Töten in unseren Unterhaltungsprogrammen einnehme. Das ist nicht 1998, sondern etwa 1958 geschrieben worden!

Aber auch an anderen Orten wird nach Fromm die nekrophile Orientierung sichtbar:

Intellektualisierung, Quantifizierung, Abstrahierung, Bürokratisierung und Versachlichung, die Kennzeichen der heutigen Industriegesellschaft, bezeichnet er nicht als Lebensprinzipien, sondern als mechanische Prinzipien, wenn man sie auf den Menschen statt auf Dinge anwendet. Menschen, die in einem solchen System leben, werden gleichgültig gegenüber dem Leben und fühlen sich vom Toten angezogen. Fromm stellt eine ähnliche Diagnose wie Sigusch vierzig Jahre später. Was neu ist an Sigusch, ist die Beobachtung, dass wir statt dessen die Objekte vermenschlichen: Wenn wir selber nicht mehr lebendig sind, wollen wir wenigstens noch mit lebendigen Objekten leben. Falls es wirklich die uneingestandene Angst vor dem Lebendigen ist, die die nekrophile Orientierung befördert, dann können wir ungestraft Objekte verlebendigen, die werden uns dann wohl nicht gefährlich werden. Menschen werden dadurch aber weder lebendiger, noch bringt man ihnen den erforderlichen Respekt entgegen.

Fromm gibt aber auch einen wichtigen Hinweis, wie dieses Problem angegangen werden kann: statt Modelle zu beschreiben, statt zu intellektualisieren, beschreibt man das Erleben, beschreibt man emotionale Sachverhalte. Dadurch kommt man von der Metasprache wieder in eine Sprache, die direkt mit der Lebenswelt, mit der Welt der Erfahrungen etwas zu tun hat, und die Menschen dort berührt, wo sie lebendig sind und wo ihnen auch die Lebendigkeit abhanden kommen kann.

Die Analyse der paranoiden Einstellung

Gedanken zur Gewalt hat sich auch Horst Eberhard Richter gemacht, unter anderem in dem ungemein reichen Aufsatz »Zur Epidemie der Gewalt«[97]. Er geht zunächst auf Freud zurück. Freud schrieb 1932 in einem Brief an Einstein zum Thema »Warum Krieg?«[98]: »Wenn die Bereitwilligkeit zum Krieg ein Ausfluss des Destruktionstriebs ist, so liegt es nahe, gegen sie den Gegenspieler dieses Triebes, den Eros, anzurufen. Alles was Gefühlsbindungen unter den Menschen herstellt, muss dem Krieg entgegenwirken.« Dieser Eros, so meint er, wäre einmal in den Beziehungen wie zu einem Liebesobjekt, wenn auch ohne sexuelle Ziele, und dann in den Gefühlsbindungen aus der Identifizierung heraus zu gewinnen. Durch die Identifizierung mit anderen Menschen gibt es Gemeinsamkeit unter den Menschen. 1932 war Freud überzeugt, dass eines Tages der Eros gegen den Destruktionstrieb gewinnen würde. Und nicht nur das! 1930, in seiner Schrift »Das Unbehagen in der Kultur«, sagt er, zum einen gründe sein Optimismus in der schützenden und fördernden Macht des Eros, zum anderen aber auch auf dem Erstarken intellektueller Ich-Kräfte, die mit dem kulturellen Fortschritt unmittelbar verbunden seien. [99] Bei der Frage, was denn der Aggression entgegenzusetzen sei, habe ich einerseits von der Entwicklung der prosozialen Gefühle gesprochen, zum anderen von der Konsolidierung des Selbstwertgefühls. Das sind im Grunde genommen die Hoffnungen, die Freud 1930 hatte.

Richter will die Frage klären, ob dieser Optimismus von Freud begründet ist. Um dies zu klären, analysiert er unsere heutige Situation. Für ihn ist mehr die versteckte Gewalt ein Problem, gar nicht so sehr die offene. Die versteckte Gewalt, die er darin sieht, dass wir die ganze Natur kaputt machen und nicht einmal über unsere Brutalität erschrecken, weil wir sie gar nicht spüren. Denn wenn wir sie spüren würden, würden wir daran arbeiten. Als Grund dafür sieht er einen »Bemächtigungsdrang«. Das ist eine sehr interessante theoretische Konstruktion. Er postuliert einen Bemächtigungsdrang in unserem Unbewussten, der aber unterdessen verdächtigt wird. Das »Macht euch die Erde untertan«, der Befehl sozusagen zur Bemächtigung, ist, man weiß es heute, falsch verstanden worden. Und Richter meint, hier komme etwas zu einem Ende.

Sehr wichtig im Zusammenhang mit der Diskussion um die Gewalt finde ich Richters Analyse unserer heutigen »paranoiden Einstellung« im Zusammenhang mit Gewalt. Ich erinnere in diesem Zusammenhang an die Diskrepanz zwischen der Überzeugung, wie selten wir einem anderen Menschen wirklich schaden wollen, und der Angst, Opfer einer beabsichtigen Schädigung durch einen Mitmenschen zu sein. Durch Überlegungen zur Psychodynamik sind wir darauf gekommen, dass diese Befürchtung daraus entsteht, dass wir unsere eigenen feindseligen Gefühle abspalten und sie an unsere Mitmenschen delegieren und deshalb dann befürchten, dass diese Aggressionen gegen uns gewendet werden. Eine solche Haltung kann man eine paranoide Haltung nennen. Und Richter diagnostiziert nun, in dieser Haltung würden wir uns alle befinden, weil wir unsere Bedrückung durch die ganze Gewaltsituation gar nicht aushalten können. Infolgedessen projizierten wir das Negative, das Aggressive, das Brutale hinaus und sähen uns in der Folge nur noch von Aggression und von Zerstörung umgeben. Das einzige, was uns bleibe, sei, sich in der engsten Umgebung seiner Haut zu wehren zu versuchen. Er sagt weiter, das Weltbild teile sich nicht mehr in die Polarität von Destruktion und Eros, sondern von Gewalt und Gegengewalt, von Verfolgtwerden und Verfolgen, von Bedrohtwerden und Bedrohen. »Die paranoide Stimmung, die zur Zeit vorherrscht, erzeugt ein geschlossenes System von aufeinander abgestimmtem Wahrnehmen, Denken und Handeln ... Es wird nur noch das Böse wahrgenommen, das zu der eigenen paranoiden Einstellung passt.«[100] Geschieht einmal etwas Gutes in unserer Welt, erleben wir es, befangen in diesem System, als Folge einer Gegengewalt. Er bringt als Beispiel die Frage, warum Gorbatschow den friedlichen Umbau in den Ländern des ehemaligen Ostblocks zugelassen hat, und weist darauf hin, man könne natürlich sagen, er hätte kein Geld mehr gehabt oder das Wettrüsten hätte das gebracht, aber man könnte es auch so sehen, dass da ein Erneuerungswille in einem Menschen gewirkt habe. Das wäre jetzt der Ausstieg aus diesem paranoiden System: Man kann etwas auch positiv sehen, als etwas Kreatives, man steigt aus dem Erklärungsmodell von Gewalt und Gegengewalt aus. Die Art, wie wir denken, entscheidet darüber, was wir überhaupt erfahren über die Welt. Mir erscheint es sehr wichtig, dass Richter diese paranoide Haltung, die einem auf Schritt und Tritt begegnet, anprangert und folgert, dass dieses gegenwärtige Klima eine Anthropologie fördere, nach der der Mensch im wesentlichen als schlecht angesehen werde und nur durch äußeren Druck zu disziplinieren, nur durch äußeren Druck am Ausleben seiner gefährlichen Anlagen zu hindern sei. Das wäre allerdings ein verheerendes Menschenbild!

Er fragt sich aber auch, ob es so etwas wie einen Erneuerungswillen gibt. Kann man überhaupt irgendwo auch den Eros am Werk sehen? Richter sieht diesen Eros zum einen bei den humanistischen Widerstandskämpfern, etwa bei Sacharow, er sieht ihn nicht bei den Intellektuellen; diese, befindet er, wären sich in ihren Schwanengesang alle einig und hielten das für realistisch. Dann nennt er Jugendinitiativen, die für etwas und nicht mehr gegen etwas sein wollen. Und er nennt überhaupt die vielfältigen Bemühungen, Betätigungsfelder für positive Gefühle zu finden.

Sie sehen, das Feld des Eros ist nicht besonders eindrucksvoll, es verbietet sich aber, aus dem paranoiden System heraus zu reagieren, und was bleibt uns denn eigentlich anderes als die Hoffnung? Vielleicht könnte man sogar einiges beifügen: Betätigungen von Jugendlichen, bei denen weniger Rivalität herrscht. Die Technokultur könnte so etwas sein. Man muss die Frage, ob der Eros letztlich gewinnt, so nicht stellen: Wesentlich ist, dass dem Hang zum Destruktiven etwas entgegengesetzt wird.

Das Problem der Gewalt ist ein äußerst vielschichtiges Problem. Wie immer ist es so, dass an der eigenen Gewaltbereitschaft gearbeitet werden kann, und in diesem Zusammenhang ist es mir wichtig, verantwortlich mit dem eigenen Ärger und mit der eigenen Aggression umzugehen, das heißt natürlich auch, Verantwortung für die eigene Gewaltbereitschaft, für die eigene Destruktivität, aber auch Verantwortung für die eigene Aktivität, für das eigene Bewirken-Können zu übernehmen. Gelegentlich hilft die Trauer über die eigene Destruktivität weiter und weckt die prosozialen Gefühle oder stellt sie zumindest mehr in den Mittelpunkt der Sehnsucht. Es geht darum, dass wir den anderen Menschen achten und dass wir uns selber achten. Die Solidarität mit den anderen und mit uns selbst, der Respekt vor den anderen und vor uns, die Treue zu unseren Gefühlen und den Gefühlen der anderen, die Probleme anzeigen und Veränderung möglich machen, sind gefragt. Alte Tugenden wie die Gerechtigkeit könnten auch zu neuen Tugenden werden.Gelegentlich aber hilft nur, sich aggressiv gegen die eigene Destruktivität zu wehren, sie sich um gar keinen Preis zu erlauben. Das Thema der eigenen Destruktivität fängt mit dem eigenen Ärger und der daraus folgenden Aggression an, aber auch mit unserem Selbstkonzept, das auch in unserer Verantwortung liegt.

Es darf bei alldem nicht vergessen werden: Die Tatsache, dass wir uns so häufig ärgern, bedeutet, dass wir zutiefst auf ein Recht auf Selbstentfaltung und Selbstbehauptung in einer Atmosphäre der unversehrten Intersubjektivität hin konzipiert sind und dass wir daran glauben, dass Veränderungen möglich sind auch zum Besseren hin. Der Ärger zeigt uns aber auch ganz besonders, wie sehr wir Menschen uns innerhalb von Beziehungen entfalten und behaupten.

Danksagung

Ich möchte an dieser Stelle all den Menschen danken, die mir zugehört haben, wenn ich mehr oder weniger begeistert über den Ärger als energetisierende Emotion gesprochen habe, und die mich angeregt haben, auch Aspekte, die mir etwas ferner lagen, mitzubedenken. Ich möchte aber hier auch einmal all den Menschen danken, die meinen Ärger verstanden haben und nicht gleich zurückgeschreckt sind.

Ganz besonders danke ich denen, die mir erlaubt haben, ihre Ärgergeschichten in diesem Buch zu schildern sowie der Lektorin, Frau Hildegunde Wöller, die sich hoffentlich nur produktiv geärgert hat.

Anmerkungen

1 Emde, Robert N. (1991) Die endliche und die unendliche Entwicklung. In Psyche 45, 9, S. 763

2 Emde, S. 771–773

3 Kast, Verena (1994) Vater-Töchter, Mutter-Söhne: Wege zur eigenen Identität aus Vater- und Mutterkomplexen, Kreuz, Stuttgart. Als Komplex bezeichnet man Inhalte des Unbewussten, generalisierte schwierige oder als traumatisch erlebte Beziehungsepisoden, die durch dic gleiche Emotion und durch ein gemeinsames Thema mit den damit in Zusammenhang stehenden typischen Beziehungsthemen und Beziehungsepisoden verbunden sind und in Grenzen stellvertretend füreinander stehen können.

4 Vgl. Kruse, Emotionsentwicklung und Neurosenentstehung

5 Izard, Carroll E. (1981) Die Emotionen des Menschen, Beltz, Weinheim

6 Lichtenberg, Joseph D. (1991) Psychoanalyse und Säuglingsforschung, Springer, Berlin S. 22

7 Lichtenberg, S. 19

8 Siehe auch Kornadt, Hans-Joachim (1982) Aggressionsmotiv und Aggressionshemmung, Huber, Bern, S. 278

9 Lersch, Philipp (1970) Aufbau der Person. Johann Ambrosius Barth, München

10 Lersch, Aufbau der Person, S. 235f.

11 Kast, Verena (1994) Vater-Töchter

12 Lichtenberg, S. 111

13 Kast, Verena (1990) Die Dynamik der Symbole. Grundlagen der Jungschen Psychotherapie, Walter, Olten

14 Kast, Verena (1996) Neid und Eifersucht. Die Herausforderung durch unangenehme Gefühle, Walter, Zürich und Düsseldorf

15 Kast, Verena (1998) Abschied von der Opferrolle. Das eigene Leben leben, Herder, Freiburg

16 Kast, Verena (1990) Die Dynamik der Symbole, Walter, Olten S. 67ff.

17 Kast, Verena, Vater-Töchter

18 Kast, Verena (1996) Vom Sinn der Angst, Herder, Freiburg

19 Weiterführende Gedanken dazu bei: Kast, Verena (1998) Abschied von der Opferrolle. Das eigene Leben leben

[20] Kast, Verena (1994) Sich einlassen und loslassen. Neue Lebensmöglichkeiten bei Trauer und Trennung, Herder, Freiburg

[21] von Uexküll, Thure (1986) Hg. Adler, A. u. a. Psychosomatische Medizin, Urban & Schwarzenberg, München

[22] Hokanson, zitiert in: Davison G. C., Neale, J. M. (1988) Klinische Psychologie, Urban & Schwarzenberg, München, S. 235

[23] Schmidt, Thomas H. et al.: Arterielle Verschlusskrankheiten: koronare Herzkrankheit, Apoplexie und Claudicatio intermittens. In: von Uexküll Thure, Psychosomatische Medizin, S. 650–690

[24] Laing, Ronald D. (1960, 1972) Das geteilte Selbst, Kiepenheuer & Witsch, Köln

[25] Willi, Jürg (1975) Die Zweierbeziehung, Rowohlt, Reinbek

[26] Riemann, Fritz (1976) Grundformen helfender Partnerschaft, Pfeiffer, München

[27] Stern, Daniel N. (1992) Die Lebenserfahrung des Säuglings, Klett-Cotta, Stuttgart

[28] Kast, Verena (1982) Trauern. Phasen und Chancen des psychischen Prozesses, Kreuz, Stuttgart
Kast, Verena (1994) Sich einlassen und loslassen. Neue Lebensmöglichkeiten bei Trauer und Trennung, Herder Spektrum, Freiburg

[29] Greenglass, Esther R. (1986) Geschlechterrolle als Schicksal , Klett-Cotta, Stuttgart
Faust, Volker, Hg. (1995) Psychiatrie, Fischer, Stuttgart. S. 113

[30] Siehe auch Stern, Daniel, Die Lebenserfahrung

[31] Ringel, Erwin (1969) Selbstmordverhütung, Huber, Bern

[32] Henseler, Heinz (1974) Narzisstische Krisen – Zur Psychodynamik des Selbstmords, Rowohlt, Reinbek

[33] Henseler, Heinz, Probleme bei der Behandlung chronisch suizidaler Patienten, in Henseler H., Reimer Ch. (Hg.) (1981) Selbstmordgefährdung, fommann-holzboog, Stuttgart-Bad Cannstatt

[34] Sachsse, Ulrich, »Blut tut gut« und Sachsse, Ulrich, Reddemann, Luise, Eine Behandlungsstrategie für in der Kindheit traumatisierte Patienten

[35] Fromm, Erich (1959) Der kreative Mensch, In: Fromm Gesamtausgabe 9 (1989) dtv München S. 406, § 53

[36] Haerlin, Peter (1987) Wie von selbst. Vom Leistungszwang zur Mühelosigkeit, Quadriga, Weinheim, Berlin

37 Zum Thema Komplex siehe auch Kast: Abschied von der Opferrolle

38 Kast, Dynamik, S. 44ff.

39 Kast, Vater-Töchter, S. 197ff.

40 Neuerdings bei Comte-Sponville, André (1996) Ermutigung zum unzeitgemäßen Leben. Ein kleines Brevier der Tugenden und Werte, Rowohlt, Reinbek

41 Kornadt, Hans-Joachim (1982) Aggressionsmotiv und Aggressionshandlung, Huber, Bern, S. 284f.

42 Comte-Sponville, André (1996) Ermutigung zum unzeitgemäßen Leben, Rowohlt, Reinbek, S. 78

43 zitiert in Comte-Sponville, S. 79

44 Aristoteles (1966) Nikomachische Ethik, Ferdinand Schöningh, Paderborn, V,9

45 Platon , Kriton 48–54

46 zitiert in Comte-Sponville, S. 103

47 Kast, Verena (1991) Freude, Inspiration, Hoffnung, Walter, Olten

48 Emrich, Hinderk M. (1992) Der überwertige Charakter: Prozeß, Identität und Wertewelt. In Pflüger, Peter-M. (Hg.) (1992) Gewalt – warum? Der Mensch: Zerstörer und Gestalter, Walter, Olten, S. 31–61

49 Emrich, Der überwertige Charakter, S. 41ff.

50 Zitate aus Emrich, S. 41ff.

51 Bischof-Köhler, Doris (1989) Spiegelbild und Empathie. Die Anfänge der sozialen Kognition, Huber, Bern

52 Mazur, Allan (1983) Hormones, Aggression and Dominance in Humans, Plenum Press, New York

53 1. Mose 2, 16–17, Menge Bibel, Stuttgart

54 Kiener, Franz (1983) Das Wort als Waffe. Zur Psychologie der verbalen Aggression, Vandenhoeck & Ruprecht, Göttingen

55 Allport, G. W. und Postman, L. (1965) The Psychology of Rumour, Mc Graw Hill, New York
Allport, G. W. (1971) Die Natur des Vorurteils, Kiepenheuer & Witsch, Köln

56 Kohut Heinz (1973) Überlegungen zum Narzissmus und zur narzisstischen Wut, In: Psyche 27, 6, S. 513–554

57 Habermas, Jürgen (1990) Vergangenheit als Zukunft. Pendo-profile, Zürich, S. 148ff.

58 Siehe auch Suizidalität, in diesem Band S. 116–119

59 Kast, Verena (1996) Neid und Eifersucht, S. 93ff.

60 Kast, Verena , Vater-Töchter, S. 197ff.

61 Balint, Enidd (1988) (1961) Die Urformen der Liebe, dtv München, S. 160ff.
62 Bowlby, J. (1976) Trennung: Psychische Schäden als Folge der Trennung von Mutter und Kind, Kindler, München
63 Siehe Lichtenberg, Psychoanalyse und Säuglingsforschung, S. 74f.
64 Riedel, Ingrid (1992) Maltherapie. Kreuz, Stuttgart
65 Kruse, Otto (1991) Emotionsentwicklung und Neurosenentstehung. Perspektiven einer klinischen Entwicklungspsychologie, Enke, Stuttgart, S. 123
66 Kast, Abschied von der Opferrolle
67 Steinert, T. Aggression. In: Faust, Volker (1995) Psychiatrie. Ein Lehrbuch für Klinik, Praxis und Beratung
68 Mazur, Allan (1983) Hormones, Aggression and Dominance in Humans, Plenum Press, New York
69 Rossi, A. uns Rossi, P. (1980) Body Time and Social Time: Mood Patterns by Menstrual Cycle Phase and Day of Week, In: Parsons J. (1980) The Psychobiology of Sex Differences and Sex Roles, Mc Graw Hill, New York
70 Kruse, Otto, Emotionsentwicklung, S. 120
71 Eron, Leonard D. (1992) Gender Differences in Violence. Biology and/or Socialization? In: Björquist, Kaj, Niemelä, Pirkko (Hg.) Of Mice and Women. Aspects of Female Aggression, Brookfield, Vermont
72 Fibush, Ronald (1993) Emotional Content of Parent Child Conversation about the Past. In: Nelson, Ch. E. (Hg.) Memory and Affect in Development. Hillsdale, NJ
73 Viemerö, Vappu, Changes in Patterns of Aggressiveness among Finish Girls over a Decade
74 Sanfilippo, Sabrina (1996) Der Umgang mit Konflikten. Geschlechtsspezifische Unterschiede, Lizenziatsarbeit an der Universität Zürich
75 Jacklin, Carol Nagy (Hg) (1992) The Psychology of Gender, Vol. III, Brookfield, Vermont
76 Gilligan, Carol (1984) Die andere Stimme. Lebenskonflikte und Moral der Frau, Piper, München
77 Belle, Deborah (1987) Gender Differences in the Social Moderators of Stress, In Barnett et al.: Gender and Streß, New York and London
78 Eine gute Übersicht dazu findet sich in: Selg, Herbert, Mees, Ulrich, Berg, Detlef (1988) Psychologie der Aggressivität, Verlag für Psychologie Dr. C. J. Hogrefe, Göttingen, Toronto, Zürich

[79] Lichtenberg, Joseph D. et al. (1992) Self and Motivational System, The Analytic Press, Hillsdale NJ
[80] Jacoby, Mario (1998) Grundformen seelischer Austauschprozesse. Jungsche Therapie und neuere Kleinkindforschung, Walter, Zürich, Düsseldorf S. 70
[81] Vgl. Kruse, Otto, Emotionsentwicklung, S. 115
[82] Freud, Sigmund (1915, 1975) Triebe und Triebschicksale, Studienausgabe Bd. III, S. Fischer, FFM
[83] Lorenz, Konrad (1963) Das sogenannte Böse, Borotha-Schoeler, Wien
[84] Dollard, J. et al. (1939) Frustration and Aggression, Yale University Press, New Haven
[85] Bandura, A. und Walters, R. H. (1963) Social Learning and Personality Development, New York
[86] Artikel in der NZZ vom 16. Jan. 1998
[87] Dornes, Martin (1997) Die frühe Kindheit, Fischer-Tb, Frankfurt/M S. 245–285
[88] Pfeiffer, Christian (1997) Wohin mit den Horror-Kids? In: SPIEGEL special 12/97, S. 32
[89] Pfeiffer, S. 32
[90] Sigusch, Volkmar (1997) Metamorphosen von Leben und Tod, Psyche 51, 9/10, S. 835ff.
[91] Fronz, Hans-D. (1997) Edle Lockvögel. In: Stuttgarter Zeitung vom 20. 9. 97
[92] Kant, Immanuel (1967 Nachdruck) Kritik der praktischen Vernunft, Meiner, Hamburg S. 156
[93] Kant, Immanuel (1906, 1965) Grundlegung zur Metaphysik der Sitten, Meiner, Hamburg S. 429
[94] Kant, Grundlegung, S. 429
[95] Fromm, Erich (1964) Die Seele des Menschen, Ihre Fähigkeit zum Guten und zum Bösen, Gesamtausgabe Bd. II, dtv München S. 40
[96] Fromm, Die Seele des Menschen, S. 41
[97] Richter, Horst-Eberhard (1995) Zur Epidemie der Gewalt, Wiener Vorlesungen, Picus, Wien
[98] Freud, Sigmund, Warum Krieg?
[99] Richter, Zur Epidemie, S. 10
[100] Richter, Zur Epidemie, S. 16

Literaturverzeichnis

Allport, G. W. (1971) Die Natur des Vorurteils, Kiepenheuer & Witsch, Köln

Allport, G. W. und Postman, L. (1965) The Psychology of Rumour, Mc Graw Hill, New York

Aristoteles (1966) Nikomachische Ethik, Ferdinand Schöningh, Paderborn

Balint, Enidd (1988) (1961) Die Urformen der Liebe, dtv München

Bandura, A. und Walters, R. H. (1963) Social Learning and Personality Development, New York

Belle, Deborah (1987) Gender Differences in the Social Moderators of Stress, In Barnett et al.: Gender and Streß, New York and London

Bischof-Köhler, Doris (1989) Spiegelbild und Empathie. Die Anfänge der sozialen Kognition, Huber, Bern

Bowlby, J. (1976) Trennung: Psychische Schäden als Folge der Trennung von Mutter und Kind, Kindler, München

Comte-Sponville, André (1996) Ermutigung zum unzeitgemäßen Leben. Ein kleines Brevier der Tugenden und Werte, Rowohlt, Reinbek

Dollard, J. et al. (1939) Frustration and Aggression, Yale University Press, New Haven

Dornes, Martin (1997) Die frühe Kindheit, Fischer-Tb, Frankfurt/M

Emde, Robert N.(1991) Die endliche und die unendliche Entwicklung, in Psyche 45, 9, 745–779

Emrich, Hinderk M. (1992) Der überwertige Charakter: Prozeß, Identität und Wertewelt. In: Pflüger, Peter-M. (Hg.) (1992) Gewalt – warum? Der Mensch: Zerstörer und Gestalter, Walter, Olten, S. 31–61

Eron, Leonard D. (1992) Gender Differences in Violence. Biology and/or Socialization? In: Björquist, Kaj, Niemelä Pirkko (Hg.) Of Mice and Women. Aspects of Female Aggression, Brookfield, Vermont

Faust, Volker, Hg. (1995) Psychiatrie, Fischer, Stuttgart.

Fibush, Ronald (1993) Emotional Content of Parent Child Conversation about the Past. In: Nelson, Ch. E. (Hg.) Memory and Affect in Development, Hillsdale, NJ

Freud, Sigmund (1915, 1975) Triebe und Triebschicksale, Studienausgabe Bd. III, S. Fischer, FFM
Freud, Sigmund (1933, 1975) Warum Krieg? Studienausgabe Bd IX, S. Fischer FFM
Fromm, Erich (1959) Der kreative Mensch, In Fromm Gesamtausgabe 9, (1989) dtv München
Fromm, Erich (1964) Die Seele des Menschen, ihre Fähigkeit zum Guten und zum Bösen, Gesamtausgabe Bd. II, dtv München
Fronz, Hans-D. (1997) Edle Lockvögel. In: Stuttgarter Zeitung vom 20. 9. 97
Gilligan, Carol (1984) Die andere Stimme. Lebenskonflikte und Moral der Frau, Piper, München
Greenglass, Esther R. (1986) Geschlechterrolle als Schicksal, Klett-Cotta, Stuttgart
Habermas, Jürgen (1990) Vergangenheit als Zukunft. Pendo-profile, Zürich
Haerlin, Peter (1987) Wie von selbst. Vom Leistungszwang zur Mühelosigkeit, Quadriga, Weinheim, Berlin
Henseler, Heinz (1974) Narzisstische Krisen – Zur Psychodynamik des Selbstmords, Rowohlt, Reinbek
Henseler, Heinz, Probleme bei der Behandlung chronisch suizidaler Patienten, in Henseler H., Reimer, Ch. (Hg.) (1981) Selbstmordgefährdung, fommann-holzboog, Stuttgart-Bad Cannstatt
Hilke, Reinhard, Kempf, Wilhelm (1982) Aggression. Naturwissenschaftliche und kulturwissenschaftliche Perspektiven der Aggressionsforschung, Huber, Bern
Hokanson, zitiert in: Davison G. C., Neale J. M. (1988) Klinische Psychologie, Urban & Schwarzenberg, München
Izard, Carroll E. (1981) Die Emotionen des Menschen, Beltz, Weinheim
Jacklin, Carol Nagy (Hg.) (1992) The Psychology of Gender, Vol. III, Brookfield, Vermont
Jacoby, Mario (1998) Grundformen seelischer Austauschprozesse. Jungsche Therapie und neuere Kleinkindforschung, Walter, Zürich, Düsseldorf
Jung, Carl Gustav (1968) GW 3, Psychogenese der Geisteskrankheiten, Walter, Olten
Kant, Immanuel (1906, 1965) Grundlegung zur Metaphysik der Sitten, Meiner, Hamburg
Kant, Immanuel (1967 Nachdruck) Kritik der praktischen Vernunft, Meiner, Hamburg

Kast, Verena (1982) Trauern. Phasen und Chancen des psychischen Prozesses, Kreuz, Stuttgart
Kast, Verena (1990) Die Dynamik der Symbole. Grundlagen der Jungschen Psychotherapie, Walter, Olten
Kast, Verena (1991) Freude, Inspiration, Hoffnung, Walter, Olten
Kast, Verena (1994) Sich einlassen und loslassen. Neue Lebensmöglichkeiten bei Trauer und Trennung, Herder, Freiburg
Kast, Verena (1994) Vater-Töchter, Mutter-Söhne. Wege zur eigenen Identität aus Vater- und Mutterkomplexen, Kreuz, Stuttgart
Kast, Verena (1996) Neid und Eifersucht. Die Herausforderung durch unangenehme Gefühle, Walter, Zürich und Düsseldorf
Kast, Verena (1996) Vom Sinn der Angst, Herder, Freiburg
Kast, Verena (1998) Abschied von der Opferrolle. Das eigene Leben leben, Herder, Freiburg
Kiener, Franz (1983) Das Wort als Waffe. Zur Psychologie der verbalen Aggression, Vandenhoeck & Ruprecht, Göttingen
Kohut, Heinz (1973) Überlegungen zum Narzissmus und zur narzisstischen Wut. In: Psyche 27, 6, S. 513–554
Kornadt, Hans-Joachim (1982) Aggressionsmotiv und Aggressionshandlung, Huber, Bern,
Kruse, Otto (1991) Emotionsentwicklung und Neurosenentstehung. Perspektiven einer klinischen Entwicklungspsychologie, Enke, Stuttgart
Laing, Ronald D. (1960, 1972) Das geteilte Selbst, Kiepenheuer & Witsch, Köln
Lersch, Philipp (1970) Aufbau der Person, Johann Ambrosius Barth, München
Lichtenberg, Joseph D. (1991) Psychoanalyse und Säuglingsforschung, Springer, Berlin
Lichtenberg, Joseph D. et al. (1992) Self and Motivational System, The Analytic Press, Hillsdale NJ
Lorenz, Konrad (1963) Das sogenannte Böse, Borotha-Schoeler, Wien
Mazur, Allan (1983) Hormones, Aggression and Dominance in Humans, Plenum Press, New York
Pfeiffer, Christian (1997) Wohin mit den Horror-Kids? In: SPIEGEL special 12/97
Platon, Kriton 48–54
Richter, Horst-Eberhard (1995) Zur Epidemie der Gewalt, Wiener Vorlesungen, Picus, Wien

Riedel, Ingrid (1992) Maltherapie, Kreuz, Stuttgart
Riemann, Fritz (1976) Grundformen helfender Partnerschaft, Pfeiffer, München
Ringel, Erwin (1969) Selbstmordverhütung, Huber, Bern
Rossi, A. und Rossi, P. (1980) Body Time and Social Time: Mood Patterns by Menstrual Cycle Phase and Day of Week, In: Parsons J. (1980) The Psychobiology of Sex Differences and Sex Roles. Mc Graw Hill, New York
Sachsse, Ulrich (1989) »Blut tut gut«. Genese, Psychodynamik und Psychotherapie offener Selbstbeschädigungen der Haut. In: Hirsch, M. (Hg.) Der eigene Körper als Objekt. Zur Psychodynamik selbstdestruktiven Körperreagierens, S. 94–117. Springer, Berlin, Heidelberg, New York
Sachsse, Ulrich, Reddemann, Luise (1997) Eine Behandlungsstrategie für in der Kindheit traumatisierte Patienten, Auditorium Netzwerk, Münsterschwarzach Abtei
Sanfilippo, Sabrina (1996) Der Umgang mit Konflikten. Geschlechtsspezifische Unterschiede, Lizenziatsarbeit an der Universität Zürich
Schmidt, Thomas H. et al. : Arterielle Verschlusskrankheiten: koronare Herzkrankheit, Apoplexie und Claudicatio intermittens. In: von Uexküll Thure, Psychosomatische Medizin, S. 650–690
Selg, Herbert, Mees, Ulrich, Berg, Detlef (1988) Psychologie der Aggressivität, Verlag für Psychologie Dr. C. J.Hogrefe, Göttingen, Toronto, Zürich
Sigusch, Volkmar (1997) Metamorphosen von Leben und Tod, Psyche 51, 9/10, S. 835ff.
Steinert, T., Aggression. In: Faust, Volker (1995) Psychiatrie. Ein Lehrbuch für Klinik, Praxis und Beratung
Stern, Daniel N. (1992) Die Lebenserfahrung des Säuglings, Klett-Cotta, Stuttgart
Viemerö, Vappu (1992) Changes in Patterns of Aggressiveness among Finish Girls over a Decade. In: Björquist, Kai, Niemelä, Pirkko (Hg) Of Mice and Women. Aspects of Female Aggression, San Diego, S. 99–106
Willi, Jürg (1975) Die Zweierbeziehung, Rowohlt, Reinbek

Verena Kast

Lass dich nicht leben – lebe!
Die eigenen Ressourcen schöpferisch nutzen
Band 5314
Authentisch sein: Verena Kast erschließt neue Dimensionen zu diesem Lebensthema. „Nach wie vor erfrischende Lebenshilfe" (ekz).

Abschied von der Opferrolle
Das eigene Leben leben
Band 5374
Erstarrte Positionen aufgeben, ein gutes Selbstwertgefühl entwickeln, das eigene Leben wirklich leben. Darum geht es.

Trotz allem ICH
Gefühle des Selbstwerts und die Erfahrung von Identität
Band 5641
Wer sich mit sich selbst im Einklang fühlt, hat ein gutes Selbstwertgefühl. Verena Kast macht deutlich, was uns eigentlich zusammenhält – als je eigene Persönlichkeit. Das Standardwerk der großen Psychologin.

Sich wandeln und sich neu entdecken
Band 5914
Leben heißt wachsen und sich entwickeln. Gerade in Krisen oder in Lebensübergängen eröffnen sich neue Wege der Wandlung und inneren Reifung, die Lebenskraft für sich und andere freisetzen können.

Konflikte anders sehen
Die eigenen Lebensthemen entdecken
Band 5975
Konflikten auf die Spur kommen, so entschärft sich plötzlich vieles und man entdeckt neue, oft genug bereichernde Seiten des Lebens.

Lebenskrisen werden Lebenschancen
Wendepunkte des Lebens aktiv gestalten
Band 5402
Oft ist es schwer, wieder Licht ins Dunkel zu bringen. Doch Krisen haben auch ein anderes Gesicht: Sie können auf positive Veränderungen weisen und Energien freisetzen.